信息化环境下的英语教学研究

高芳 著

中国商务出版社

图书在版编目（CIP）数据

信息化环境下的英语教学研究／高芳著．－－北京：中国商务出版社，2022.5
ISBN 978－7－5103－4248－6

Ⅰ．①信… Ⅱ．①高… Ⅲ．①英语－教学研究－高等学校 Ⅳ．①H319.3

中国版本图书馆CIP数据核字（2022）第066830号

信息化环境下的英语教学研究
XINXIHUA HUANJINGXIA DE YINGYU JIAOXUE YANJIU

高芳　著

出　　　版：	中国商务出版社
地　　　址：	北京市东城区安外东后巷28号　　邮编：100710
责任部门：	国际经济与贸易事业部（010－64269744　bjys@cctpress.com）
责任编辑：	侯青娟
总 发 行：	中国商务出版社发行部（010－64208388　64515150）
网购零售：	010－64269744
网　　　址：	http://www.cctpress.com
邮　　　箱：	cctp@cctpress.com
印　　　刷：	北京七彩京通数码快印有限公司
开　　　本：	787毫米×1092毫米　1/16
印　　　张：13	字　数：280千字
版　　　次：2022年5月第1版	印　次：2024年4月第2次印刷
书　　　号：	ISBN 978－7－5103－4248－6
定　　　价：	78.00元

凡所购本版图书有印装质量问题，请与本社总编室联系（电话：010－64212247）。

版权所有　　盗版必究（盗版侵权举报可发邮件到本社邮箱：cctp@cctpress.com）

前　言

信息技术的发展，为高校英语教学开辟了新思路，提供了新方法，也提出了新要求。如何有效利用信息技术，推动高校英语教学的改革与创新，成为广大英语教师不得不严肃面对和深入研究的问题。基于此，应进一步探索信息技术在大学英语教学中的应用，力求充分发挥信息技术的优势，提高高校英语教学的效率，促进大学英语教学的改革与创新。

信息化教学是借助信息化的手段来提高教学的质量，信息化与英语教学的融合意味着英语教育体系和方法的改革创新。两者是相辅相成的，信息化的运用为英语学科的发展提供了新型的手段和媒介，对于更新教育理念、创新教学方法、改善教学效果具有十分重要的意义；而英语学科又为信息化提供了载体，使信息化教育在实践中获得更好的运用。信息化教育与英语学科的融合就是把信息化运用到英语学科教学的实践活动中，为英语教学提供丰富的信息资源、多样的研究工具和手段。此外，信息化教育的有效运用还能为英语教学实践提供方法论上的指导。信息化教育与英语教学融合的宗旨在于帮助英语授课教师在最大程度上提升教学质量与工作效率。英语教师只有真正认识到信息化教学在英语教学过程中的重要意义，才能更有效地实施英语教学策略，保证教学工作的有序开展。

本书特点鲜明，价值突出，具体体现在以下几个方面：第一，本书顺应社会的发展，在信息化时代背景下探索高校英语教学，将信息化技术与高校英语教学相融合，进而促进高校英语教学改革，这对高校英语教学效率的提高意义重大；第二，本书从基础理论分析入手，以此为依据，重点探讨高校英语教学实践，做到了理论与实践的完美结合；第三，本书逻辑严谨清晰，内容丰富详实，重点与亮点突出，实用性较强。无论是对于教师、学生还是专门致力于高校英语教学研究的人士而言，本书都有着重要的参考借鉴价值。

高芳

目 录

第一章 信息技术及教育的发展 ... 1
- 第一节 信息与信息技术 ... 1
- 第二节 信息技术与现代教育媒体的发展 ... 8

第二章 信息技术与高校英语课程的整合 ... 16
- 第一节 信息技术与高校英语课程整合理论 ... 16
- 第二节 信息技术与高校英语课程整合的意义与目标 ... 18
- 第三节 信息技术与高校英语课程整合的思路与方法 ... 22

第三章 信息化环境下高校英语教学中的学生因素 ... 30
- 第一节 信息化环境下高校学生英语自主学习能力的培养 ... 30
- 第二节 信息化环境下的高校学生英语合作学习能力的培养 ... 35
- 第三节 信息化环境下的高校英语教学中的智慧因素 ... 37

第四章 信息化环境下的高校英语教学中的教师要素 ... 43
- 第一节 基于网络的英语信息化教学中教师角色的定位 ... 43
- 第二节 计算机辅助外语教学中教师状态的探讨 ... 47
- 第三节 高校英语信息化教学的特点及教师引导策略的设计 ... 52
- 第四节 信息化环境下高校英语教师的信息素养 ... 56

第五章 信息化环境下的高校学英语教学方法创新 ... 62
- 第一节 高校英语教学方法与手段 ... 62
- 第二节 信息化环境下的高校英语翻转课堂教学 ... 68
- 第三节 手机案例微课的多层面设计与互补照应 ... 77

第六章 信息化环境下的高校英语智慧教学系统 ... 83
- 第一节 智慧教学系统配套支撑 ... 83
- 第二节 虚拟仿真教学系统 ... 92
- 第三节 智慧云教学平台 ... 96
- 第四节 交互式电子白板系统 ... 106

第七章　信息化环境下的高校英语教学改革探索 …… 110
第一节　信息化环境下的高校英语听力与口语教学的改革 …… 110
第二节　信息化环境下的高校英语阅读与写作教学的改革 …… 122
第三节　信息化环境下的高校英语翻译与文化教学的改革 …… 131
第四节　信息化环境下的高校英语专业课程项目化教学的改革 …… 143

第八章　信息化环境下专业英语双语教学改革探索 …… 145
第一节　高校双语教学改革的相关思考 …… 145
第二节　专业英语双语教学的改革与探讨 …… 150
第三节　基于信息化体验与协作思维的专业英语教学改革 …… 157
第四节　"双元"新形态教材开发路径探析 …… 161

第九章　信息化环境下的高校英语课程思政在线课程建设的实践 …… 165
第一节　基于在线混合式教学的高校英语课程思政探讨 …… 165
第二节　基于SPOC混合式教学的高校英语课程思政在线平台建设 …… 166
第三节　基于传承我国精神与文化的高校英语线上课程思政建设 …… 169
第四节　后疫情时代"课程思政"在线英语教学改革 …… 171

第十章　信息化环境下的高校英语教学多元多向化评价体系 …… 176
第一节　教学评价概述 …… 176
第二节　教学评价体系改革的必要性与原则 …… 181
第三节　多元多向化评价体系的构建 …… 184
第四节　教学做测评一体化动态综合测评模式的实践 …… 191

后记 …… 198

参考文献 …… 199

第一章 信息技术及教育的发展

第一节 信息与信息技术

一、信息的相关理论

（一）信息的内涵

一般来说，学界对信息有两种理解：①信息就是消息，是具有新内容、新知识的消息；②信息就是情报，是有价值的情报。无须研究哪些定义更确切，但关于信息有两点应该明确：①信息在客观上是反映某一客观事物的现实情况；②信息在主观上是可接受、利用的，并可指导我们的行动。

从广义的范畴来讲，信息是一种已经被加工为特定形式的数据。这种数据形式对接收者来说是有确定意义的，对人们当前和未来的活动产生影响并具有实际价值。

在信息系统工程领域中，对信息的理解有五种内涵：①信息是表现事物特征的一种普遍形式；②信息是数据加工的结果；③信息是数据的含义，数据是信息的载体；④信息是帮助人们做出决策的知识；⑤信息是实体、属性、价值所构成的三元组。

总体概括一下，信息就是构成一定含义的一组数据。这个提法把信息理解为一组有意义的数据，从而对信息处理的理解就更为清楚。

信息是一个正在不断发展和变化的概念，并且以其不断扩展的内涵和外延，渗透到人类社会和科学技术的众多领域，且与物质、能源一起，被列为现代社会和科技发展的三大支柱。信息的增长速度和利用程度，已成为现代社会文明和科技进步的重要标志之一。

信息与数据是信息系统中最基本的术语。数据是可以记录、通信和识别的符号，通过有意义的组合来表达现实世界中实体（具体对象、事件、状态或活动）的特征。数据的记载方式可以是多种多样的，在逻辑上数据主要可分为数值型、文字型、语音型和图形图像型等多种类型。数据与信息的关系可以看作是原料与成品的关系，对某个人来说是信息，对另一个人来说可能就是数据。信息是数据加工的结果，是数据的含义，而数据是信息的载体。

（二）信息的形态

在当代，由于科学技术的发展，信息一般表现为四种形态：数据、文本、声音、图像。

1. 数据

数据通常被人们理解为"数字",这不算错,但不全面。从信息科学的角度来考察,数据是指电子计算机能够生成和处理的所有事实、数字、文字、符号等。当文本、声音、图像在计算机里被简化成"0"和"1"的原始单位时,它们便成为数据。人们存储在"数据库"里的信息,自然也不仅仅是一些"数字"。尽管数据先于电子计算机存在,但是,导致信息经济出现的正是计算机处理数据的这种独特能力。

2. 文本

文本是指书写的语言——"书面语",以表示其与"口头语"的区别。从技术上说,口头语言只是声音的一种形式。文本可以用手写,也可以用机器印刷出来。虽然电子计算机可以代替人们写字,但手写的文字永远具有魅力,不可忽视。在人类目前所处的经济阶段,电子计算机已经能够识别手写文字,一旦需要,它还能为协议、合同等"验明正身"。

3. 声音

声音是指人们用耳朵听到的信息。无线电、电话、录音机等,都是人们用来接收和处理这种信息的工具。

4. 图像

图像是指人们能用眼睛看见的信息。它们可以是黑白的,也可以是彩色的;它们可以是照片,也可以是图画;它们可以是艺术的,也可以是纪实的。经过扫描的一页文本和数据的图像,也被视为一幅单独的图像——虽然新的程序能再次改变这些图像。复印机、传真机、打印机和扫描仪是四种不同的、但基本上又发挥类似功能的机器,可合而为一。当然,从技术处理难度来说,在静态的图像和动态的图像、自然的图像和绘制的图像之间,仍然存在着很大的差别。

在当代,每一种形态的信息都发生了技术上的重大变化:从大量非立体声到立体声的音乐,从黑白电视到彩色电视,从手拣铅字到电子排版等。同时,文本、数据、声音、图像还能相互转化。一张图像可能相当于1000个字,并由10万个点组成。"点"又可能是数字、文字或符号。乐谱上的音符之所以能被乐师演奏,是因为技术制作者把像点一样的图像转化成了声音。秘书记录别人口授的语言,则是把声音变成文字。当数字化信息被输入计算机或从计算机中输出,数字又可以用来表示上述这些形态中的任何一种或所有的形态。于是,过去曾被视为毫不相干的行业——计算机、通信、媒体、出版等,现在却又成了"亲戚"。

(三) 信息的功能

信息的功能与信息的形态密不可分并往往融合在一起。打个比喻,信息的形态是指信息的"模样",而信息的功能是指信息通过它的形态"能做什么"。从基本意义上说,信息能通过其四种形态中的一种形态"捕捉"到环境中存在的信息并占有它,再把它表示出来,就如同算盘占有了会计师掌握的数字而生成账本一样。同理,打字机占有了作者写出的文字而生成书籍,录音机占有了吉他发出的声音而生成录音带,照片则占有了风景的图像而生成图画。生成信息就是把已知的信息用一种容易理解的形式发送出去或接收过来，就是把信息数字化，将其整理成"二进位制"。

一旦信息被数字化——变成"0"和"1"，所有形态的信息在下面的三种功能中都能被加以处理，就好像它们原本就是一码事一样。当照片被分解（"读"）成数字时，图中的每一个点都被赋予一定的值，然后，照片便能通过电话或卫星发送出去或接收过来。数字录音带（DAT）在把声音存进去以后，也要经过类似的处理。由此可以看出，信息具有以下功能：

1. 处理信息

处理信息是计算机能为人类做出的一大贡献。计算机能首先进行数据处理，然后进行字处理、声音和图像处理。计算机的处理功能包括转换、编辑、分析、计算与合成。由于利用了半导体技术，才得以操作和转换信息。虽然今天的计算机已集信息生成、处理和存储功能于一体，但其处理过程中的各个步骤，就如同在胶片上印上图像那样，彼此是截然不同的：显影、增强、放大，然后把包含在照片上的信息保存在一定的形式中。软件公司通过它们编制的程序，形成了一些处理信息的规则。

2. 存储信息

存储信息通常是指用信息的四种形态中的一种形态来取得信息，并将其保存下来，以便日后之用。在古埃及法老时代，文本和数据是存储在古书板上的，而敦煌壁画则存储了我国古代的许多画像。声音只是到了工业时代，才被存储在唱片、录音带和激光唱盘之中。而信息时代，信息则可以存储在电脑、软盘、光盘之中。

如果存储方式是静态的——只是搜集和保存信息，而没有用信息来做任何事情，这种过程被称为"只读存储"（ROM）。然而，电子时代的存储是动态的。例如，字处理机不但能把人们书写的东西存储起来，而且一旦需要，人们还可以进行检索和修改。信息的生成和存储功能实际上是一件事情的两个方面，其中的关键就是搜集信息。

3. 传输信息

信息传输之所以能够实现，是由于有了电话等手段。在当代有线通信中，传输就是在同轴电缆上用电磁波的速度或在光纤电缆上用光的速度，把各种形态的信息从一端传向另一端。存储是跨越时间来传输信息，而传输则是跨越空间来传输信息。简单的传输，诸如利用电话来进行传输，被传输的是声音和图像，而没有将这两者加以改变。然而，当网络不仅传输各种形式的信息，而且也履行生成、处理和存储功能时，便会给正在进行的各种经济活动增加巨大的价值。因此，这样的网络被称为增值网络。

（四）信息的十大特征

信息的主要特征如下。

1. 可度量

信息能够使用某一种度量单位来进行度量并进行信息编码。例如现代计算机中使用的二进制。

2. 可识别

信息能够采取直观辨别、对比识别以及间接识别等多种方法来把握。

3. 可转换

信息能够从一种形态转化为另一种形态。比如说，信息可以转化为语言，也可以转化为文字和图像，甚至还可以转为电磁波信号或者计算机代码。

4. 可存储

信息可以存储。把大脑比喻成天然的信息存储器，可以把文字、图像、摄影、录音等信息进行存储。

5. 可处理

能把信息处理得最优的物质形态是人脑。人脑的思维具有决策、设计、研究、写作、改进、发明、创造等多种信息处理能力。计算机也同样具有信息处理功能。

6. 可传递

信息的传递是与物质和能量的传递同时进行的。语言、表情、动作、书籍、报纸、期刊、广播、电视、电话等都是人们使用最为频繁的信息传递方式。

7. 可再生

信息在经过简单处理后，能够以另外的形式再生成信息。在电脑里面，输入各种数据文字信息，能够以显示、打印、绘图等形式再生成信息。

8. 可压缩

信息可以进行压缩，可以用不同的信息量来描述同一事物。人们常常用尽可能少的信息量来描述一件事物的主要特征。

9. 可利用

信息具有一定的实效性和可利用性。

10. 可共享

信息具有扩散性，因此可以共享。

二、信息技术的内涵

（一）信息技术的含义

"信息技术"这一术语含义十分广泛，而且还处于不断发展演变之中，因此很难给出一个确切的界定，人们为方便研究和使用，研究者们根据自身的理解对信息技术给出了不同的定义。目前已有的资料显示，国内和国外的学者对信息技术的定义有多种阐释，大致归纳起来，可分为"描述性定义"和"功能性定义"两种。"描述性定义"主要是从信息技术的具体形式的角度出发，论述信息技术的定义。这类定义主要是观察信息技术的外在表现形式，较为具体、形象，比较容易理解，它的不足之处是不够准确。"功能性定义"

注重的是阐明信息技术的内在本质或其根本作用，它与信息技术可能呈现或利用的物质或能量的具体形式无关。功能性定义中比较有代表性的有以下几种：

第一，信息技术主要是以信息的输入、存储、加工和传递为主要内容，它的走向是用微处理机代替电子机械设备。

第二，信息技术是关于信息的收集、加工、存储、检索、传递、利用的理论和方法的总称。

第三，信息技术是借助以微电子学为基础的计算机技术和电信技术的结合而形成的手段，对声音、图像、文字、数字和各种传感信号的信息进行获取、加工处理、存储、传播和使用的能动技术。

第四，信息技术一般是指在计算机和通信技术支持下用以采用、存储、处理、传递、显示等各种介质信息的技术的总称。

第五，信息技术指的是在计算机和通信技术支持下用来获取、加工、存储、转换、显示和传输文字、数值、图像、视频和声频以及声音信息，包括提供设备和信息服务等两方面的技术方法和设备的总称。

第六，信息技术指的是关于信息的产生、识别、提取、变换、存储、传递、处理、检索、分析、决策、控制和利用的技术。

第七，信息技术是指一个信息系统在采集、输入、描述、存储、处理、输出和传递信息的过程中所用到的相关技术的总和。

第八，信息技术是指管理、开发和利用信息资源的有关方法、手段和操作程序。

第九，信息技术是指人们在生产斗争、科学实验中认识自然和改造自然过程中积累起来的获取信息、传递信息、存储信息、处理信息以及使信息标准化的经验、知识、技能和（或）体现这些经验、知识、技能的劳动资料有目的的结合过程。

第十，信息技术是能够延长或扩展人的信息能力的技术。

以上对信息技术的界定虽然在表述方式上不一样，但在实质上还是大同小异的，都是从功能方面来揭示信息技术的本质。

（二）信息技术与信息科学

信息技术是指有关信息的收集、识别、提取、变换、存储、传递、处理、检索、检测、分析和利用等的技术。凡涉及这些过程和技术的工作部门都可称作信息部门。信息技术能够延长或扩展人的信息功能。信息技术可能是机械的，也可能是激光的；可能是电子的，也可能是生物的。

信息技术包括通信技术、计算机技术、多媒体技术、视频技术、自动控制技术、遥感技术等。通信技术是现代信息技术的重要构成部分之一。通信技术的数字化、宽带化、高速化以及智能化是新经济时代发展的方向。信息技术中，计算机技术占有重要的部分，计算机在最初的时候就是为人们服务的，帮助人们处理大量的信息。计算机在其不断的发展过程中，处理信息的能力也越来越强。现在计算机可以说是已经走进了千家万户，渗透到到人们生活的方方面面。计算机还会继续朝着并行处理的方向发展。现代信息技术和计算机技术里紧密连接在一起的。多媒体技术是在20世纪80年代发展起来的一门技术，它通过对文字、数据、图像、声音等信息进行计算机综合处理，让人们获得更加完善、更加直观的综合信息。在未来的社会发展中，多媒体技术会占有很重要的位置。信息技术的处理很多时候是图像和文字，所以视频技术在信息技术中也是研究的一大热点。

计算机技术与现代通信技术一起构成了信息技术的核心内容。计算机技术同样取得了飞速的发展。计算机的体积越小，功能则会越强大。从其演进过程来看，计算机经历了从大型机、中型机、小型机到微型机、笔记本式计算机、便携式计算机等体积缩小的过程，Intel的CPU先后经历了8086、80286、80386、80486以及1993年推出的"奔腾"Pentium芯片等的演进。计算机的应用也有很大的发展，比如，电子出版系统的应用改变了传统的印刷、出版方式；计算机文字处理系统的应用使作家改变了传统的写作方式，被称作"换笔"革命；光盘的使用让人类的信息存储能力得到很大程度的延伸，出现了电子图书这种新一代电子出版物；多媒体技术的发展使音乐创作、动画制作成为普通人也能涉足的领域。

传感技术的任务是延长人的感觉器官收集信息的功能；通信技术的任务是延长人的神经系统传递信息的功能；缩微技术具有延长人的记忆器官存储信息的功能。当然，这种划分只是相对的、大致的，没有截然的界限。如传感系统里也有信息的处理和收集，而计算机系统兼具信息传递和信息收集的功能。目前，传感技术已经有了很大发展。除了普通的照相机能够收集可见光波的信息、微音器能够收集声波信息之外，现在已经有红外、紫外等光波波段的敏感元件，帮助人们获得那些人耳听不到的信息。除此之外，人们还研制了各种嗅敏、味敏、光敏、热敏、磁敏、湿敏以及一些综合敏感元件。这样，就能够把那些人类感觉器官收集不到的各种有用的信息提取出来，从而延长和扩展人类收集信息的功能。

信息科学是信息时代的必然产物。信息科学是一门新兴的跨多学科的科学，它以信息为主要研究对象。信息科学的研究内容包括：①阐明信息的概念和本质（哲学信息论）；②探讨信息的度量和变换（基本信息论）；③研究信息的提取方法（识别信息论）；④澄清信息的传递规律（通信理论）；⑤探明信息的处理机制（智能理论）；⑥探究信息的再生理论（决策理论）；⑦阐明信息的调节原则（控制理论）；⑧完善信息的组织理论（系统理论）。

扩展人类的信息器官功能，提高人类对信息的接收和处理的能力，实质上就是扩展和增强人们认识世界和改造世界的能力。这既是信息科学的出发点，也是它的最终归宿。

信息科学与技术的发展不仅促进了信息产业的发展，而且大大地提高了生产效率。事实已经证明，信息科学与技术的广泛应用已经成为经济发展的巨大动力。因此，各国的信息技术的竞争也非常激烈，都在争夺信息技术的制高点。

（三）信息技术与知识经济

知识经济是一种新型的经济形态，这是继农业经济、工业经济之后所出现的新型的经济形态。经济合作与发展组织（OECD）认为，"知识经济"指的是建立在知识和信息的生产、分配和使用之上的经济。知识经济的主要特点主要表现为：以高新技术和信息技术为基础，以创新型人才素质为前提，知识和信息成为国家的重要战略资源。国家之间的竞争主要体现在对知识和信息的占有、分配和使用上，高科技产业成为国家经济的突出特征和发展方向。知识经济时代已经到来。

1. 知识经济的内涵

知识经济可以有多种不同的表述，但作为一个新概念，应该有明确的基本内涵作为研究的基础。

要承认以最大限度地攫取自然资源、尽可能多地生产物质财富为目的的传统工业经济指导思想已经过时。面对人口剧增、资源趋于枯竭、环境污染和生态恶化的现实，这种指导思想必须转变。同时，事实证明，仅仅依靠传统工业技术的改进已经无法实现这种转变。

人类应该重新认识知识，智力资源将被视为财富和资本。极大地加强智力资源的投入，从而尽可能高效地利用稀缺自然资源和开发富有自然资源，是新的经济增长的主要动力。

知识经济的核心是创新，以科学创新和技术创新为主的知识创新是加强智力资源投入的最重要的形式，创新的关键是高科技产业化。

知识经济绝不认为过去的经济没有知识，而是认为知识应创新、重组，更直接地、最大限度地投入生产；知识经济绝不认为高技术产业将取代传统的工农业，而是认为它将成为第一支柱产业并改造现有的工农业和服务业。

2. 信息技术与知识经济的主要特点

信息技术与知识经济都各有其鲜明的特点。信息技术具有高新技术的特点，但高新技术不一定都是信息技术。信息技术还具有实践性、现实性和广泛性，它与各个行业的融合处于多个层面，它的地位从辅助技术、关键技术、核心技术直到管理的整体模式。信息技术的根本特点就是以更少的时间，完成更多的工作。如现代多层高速路由交换技术、IP分组话音技术、异步传输ATM模式、CDMA移动通信技术、防火墙技术、JAVA技术、SDH传输技术等新的网络技术，都能在瞬间处理信息，做出关键性的决定。信息技术所带来的一场革命将彻底改变人们的生活和工作方式，这就是信息技术的划时代意义。

知识经济的特点则更为宏观。其一，知识经济是人的经济。在知识经济中，创造财富的首要条件是知识，而知识是存在于人的头脑中的，因此，掌握了知识的人就比物质资源本身更重要。物质本身是不能增值的，而人头脑中的知识是可以不断增值的。因此，在知识经济中，拥有知识就成为创造和获取财富的根本，人的社会价值被大大提升了。生产力中人是第一因素，但只有到了知识经济时代，科学技术成为第一生产力的时候，才是人的经济。这也是知识经济最为本质的特点。其二，知识经济是智力经济。其表现在两方面：一是在使用工具方面，采用了计算机这类的智力工具，主要不是靠体力劳动，而是靠脑力劳动；二是经济的发展和财富的增长，是依靠科学知识和先进的技术，靠知识的密集，而不是靠大量占有有形资源，也不靠劳动力的密集。在这里，知识和知识分子的作用十分重要，如工厂技术改造、科学种田就是如此，体现了知识和知识分子的高附加值。其三，知识经济是权力分散经济。在知识经济中，知识的运用不是简单的重复，而是与创新紧密结合的，这就需要给人以最大的创造空间和条件，独立作战，个体活动性强，这与大规模的工业经济是完全不同的。知识经济要求分散权力。这就意味着工作的每一个成员将成为工作的主人,不仅是战斗员,更是指挥员。其四,知识经济是全球性经济,也是零风险经济,知识经济最主要的技术基础是计算机及其网络。互联网提供的信息快而准,生产者可以不预先生产,而是根据市场需求,按需生产。这样信息灵通,产品就不会积压,不需要仓库,实现了零风险。而知识经济的形成和发展都离不开信息技术,更离不开知识。

3. 信息技术与知识经济的联系

信息技术与知识经济并不是一回事,但这两者是相互联系、相互作用、相互促进的,主要表现在以下几个方面:

(1) 信息技术与知识经济的地位

为了促进知识经济的发展,就必须进行知识创新与传播。而信息技术又占据极其重要的地位,如科技和管理知识以及有用的信息的生产、开发和研究创新,教育的普及和科普的宣传等这一切都离不开信息技术,离不开知识的利用。

(2) 信息技术与知识经济的结构

知识经济是以高科技产业为依托的经济形式,信息技术是知识经济的重要支柱。以信息技术构成的信息经济,是以信息产业为依托的经济形式,信息产业只能是高科技产业的一个重要子产业。因为,除信息产业外,高科技产业还包括航天产业、生物产业等。因此,知识经济比信息技术构成的信息经济范围更宽广。

(3) 信息技术与知识经济的产业分类

从产业的分类来看,目前大致有两种划分法:一种是按产业的生产力层次划分,即农业、工业、服务业;另一种是按产业出现的历史顺序划分,即农业、工业、服务业、信息产业、航天产业和生物产业等。信息产业是继农业、工业、服务业之后的第四个产业,主要是以计算机和通信设备行业为主体的 IT 产业。产品主要包括信息设备、信息内容、信息服务及信息软件。其信息内容是知识密集型产品,如电子出版物。信息软件是智力密集型产品,如 Windows 操作系统、北大方正排版系统等,都是高科技、知识密集型的科技产品。在某种意义上,这就是知识经济。但按照波拉特理论,信息业应有两个不同的部门:第一信息部门和第二信息部门。其区别在于,信息技术产品是否用来在市场上交换。美国明确政府和非信息企业的信息产品是用来自我服务或无偿提供用户的,是属于第二信息部门。这就是说,对信息产业而言,信息技术也不完全体现为知识经济,有时也有非经济因素。对知识经济来说,信息技术是其发展的重要基础和条件;知识经济是信息技术的集中体现,二者相互联系、相互作用、相互渗透。

第二节 信息技术与现代教育媒体的发展

一、信息技术的发展历程

(一) 信息技术的产生

任何一门科学技术的产生和发展都不是偶然的,而是源于人类社会实践活动的实际需要。"科学"是扩展人类各种器官功能的原理和规律，而"技术"则是扩展人类各种器官功能的具体方法和手段。从历史上看，在很长的一段时间里，人类为了维持生存而一直采用优先发展自身体力功能的战略，因此材料科学技术与能源科学技术相继发展起来。随之，人类的体力功能也日益加强。虽然信息也很重要，但在生产力和生产社会化程度不高的时候，一方面，人们凭借自身的信息器官的能力，就可以基本上满足当时认识世界和改造世界的需要了；另一方面，从发展过程来说，在物质资源、能量资源、信息资源之间，相对而言，物质资源比较直观，信息资源比较抽象，而能量资源则介于两者之间。由于人类的认识过程必然是从简单到复杂、从直观到抽象，因而必然是材料科学与技术的发展在前，接着是能源科学与技术的发展，尔后才是信息科学与技术的发展。

人类的一切活动的目的都是为了认识世界和改造世界。从信息观点的角度分析，人类在认识世界和改造世界的过程当中，就是一个不断从外部世界的客体中获取信息并对这些信息进行变换、传递、存储、处理、比较、分析、识别、判断、提取和输出等，最终把大脑中产生的决策信息反作用于外部世界的过程。

随着材料科学技术和能源科学技术的快速发展，人们对客观世界的认识得到了很大的发展，不断向客观世界的广度和深度延伸，此时，人类的信息器官的功能比行为器官有明显的滞后现象。比如人类要"上天"、"入地"、"下海"、"探微"，但天生具有的视力、听力、大脑存储信息的容量、处理信息的速度和精度，已经不能够满足人类认识世界和改造世界的需要，这时人类就很迫切地需要拓展和延长自己信息器官的功能。自20世纪40年代开始，人类在信息的获取、传输、存储、处理和检索等方面的技术与手段，以及利用信息进行决策、控制、指挥、组织和协调等方面的原理与方法，都有了综合性的进展和突破。

（二）信息技术的发展

对信息的识别、检测、提取、变换、传递、存储、检索、处理、再生、转化以及应用等方面的技术称为信息技术。古代人类依靠感官来获取信息，采用语言和动作来表达、传递信息。自从人类发明文字、造纸术和印刷术之后，人们采用纸张、文字来传递信息。随着电报、电话和电视的产生，人类进入了电信时代，采用越来越多的方式进行信息传递。20世纪，随着无线电技术、计算机及其网络技术和通信技术的发展，信息技术进入了崭新的时代。21世纪，信息技术以多媒体计算机技术和网络通信技术为主要标志，人们可以更加方便地获取信息和存储信息，更好地加工信息和再生信息。根据信息技术研究开发和应用的发展历史，可以将信息技术的发展分为三个阶段。

1. 信息技术的开发时期

从20世纪50年代初期到70年代中期，信息技术在计算机（computer）、通信（communication）和控制（control）领域有了突破，可以简称为"3C时期"。在计算机技术领域，随着半导体技术和微电子技术等基础技术和支撑技术的发展，计算机已经开始成为信息处理的工具，软件技术也从最初的操作系统发展到应用软件；在通信领域，大规模使用同轴电缆和程控交换机，通信能力有了较大提高；在控制方面，单片机的开发和内置芯片的自动机械开始应用于生产过程。

2. 信息技术全面应用时期

从20世纪70年代中期到80年代末期，信息技术在办公自动化、工厂自动化（FA）和家庭自动化领（HA）域有了很大的发展，可以简称为"3A时期"。由于集成软件的开发，计算机性能、通信能力的提高，特别是计算机和通信技术的结合，由此构成的计算机信息系统全面应用到生产、工作和日常生活工作中，大量的组织开始根据自身的业务特点建立不同的计算机网络，如事业和管理机构建立了基于内部事务处理的局域网（LAN）、广域网（WAN）或城域网（MAN）；工厂企业为提高劳动生产率和产品质量开始使用计算机网络系统，实现工厂自动化；智能化电器和信息设备大量进入家庭，家庭自动化水平迅速提高，使人们在日常生活中获取信息更快捷方便。

3. 数字信息技术发展时期

从20世纪80年代末期至今，这个时期主要以因特网技术的开发和应用、数字信息技术为重点，其特点是因特网在全球得到飞速发展，特别是以美国为首的在20世纪90年代初发起的基于因特网络技术的信息基础设施的建设，在全球引发了信息基础设施（亦称信息高速公路）建设的浪潮，由此带动了信息技术全面的研究开发和信息技术应用的热潮。在这个热潮中，信息技术在数字化通信（digital communication）、数字化交换（digital switching）、数字化处理（digital processing）技术领域有了重大突破，可以简称为"3D时期"。这些技术是解决在网络环境下对不同形式的信息进行压缩、处理、存储、传输和利用的关键，是提高人类信息利用能力质的飞跃。

在未来的社会发展中，主要就是以现代计算机技术为核心的智能技术与通信技术、感测技术和控制技术融合在一起，形成信息化、智能化和综合化的智能信息环境系统，以拓宽人类的信息功能。人类认识世界和改造世界的信息实践的过程就是信息技术的形成与发展的过程。人类从外界事物获取客观信息来认识世界，通过加工处理再生出新的主观信息，并反作用于外部事物来改造世界。在人类认识、改造世界的信息实践活动中，有许多技术相互联系、相互影响，一起构成了实现人类所需要的信息功能的信息技术群。

二、现代教育媒体的发展历程

（一）现代教育媒体的产生

"媒体"是英文"media"的译名，也称为"媒介"，意思是指用来传递和存储信息的载体或工具。媒体有两层含义：一是指承载信息所使用的符号系统，如语言、文字、声音、符号、图形、图像等。媒体呈现时采用的符号系统将决定媒体的信息表达功能。二是指存储和加工、传递信息的实体，如报纸、书刊、画册、投影片、计算机磁盘、录音带、录像带以及相关的播放、处理设备等。

教育媒体是指在教育过程中用来传递和存储教育信息的载体或工具。教育媒体与一般媒体不同，它具有教育的功能，它是教育者与受教育者之间信息传递的中介物，在教育过程中起着存储、传输、呈现教育信息的作用。而一般媒体只是承载了一定信息，但没有用在教育过程中，也就不能称作教育媒体。

教育媒体包括硬件和软件两大部分。硬件是指那些存储、传递信息的教育机器和设备，如照相机、录音机、电视机、投影机、光盘机和计算机等。软件是指那些能存储与传递教育信息的物体，如教科书、光学投影片、录音带、录像带、计算机光盘和软件等。硬件和软件不可分割，只有配套使用才能发挥其存储和传递信息的功能。

(二) 现代教育媒体的发展

媒体的发展与人类文化、科技发展密切相关。教育史上曾经发生过三次重大的教育技术革命，现在是第四次革命。第一次革命是将教育年轻人的责任从家族手中转移到专业教师手中。第二次革命是将书写作为与口语同样重要的教育工具。第三次革命是发明印刷术和普遍使用教科书。第四次革命就是近些年来电子学、通信技术和信息处理技术飞速发展所带来的结果，使电子传播媒体在教育领域获得广泛应用。由此可见，一种新型媒体的出现与应用，将导致教育史上的一场重大革命。

1. 语言媒体

语言是人类特有的发声和听觉符号系统，是最重要、最有效的交际工具，产生于几百万年前原始人类形成过程中。语言媒体作为一种最古老的传播媒体，具有简单、快捷、通俗等特性，即使在具备多种多样的现代化媒体的今天，仍具有其他媒体所不能取代的优点。语言媒体具有符号功能、交流传播功能以及促进思维和表达思想的功能。与此同时，它也存在着明显的缺点：语言符号比较抽象，常常需要手势、表情、体态去辅助，而且转瞬即逝，难以保存；语言媒体的传播距离有限，只能在有限的距离内实现交流。

2. 文字媒体

从语言的产生到文字的出现，其间经历了几万年。公元前4000年到公元前1000年，美索不达米亚、埃及、中国、印度、希腊等古代文明发祥地，先后形成了比较成熟的文字，使信息、知识得以记录下来传到远方和后世，这是人类进入文明时期的重要标志。文字是人类传播信息的最重要的视觉符号系统。随着人类社会的进步，我们使用的文字也在不断地发展和完善。目前世界上大约有500种文字，主要的文字体系有以我国为代表的东方国家的表意文字体系和西方世界的拼音文字体系。

3. 印刷媒体

印刷媒体指主要以纸张为信息载体，用印刷方法复制的传播媒体，包括书籍、报纸、期刊、图片、广告等。在印刷术发明以前，文字的传播主要靠各种形式的"手抄本"。我国在汉代（公元前2世纪至公元2世纪）研制出轻便、耐用、价廉的植物纤维纸，才使文字有了比较理想的载体。到唐代（约7世纪）和宋代（11世纪）先后发明了雕版和活字印刷，印刷术传到国外以后又不断得到改进，有力地促进了出版事业的发展和科学文化知识的广泛传播。其主要优点有：①易于携带，使用方便；②制作成本低，易于分类保存、修改和分发；③学生可以自己组织学习；④具有稳定性和持久性；⑤教科书、学术著作的出版，通常经过严格的审定，一般具有较高的水平，值得信赖。

4. 电子媒体

自 19 世纪末至今，是科学技术迅速发展的年代。以电子技术新成果为主发展起来的新传播媒体（即电子传播媒体）大大提高了人类信息的传播能力和传播效率。

首先出现的是音像媒体，它是记录和再现声音和影像信息的媒介，包括幻灯片、唱片、电影片、录音磁带、录像带、光盘、等。广泛应用于新闻、教学、科研和娱乐活动。然后是缩微媒体，是把原件微缩摄录在卡片、胶片、胶卷或其他材质上，须经放大才能阅读的复制品。

现今，应用最为广泛的是以计算机为中心的信息处理和传播技术。从 1951 年第一台电子管计算机诞生开始，计算机技术的发展可谓突飞猛进，不断更新换代。计算机的体积越来越小，运算速度越来越快，功能越来越强大，应用领域不断扩大，信息处理能力也在不断增强，日益显示其强大的生命力。利用多媒体计算机辅助教学，交互地综合处理文本、图形、图像、音频、视频和动画等多种媒体信息，通过其进行有效控制并建立逻辑连接，能表达出更加丰富而复杂的教学内容，能有效地突破教学中的难点，解决平时教学中难以解决的一些问题，使教学内容简单化，使教学过程变得更加生动、形象和有趣。目前，多媒体化、网络化和智能化使计算机的发展进入一个崭新的发展时期，并成为一种重要的现代教育媒体。

（三）现代教育媒体的分类

在教育过程中用到的媒体很多，可以说，关于媒体分类的方法多种多样。人们对媒体进行诸多分类，主要是为了能从不同角度认识媒体的教育特性。按照媒体的表达方式，可将媒体分为口语媒体、印刷媒体和电子媒体三类；按照媒体的物理特性，可把媒体分为光学投影媒体、电声媒体、电视媒体、计算机媒体等；按照媒体传输信息的流向，可把媒体分为单向媒体、双向媒体等。

按照教育媒体出现的时间先后，可将媒体分为传统教育媒体和现代教育媒体。传统教育媒体主要包括教育过程中应用的教科书、图书资料、报刊、挂图、黑板、实物、模型、标本、教具等。现代教育媒体主要包括幻灯、投影、录音、录像、电视、电子计算机、程序教学机器。现代教育媒体又可以按照作用于人的感官的方式分为视觉型媒体、听觉型媒体、视听型媒体、交互型媒体。

1. 视觉媒体

视觉媒体是指通过光学系统将记录在软件上的各种视觉符号图像放大并投映到银幕上的媒体。在教学当中常用的视觉媒体主要有幻灯机、投影仪两种。使用视觉媒体进行教学，其优点具体表现在以下方面：

（1）提供感性材料，提高教学质量

利用视觉媒体教学突破了文字教材主要用文字语言表述概念的单一形式。视觉媒体能直观、形象地再现客观事物或放大的图像，能给学生呈现生动形象、静止直观的教学内容。教育心理学认为，形象直观便于调动无意注意、强化记忆。各种不同类型的视觉教学媒体，如挂图片、复合片、简单活动片等，对于形成概念，提供感性的、情节性的和经验性的材料等极为有利。

此外，视觉媒体有助于学生从大量感性材料中概括出规律性的东西；有助于学生对同类事物进行分析比较，从而了解该事物与其他事物的区别与关系，使之掌握本质特性；有助于学生的技能训练，显示正确的操作方法。

（2）操作简便，便于控制

视觉媒体教学的硬件设备简单，操作简便。软件的设计、制作也比较经济、方便。视觉媒体的放映，不受时间的限制，便于教师的控制，可根据不同内容与对象，在课堂上灵活操作和讲解，可深、可浅、可长、可短。

（3）代替板书，提高教学效率

教师在投影器上可面向学生书写，简化板书过程；并可课前绘制文字、图片资料，节省教学中一些辅助性书写活动时间，降低劳动强度，从而提高单位时间里的授课容量，进一步达到精讲多练的目的。视觉媒体可供学生反复观看、复习，又可节省教师的辅导时间。

（4）适用性强，易于普及

视觉媒体教学适用于各种形式的教育活动，从社会教育到学校教育、从幼儿教育到大学教育的各级各类教育。尽管受教育对象的年龄、能力殊异，文化背景、专业知识各不相同，但在德、智、体、美、劳各学科中，都可根据教学内容和教授特点，进行视觉媒体教学活动。

另外，利用视觉媒体进行教学活动，相对于其他现代教育媒体投资较少，相关的条件要求也较低，因而易于普及。即使是在教育技术发展较先进的国家，在计算机、多媒体技术飞速发展、日益普及的今天，视觉媒体仍以它独特的优势活跃在课堂上。视觉媒体目前仍然是教学、教育中应用广泛、利用率极高的教学媒体，根据我国的实际情况，幻灯、投影媒体仍是我国各类学校教学工作中重点普及的主要教学媒体。

2. 听觉媒体

听觉媒体是指承载并传递信息的物质工具。如为教学所用的录音带与录音机、唱片与唱机、CD碟片与CD碟片机以及广播、收音机和扩音设备等，都称为听觉媒体。听觉媒体利用广播和录音技术对声音信息进行记录、存储、传输。听觉媒体具有可记录性、可再现性、可改编性、可控制性和使用简便、经济等特点，在教学中应用越来越广泛，已成为直观化、个别化教学的重要手段。听觉媒体的教学功能体现在以下方面：

（1）扩大教学规模

听觉媒体的使用打破了时空限制，扩大了教学信息的传送范围，从而扩大了教育的规模和范围。

（2）创设教学情景

通过听觉媒体可提供声音的真实感受，创设各种各样的教学情景。

（3）加强个别化学习

学生可利用听觉媒体自录读、唱、奏、说，重放时可获得及时反馈，有利于自我鉴赏，及时矫正问题。老师也可利用听觉媒体录制多种学习材料提供给不同水平的学生，进行因材施教，这有利于个别化学习。

（4）提高教学质量

利用听觉媒体使抽象的教学内容变得生动、形象、直观，有利于解决教学难点，提高教学质量。听觉媒体有效地激发了学生浓厚的学习兴趣，活跃课堂气氛，让课堂告别了"一块黑板、一支粉笔"的苍白与无奈。多媒体教学是以教学过程的整体优化为目标的，以它丰富的多媒体形式——声音、图片、动画、视频等，使大量的教学内容和教学手段优化组合，使课文中的人或事物栩栩如生，以声感、形感、色感、动感直接综合作用于学生的感官，使其在学生的大脑中形成鲜明的形象，从而有利于调动学生的情感，最大限度地调动了学生的视听感官系统，充分展示了教学手段的多样化，弥补传统教学的枯燥乏味。实践证明，在课堂教学中合理运用听觉媒体，不但能有效地激发学生的学习兴趣，使学生乐学，也能有效地提高课堂教学效率。

3. 视听型媒体

视听型媒体是一种视听结合的媒体，承载并传递的教学信息既能作用于人的视觉，也能同时作用于人的听觉，如电视、电影、视听型语言实验室。它具有直观、形象、逼真的图像，又有与画面相配合的声音，因此，教学效果非常明显，在各个学科教学中都得到了广泛应用。

4. 交互媒体

交互是在某种学习环境中，两个或两个以上的个体间进行的双向交流，其目的在于促进学习任务的完成或人际关系的构建。因此，交互对于教师和学生来说，是一种接收信息反馈和学习活动适应的方式。交互媒体是在传统媒体的基础上加入交互功能，通过交互行为并以多种感官来呈现信息的媒体。使用交互媒体，受众不仅可以看得到、听得到、触摸得到、感觉得到，而且可以与之相互作用。它带给人们全新的体验，是一种崭新的媒介形式，主要有智能手机、网络课程、博客、微博、维基和播客等。

（四）现代教育媒体对教育的作用

从某种意义上说，有了教学活动，就有了教学手段和工具，只是在不同时期，各种教学媒体在教学中所起的作用不同而已。传统的书本、黑板以及随后出现的幻灯机、投影仪、电视机等教学媒体在教学中主要是发挥教学手段的作用，辅助教师传递教学信息。而目前迅速发展的多媒体技术、虚拟现实技术、人工智能技术等不再是单纯的教学手段，它们还可以为学生创设多种学习环境，提高学习效率；可以作为学生的认知工具，培养学生的思维能力和解决问题的能力。因此，在教学中，现代教育媒体发挥着越来越重要的作用。

1. 材料直观，有利于感知

学生在对教育内容进行感知的时候，需要大量的感性经验做基础。学生的感性认识有些是在生活中取得的，有些是在学习中积累的，而大量的认识则需要教师在课堂上使用直观材料，使学生通过观察和实验来取得。

由于教育媒体的应用，教育内容涉及的一些事物、现象以及一些变化过程等都可以得到解决。尤其是在正常情况下难以感知的事物和现象，如天体的运动、火山的爆发、细胞的分裂、植物的生长、火箭的发射、原子弹爆炸以及历史事物、异国风情等，都可以通过媒体的作用展现在学生面前，在短时间内为学生提供大量的感性材料，使学生对教学内容进行充分的感知。

2. 集中注意力，调动积极性

注意力是学生获得知识的前提，从心理学的角度来讲，媒体中的形声资料是一种控制注意力的工具。幻灯、电影、VCD、多媒体等可以直观、形象地再现客观事物，它们的生动性、趣味性本身就能吸引学生的注意，调动学生学习的积极性。

3. 便于回忆，有利巩固

知识的巩固在于保持记忆。记忆是一个复杂的过程，它主要包括识记、保持、再认与回忆。一般来说，具体的东西比抽象的东西容易识记，看过的东西印象深刻，有趣的材料不易忘掉，经过多种感官的材料会牢牢地保持在记忆里。恰当地利用教育媒体传递信息能帮助学生对知识信息进行再认与回忆。由于教育媒体的应用使学生的感知深刻，回忆时学生会自然联想到教师讲解这些知识时应用媒体的情景，从而使再认与回忆容易得多，增强记忆的效果。

4. 促进教育改革

从教学手段看，现代媒体的运用，特别是多媒体技术以及网络技术的介入，使得教学手段开始逐步现代化与多样化，甚至改变了教学模式。从教学模式来看，新型媒体的出现，为教学添加了新的教学模式，教师和学生的角色、地位发生了明显的变化，相互作用形式也发生了变化。从教材方面看，现代教育教材改变了单一的文字教材的状况，音像教材、多媒体教材等进入了教育领域。总之，充分运用现代教育媒体，能极大地促进当前的教育改革，也能促进应试教育向素质教育和创新教育的转化。

值得一提的是，现代教育媒体并不能完全代替传统的教育媒体，更不能代替教师的言传身教。教师的语言、教师的音容笑貌，仍是教学活动中的重要组成部分，文字与印刷媒体始终仍是教学活动中的重要媒体，各种媒体各有其自身的特点与功能，又有其局限性，媒体更代替不了教师。在教学活动中，应把多种媒体优化组合，取长补短，才能充分发挥各种媒体应有的教学功能，以真正实现教学过程的最优化。

第二章 信息技术与高校英语课程的整合

第一节 信息技术与高校英语课程整合理论

21世纪,信息技术已经进入飞速发展时期,渗透到人们生活中的各个方面,逐渐成为个体间进行交流、学习以及理解世界的一种基本方式。信息技术发展过程中的每一次飞跃都是人类文明史上的进步,当其逐渐构成个体日常生活的经验、改变个体社会交往的方式并已被大多数人掌控和使用时,便产生了引发教育变革的可能性。

在信息技术的快速发展下,整个社会从以物质生产占主导地位的形式逐步转变为以信息技术占主导地位的形式,信息技术在促进社会物质生产的现代化过程中,不断向其他领域渗透,这在教育领域中具有十分突出的表现。在我国,教育部要求各高等学校应该充分利用现代信息技术,采用基于计算机和课堂的英语教学模式,改进以教师讲授为主的单一教学模式。新的教学模式应以现代信息技术特别是网络技术为支撑。

可见,信息技术教育的优势已经获得了人们的极大认可,也基本形成了初具规模的信息技术教育框架。鉴于后面章节会具体论述多媒体教学与网络教学,因此下面将针对其他两个层面展开分析,从而对信息技术教育的内涵有一个整体上的了解和把握。

一、计算机技术影响下的教育

关于计算机技术在教育中的应用,可以分为四个方面,分别是计算机辅助学习(Computer Assisted Learning)、计算机辅助教学(Computer Assisted Instruction,简称CAI)、计算机辅助测试(Computer Assisted Testing)和计算机辅助教学管理(Computer Managed Instruction,简称CMI)。下面进行具体阐述。

(一)计算机辅助学习

计算机具有多种功能,能够用来辅助学习者的学习,如进行数据管理、统计和分析,制作电子文档或表格,处理或修饰文字等,因此计算机本身就是一种辅助学习的工具。学习者可以利用计算机完成以下这些学习任务:①获取与学习内容相关的信息并保存下来;②对获取到的信息进行加工、处理;③利用计算机技术发表见解或进行主题内容的展示等,如制作表格、绘图、幻灯片展示等;④在科学实验中利用计算机与传感器的有机整合,弥补实验仪器在操作时的缺陷,增加实验数据的科学性,解决实践中的学习问题;⑤计算机也是一本功能齐全的工具书和参考资料,如某些字典软件或翻译软件等。

(二) 计算机辅助教学

计算机是一种教学辅助工具，这是因为其具有计算准确、判断快速、容量大、呈现信息方式生动的特点。因此，它在辅助教师传授新知识和新技能、吸引学习者注意力、提高他们的学习兴趣以及帮助他们巩固知识、培养知识运用能力和解决问题的能力等方面有很大的帮助。计算机辅助教学的课件有很多种类型，常见的有个别辅导型、对话型、操练与练习型、教学游戏型、模拟型、问题求解型、交互式教育光盘型以及电脑游戏型等。

在当前的教育教学实践中，交互式多媒体（Interactive Multimedia，简称 IMM）和智能计算机辅助教学（Intelligence Computer Assisted Instruction，简称 ICAI）是计算机辅助教学发展的主要趋势。

(三) 计算机辅助测试

计算机辅助测试功能指的是计算机能够给予教师在生成测试、组织测试以及分析测试方面必要的帮助。

1. 生成测试

教师将与测试相关的内容，如测试科目，试卷类型，答题时间，题目类型、数量、难易程度等信息输入计算机中的题库管理系统。这时，计算机就会按照中央的要求在本机题库的大量试题中选择符合要求的试题，并输出所生成的试卷。

2. 组织测试

教师可以将计算机生成的试卷打印成纸质试卷，也可以组织学生在终端上接受测验。与前者相比，后者减少了教师的事务性劳动，同时保密性更强，能够提高测试的公正性。

3. 分析测试

教师可以将学生的纸质试卷用光学标点阅读器录入计算机，然后进行阅卷分析。这种方式能够及时存储、处理和分析测试的相关数据，减少了人为因素对测试结果的干扰。

此外，计算机快速的数据运算能力和信息处理能力也能够在极短的时间内完成有关项目的分析，并生成可视化的数据或图表，为教师深入了解学生的学习现状和安排下一阶段的教学任务提供依据。由此可知，计算机为提高测试水平和教学质量提供了必不可少的技术支持。

(四) 计算机辅助教学管理

CMI 是一种借助计算机达到教学目标的方法，学习者通过计算机与远程的教师进行交流达到学习的目的，教师利用 E-mail、BBS、Blog 等网络手段进行教学活动，使学习者获得语言知识、语言技能。CMI 是一种以教师为中心的教学方法。

二、通信技术影响下的教育

通信技术影响下的教育冲击着传统的教育观念和教学模式，进一步推动教育在新时期的变革。通信技术通过通用电话网络或专线路线将各个计算机系统和存取信息所需的各种设备连接起来，从根本上改变了以黑板、讲台为特征的传统课堂教学模式。总之，将通信技术应用于教育是追赶时代发展潮流的重要举措，下面就从两个层面做重点分析。

（一）获取信息资源

通信技术的发展为教师和学生获取教学和学习信息提供了十分便利的条件。

远程通信将全国甚至是全世界的资源中心、图书馆、个人联系在一起。教师和学生能够随时随地查阅浏览。教师和学生可从教学资源中心下载获取所需的第一手的科学信息，提高教学内容的科学性和丰富性，还可以通过诸如超星、学银在线等网络学习平台和微信、QQ、Facebook等各类提供网络通讯服务的应用程序进行即时互动、共享资源。

（二）远距离合作学习

传统的远程教学模式是单向的，缺乏教师与学生之间、学生与学生之间的交互，因此存在诸多的弊端。通信和网络技术的发展推动了新型远程教学模式——合作型远距离学习系统的建立。这种学习系统有用户组模式和远程登录两种模式。前者指的是利用因特网传输电子邮件服务器所支持的用户组（Mailing List）功能来实现远程学习。后者则是指利用因特网提供的远程服务功能通过网络学习平台和即时通讯软件进行远程登录（Remote Login）来实现远距离学习。

第二节　信息技术与高校英语课程整合的意义与目标

一、信息技术与高校英语课程整合的意义

信息技术与英语教学的整合可以打破空间与时间的限制，具有开放、灵活的鲜明特征，任何人都可以在任何地点、任何时间利用网络来学习。信息技术与高校英语教学整合的意义主要体现在以下方面：

（一）营造良好的教学环境

良好的语言教学环境对于英语教学质量的提高具有十分重要的意义。具体来说，标准的语音、语调输入，开放、丰富的语言知识，必要的对话与练习机会以及教师的帮助与指导等都属于语言环境的范畴。将信息技术与英语教学有机结合在一起有利于营造良好的教学环境，主要表现在以下几个方面：

第一，信息技术与英语教学的结合有利于调动学生的听觉、视觉等多种感官，从而使他们更加投入地参与到英语学习中来，并逐渐培养英语思维模式，摆脱先将英语翻译成汉语再进行理解的不良习惯。

第二，信息技术与英语教学的结合可使学生接触大量真实、地道的有声资料，有利于帮助学生增加语言积累、了解文化背景，熟悉交际技巧，提升听说能力，进而提高对语言

进行综合运用的能力。

第三，信息技术与英语教学的结合丰富了教学手段，使英语教学从过去单一、传统的模式中摆脱出来，变得更加活泼、生动、形象，从而更好地调动学生的注意力、积极性与自信心，有利于培养学生的想象力与观察力。

第四，根据情境教学法的理念，语言学习如果能在与现实情境相类似的环境中进行，则更容易达到令人满意的效果。信息技术与英语教学的结合可以创设与真实场景十分接近的语言情境，为学生进行知识同化创造了条件。

(二) 创造新型师生关系

在不同的教学模式下，师生之间的关系也不尽相同。教师是英语教学的主宰者，学生是被动的接受者，而课本只是师生之间的媒介。教师通过对课本进行分析与讲解，将知识传授给学生。科技的发展使计算机逐渐参与到英语教学中，并成为英语教学的有益补充。

计算机的辅助并未对师生关系带来实质上的改变，计算机的应用只是为教师提供了一种新型的讲解或演示手段，使教学效果得到一定程度的增强。但是，信息技术与英语教学的结合，即计算机与教学内容的结合使师生关系发生了根本性的变化。

在信息技术的英语教学模式下，教师、学生、计算机与教学内容是四项基本要素，它们之间存在着相互依存、相互作用的内在联系，因而并不是单向的。教师不再是课堂的主宰者，学生则由被动的接受者变成知识的积极建构者，一种全新的、合理和谐的师生关系产生了。

(三) 提高自主学习能力

在传统的课堂英语教学中，处于被动地位的学生很少有积极参与的机会。课堂上的大部分时间主要用来灌输语言知识，这就很难将学生的积极性调动起来，语言能力的发展也会遇到很多困难。

但是，如果由学生来掌握学习的主动权，并按照自己的意愿来查找学习资料，其弊端也是显而易见的，这既会使他们与正确的学习方向渐行渐远，也会带来费时、低效的结果，因而也是不现实的。

学生是具有独立思考能力的个体，是知识意义的积极建构者。以信息技术教学为媒介，学生不仅可以摆脱时空的客观限制，根据自己的安排来选择合适的时间、地点进行学习，还可凭借电脑来组织、参与相关的学习活动，从而在教师指导与自我规划的基础上展开自主学习。这样一来，教师不再是唯一的知识传授者与信息来源提供者，学生在教师指导下进行的自主学习也不会偏离正确的方向。

(四) 提供海量学习资源

在我国英语教学实践中，语法翻译法曾长期占据主导地位。受其影响，文学著作成为主要的学习资源，学生虽然学到了规范、地道的语言知识，日常交际能力却没能得到提高。

通过信息技术，不仅可以得到大量文学语言资料，还能接触很多日常生活用语，其数量之大、语言之生动都远远超过了传统的英语教科书。

需要特别说明的是，网络信息资源的更新速度很快，有利于及时了解一些新出现的词汇与表达方式，从而大大提高了语言的实用性。此外，网络能够帮助学生一边掌握语言技能，一边补充专业知识和文化背景知识，深化对专业知识和语言内涵的理解，提高专业文化素养。

总之，信息技术与英语教学的结合可提供海量学习资源，极大地满足学生的求知欲。信息技术为英语教学提供了远远超出教材范围的大量资源，学生可由此进行主动的、有意义的知识建构。

二、信息技术与高校英语教学整合的目标

无论是今天的教育，还是未来的教育，教师是其中的组织者、督促者、向导和咨询人，学习不再是为了学习而学习，而是为了满足需要而学习。信息技术应用于高校英语教学是为了满足未来的需要，而应用的关键在于对这种机遇的了解和把握。具体来说，信息技术与高校英语教学整合的目标包括以下几个方面：

（一）提高学生学习的积极性

信息技术下的高校网络课程英语教学，可以将学生的主体地位充分地发挥出来。学生从自己的需要、可能出发，选择恰当的上课时间，采用适合自己的教学进度和方法，在网络的指导下进行练习。当学生遇到困难时，可以随时放缓速度，随时进行补充，随时增加信息量；当学生感到容易时，经"网络教师"的检验与测试，学生可以加快进度，减少练习量。

在这一过程中，学生能够及时巩固自己的语言技能，改正自己学习中的失误和不足，从而促使他们形成正确的语言习惯。同时，学生可以通过网络学习平台，随时运用多种教材、课件、微课及其他教学视频资源，或者访问、查询、下载网上的信息和资源，进行个别化的学习。遇到问题时，他们可以通过网络学习平台聊天功能或者微信、QQ、E-mail等与教师进行沟通，让教师帮忙答疑解惑。因此，网络的应用使学生的学习不再受到干扰，也可以使他们及时了解自己的学习情况，将自己的主观能动性发挥出来，激励自己的英语学习。

高校英语教学属于技能课程教学，光靠理论学习是不可能的，还需要大量的操作训练。在传统的高校英语教学中，学生并没有充足的自信心，他们羞于在公共场合露面，上课状态也非常焦虑，担心被教师提问，担心自己丢脸。相比之下，在网络环境下的高校英语教学中，学生不必担心这一问题，情感层面的焦虑也会被释放，这时他们愿意提出问题、回答问题。因此，网络创造的这种宽松的环境有助于提升学生的学习效率。

另外，由于网络环境本身是一种交互式学习环境，动态与静态结合、图片与文字结合、声音与情感融合、视觉与听觉并用，其表现效果也更逼真，因此学习也就不再是一件枯燥的事情，而能够引起学生的兴趣，更好地发挥自己的智力因素，调动自己的学习潜能

和积极性。

(二) 达到最佳英语教学效果

计算机作为一种工具，可以大大提升教师的工作效率，如教师教案的设计、学生成绩的录入、教学资料的查询等都可以通过计算机轻松地完成，从而大大减少了教师的工作量。

在高校英语课堂教学中，教师可以通过工作站、服务器等对自己的备课内容进行讲解，并可以随时监察学生的学习情况，通过将全班学生的整个操练过程记录下来，及时了解学生的实际语言情况，最后对测试结果进行分析和统计。

在批改作业上，客观性的题目也可以通过计算机来处理，主观题可以由学生通过电脑操作，然后教师利用文字处理软件进行整理和批改。这样不仅从根本上解决了学生数量多、教师数量少的矛盾，而且可以让教师从琐事中解脱出来，让他们将更多的精力放在重要问题和环节的教学和讲解上。这些重要的问题和环节包含对教学大纲的理解、教学方法的研究、教学内容的组织等。

网络试题库的建立一定程度上允许学生自行选择时间进行测试，如果通过了考核，那么他们可以进入下一阶段的学习。只有这样，才有可能实现真正程度上的学分制管理，做到因材施教，因为这一方法将学生从传统固定的教室、固定的教学方法、固定的教材中解脱出来。在这种环境下，教师可以根据学习需要进行教学自我调节，学生也能运用最合适的方式使自己尽可能地达到自己想要达到的水平。

除此之外，教师与教师之间、教师与不同班级的学生间还可以进行教学成果共享。某位教师备课的成果通过电子处理后，上传至网络，其他教师可以下载学习，这样可以促进水平不高的教师的成长，也促使水平高的教师不断脱颖而出。

(三) 提高学生的综合运用能力

网上学习交流能采用虚拟教室、电子白板、参加新闻组、加入电子论坛、聊天空间、发送和接收 E-mail 等多种教学方法，实现不同时间、不同位置的信息交流，可能是一对一交流，可能是一对多交流，也可能是多对多交流等，通过声卡、计算机、数字视频等的交流，使学生在虚拟教室中完成学习任务。学生还可以通过万维网交谈、网页讨论版、在线交流等方式，与全世界的持英语交流者进行交流，锻炼学生的专业英语口语能力、写作能力、分析与逻辑思维能力，同时还能促进人际间的交往。在这一过程中，学生运用信息技术的能力也要不断提高，要熟练使用计算机软件并掌握快速搜索功能。

(四) 激发学生学习和求知的欲望

在网络环境下的高校英语教学中，除了传统文字教材外，教师首先可以从学生的基本情况出发，调用各种资料编辑与制作各种教学课件，既要符合学生的教学风格，又要符合学生的需求。教师还可以根据需要在网上进行选择和搜集学习材料，不断更新和丰富自己的教学内容。例如，在阅读课上，教师可以在不改变该课程要求的前提下，运用新资料代替其中的一些部分，使课程符合时代发展的特征，激发学生的学习主动性和积极性，实现既定的学习目标。

其次，教师可以利用与文字教材配套的电子教材，还可以选择与我国国情适合的所有外语电子学习资源，如外语新闻、人物传记、原版电影等。这些软件具有地道、纯正的发音，使学生有更多的机会接触英语本族语，通过这样的模仿有利于提升学生的外语表达能力。此外，由于国际互联网的通用语言也为英语，因此在网上存储着应有尽有的多媒体形式的资源，有专门的教学资源，有实时性极强的报刊资源，这些资源都为学生提供了原汁原味的拓展学习资料。

第三节 信息技术与高校英语课程整合的思路与方法

信息化时代的到来促进了很多新的教学思路与方法的出现，为了迎合时代发展的需求，高校英语教学应该摒弃传统的教学思路与教学方法，建构与重塑新的教学思路与教学方法，从而保证所培育出的高素质人才适应社会的发展。

一、信息技术与高校英语课程整合的思路

在信息技术的辅助下，高校英语课程教学中出现了很多新的教学思路，通过信息技术，学生的大脑思维得到了较大的创新，视野得到了有效的开阔。简言之，信息技术与高校英语课程整合的一个突出途径就是创新思维的发展。另外，产学结合也是当今时代发展的一大潮流。

（一）创新思维思路

1. 创新思维的内涵

在分析创新思维的内涵之前，有必要首先对思维有一个详细的了解。思维这一术语相对比较抽象，因为对于人类而言这是一种不可见的事物，其存在并运行于人类的大脑中。恩格斯曾经说过，思维是人脑的机能。

通过思维而获得创造工具的能力是人类与动物共同的标志，只是人类较为高级一些。我们既然承认人类发源于动物界，那么就应当承认动物思维的存在，不过这只是最广义的思维范畴，从严格意义上来说，动物只具有低级的思维方式，而经过不断进化的人类的大脑才是高级思维的物质条件，是高级思维方式的基础。人类的语言也是从动物的这种广义范畴的低级语言逐渐进化到狭义范畴的高级语言的。或者说，人和动物思维的本质不同在于各自运用不同的语言思维方式。从生理学来看，思维也是人类与动物之间共通的，它是一种高级的生理活动，是大脑中的一种生化反应过程。人类除了睡觉之外，几乎每时每刻都在思考，思考人与自然界的关系，思考个人与他人的关系。通过思考从现象深入事物的本质，发现事物的内在规律，使自身能够在客观世界中生活得更好。可见，人的思维是对客观世界的一种反映，是人类在认识客观事物时动脑筋进行比较、分析、综合等的过程。

人类无时无刻不在用自己的大脑进行着思维，进行着创造，而人们却很少对自身的"思维"进行思考。在学校里，思维科学也很难成为一门独立的学科。虽然有脑科学、语言科学、逻辑学等相关学科研究思维的物质基础、外在表现、各种形式等，但是对于人类"思维"的整体研究无法独立成科，这确实是一个遗憾，其关键原因就在于很难为思维定义。那么究竟怎样给思维下一个准确的定义呢？人们会从哲学、心理学、语言学角度给出不同的定义。

思维科学的创始人钱学森教授高度重视思维科学的重要性，把思维科学提升为与自然科学等并驾齐驱的一类科学。他提出了现代科学的一个纵向分类法，把现代科学分为六大部类：自然科学、社会科学、数学科学、系统科学、人体科学和思维科学。这样，我们就能够更加清晰地认识思维科学的位置，上面所提到的脑科学、语言科学、逻辑学、心理学等学科都可以统一在思维科学体系之下。总之，要为思维定义，一定离不开三个要素，即人脑、客观事物、内在联系。首先，思维是人脑特有的机能，是人的大脑中进行的一种"活动"和"过程"，是一种生化反应；其次，思维是人脑对客观事物的反映；最后，人类通过思维能够认识客观事物的内在联系，对客观事物形成间接的、概括性的反映。

那么，什么是创新思维呢？所谓创新，就是在头脑中创造新的意象、表象和形象的思维和意识的过程。创新思维的产物是在社会本质和发展规律的范畴内进行的，因此需要符合历史文化传统，达到引领社会历史与文化发展方向的作用。创新思维的产物也需要符合民众的审美需要、审美情趣和审美习惯，并引领民众的审美向前发展。创新思维的产物应该是在一定的目的引导下、符合规律性的成果，不仅应该具有可理解性、合理性，也需要带有一定的欣赏性和艺术性。

（1）一种意象思维

新的形象与表象的创造最初是从意念开始，然后发展到意象，最后产生具体的形象。这个过程说明创新思维也是一种意象思维。内觉和意念是处在同一层次并属于同等的概念。所谓内觉和意念，就是萌发在内心的最初的情感体验，是没有明确的指向性和对象性的内心深处的一闪而过的萌发和冲动。

内觉和意念是对过去和当下的感知材料的最初组合，这种组合还没有形成一个完整的意象。内觉和意念的进一步发展就会产生较完整的意象，意象是内觉和意念的升华，是内觉、意念和情感冲动找到了外界的"象"而产生的审美形象。意象同内觉和意念相比及形象及稳定性，并能使创新主体感觉到。

主体在创新过程中，由内觉、意念达到意象后，还得由意象升华到完整的表象和形象。同意象相比，表象和形象是清晰可辨的，是生动、典型的；表象和形象是相对稳定的，它不仅能被创新主体所感觉到，而且能把它传递给别人。创新思维是一种"象"的思维，它相伴着创新思维始终。"象"是创新思维的最基本单元，也是创新思维的媒介和表达。但创新思维的"象"又内蕴着"意"。意就是思想、文化和传统。象是意的外显，意内蕴于象，是象的灵魂和本质，象和意是你中有我、我中有你的关系。

（2）一种实践思维

实践思维指的是在实践的驱使下以解决实践中的认知问题为目的的一个认知与思维环

节。这种思维不带有理论思维的高度认知独立性和纯粹性。创新思维总是在实践提出的具体目标、任务和方案的基础上启动的，并且在整个创新思维过程中，其创造的意象以及意象所表征和内蕴的含义，都在具体实践的目标、任务和方案所规定的范围内进行。

创新思维的实践性还在于要把头脑中通过创新所获得的意象和表象用具体的物质材料表现出来，从而使其外在化和对象化，并成为一个可感、可观和可触的创造物。这创造物的获得主要不是靠思维和意识，而是靠现实的实践制作出来的。若没有制作这一实践过程，创新思维是没有完成的，也是没有达到目的的，因此实践不仅是创新思维的重要特征，也是创新思维中不可或缺的部分。

创新产品不只是客观存在的产品，更是具有典型生动形象特征的产品，它通过生动的画面和动听的音响吸引人的感官和触动人的情感，人在身心感染中接收了创新产品的信息。创新思维的实践性不同于一般的生产实践，而主要是一种艺术生产实践。

（3）一种价值思维

任何思维和意识都是有目的的，都要满足主体的一定需要，都是为了获取一定的利益。因此，任何思维和意识都有价值性。但不同的思维和意识的价值性的分量和程度是不一样的。创新思维作为一种价值思维，它的价值是非常现实、具体和可操作的。

创新思维的发起是有着非常具体的动因价值的。创新思维是为宣传一种产品、表达一种主张或展示一种文化理念而制造的一种创新产品，这种创新产品所宣传、主张和展现的实际是特定人或人群所持有的一种价值和价值观。

创新思维的整个过程始终有一种规范价值的示导。从意象和表象的创新到它的成型，从它的内容到它的形式，从它的可传达性到可表达性，都要传达特定的信息和表达特定的文化精神，即传达一种特定的价值和价值观。

创新作品展现出特定的价值和价值观。不论创新作品的主题思想还是它的形式风格，也不论创新作品的形状大小和图案线条，还是它的颜色浓度和颜色搭配，都在传递和表达着特定的价值和价值观。创新作品所展现出的价值和价值观，实质上也是在传播、引领和示导着这种价值和价值观。

2. 创新思维理念在高校英语教学中的应用

（1）教学文化的观念更新

教学文化是一种持久成型的教学传统、教学思维方式、教学价值观念和教学行为习惯的类型和范式，是一种教学背景下教学者和学习者的课堂生活方式。为了英语教学更好地发挥其创新思维培养功能，应当打破教学传统，转变教学思维，更新教学价值观念，改变教学行为习惯，建立一种新型的教学文化。

首先，冲破教师权威，建立学习活动中平等的师生关系。教师不是学习活动的主体，教师的作用不是向学生单向地传递知识，而是组织、参与、指导和评价学生的学习活动。学生才是自己学习活动的主体，学生不应只是从教师那里单向接受知识，更应在教师的指导下从各种信息源主动地汲取直接知识。

其次，要冲破知识权威，建立崇尚思辨的教学环境。英语教学不仅要使学生获得语言知识和技能，更要发展学生的认知思维，培养学生敢于并善于质疑权威的意识和行为，提高学生对所学语言知识及其承载的文化的真伪识别能力和价值判断能力，进而培养学生的探究意识和思辨精神。

(2) 教师创新思维能力的提升

创造性思维指的是通过新技术或新方法对问题进行解决、处理的一种思维方式，是思维的高级形式。在信息技术背景下，教师应具备创造性思维，能充分利用丰富的网络资源进行教育科研、教育创新，具体涉及以下几个方面：

其一，独特性思维，要求教师要具备丰富的中英文信息资源，可以设计出个性化的教学模式与方法。

其二，综合性思维，要求教师具备将语言学科与信息技术进行整合的能力，充分利用网络技术的优势，提高语言教学效果。

其三，多向性思维，要求教师具备对资源信息进行总结、推理的能力，从而使语言教学的条件与教学效果得以改善。

其四，发展性思维，要求教师具备前瞻性眼光，顺应技术发展的趋势，对教学的发展前景做出合理预测。

此外，从教学方法上来看，具备创造性思维的教师可以将多种教学方法综合起来使用，根据不同的学生与主题内容来设计不同的教学活动与展现方式，引发学生主动思考，培养学生的创新意识与创新能力。在新的社会环境下，教师应该充分利用各种教学资源进行教育创新和教育科研。独特性思维要求教师应该对中英文信息资源有足够的掌握，从而设计出个性的教学模式和方法；多向性思维要求教师具备对教学资源进行归纳的能力，从而优化自己的教学效果；综合性思维要求教师具备将语言学科与科学技术整合的能力，能够将科学技术最大化地运用到教学中；发展性思维要求教师的眼光应该具有前瞻性，跟着技术发展预测教学的发展前景。

(3) 赋予学习评价新的内容

学习评价是指对学生学习活动过程和结果的评价，具有诊断、反馈、调节、激励和导向功能，在学生学习过程中起着重要作用。传统的等级学习目标和标准式考试评价策略使得聚合思维和发散思维严重失衡，批判思维严重缺失，抑制了学生的个性发展，损伤了学生的创新思维自信，也泯灭了学生英语学习的热情和内在动机。

为了激励和导向创新思维培养，英语学习评价要赋予新的内容，完善创新思维型学习评价策略。例如，可以借助改善原有的评价方式和评价手段有效促进学生的个性化发展，将好奇心强、乐于探究、敢于质疑、据理力争、积极发表自己见解等课堂表现纳入形成性评估的考核范围。

(二) 产学合作思路

1. "产学合作"的内涵

企业教育是日本高等教育的一大特点。在大企业，企业教育被视为企业经营战略的重要组成部分，并给予了特别的重视。同时，中小企业也会根据本企业的具体情况单独或联合开设本企业学校或研修所，培训从业人员。

高校和企业共同行动的六大计划,包括如下内容:①充实和强化全球化人才培养;②创建年轻人到海外留学的有力环境;③创建世界各国优秀年轻人在日本学习、工作的环境;④应对全球化的高校教育环境的准备;⑤创新人才的培养和运用;⑥通过共同研究、合作办学等方式,促进产学人才交流及改善奖学金体制,培养国家未来的栋梁等。

2. "产学合作"理念在高校英语教学中的应用

（1）调整英语课程设置

合理、恰当地对英语课程设置情况进行调整,是信息化时代产学合作教学理念的重要方面,是英语复合型人才培养的要求,也是对英语应用型课程进行改革的基础。在信息化时代,高校英语课程在设置层面上需要满足社会整体发展的要求,所培养的英语复合型人才应该以市场为导向,全面拓宽培养方向。

首先,在英语教学过程中,英语教师应该多为学生设置一些与英语职场相关的课程与教学活动环节,确保学生在参与这些活动的过程中可以掌握与时代发展需求相适应的英语专业知识,如此才能真正实现教学目标,促进教学工作的全面开展。可以说,学生通过职场教学活动的环节可以增长自身的专业英语知识,从而为将来在企业中工作打好扎实的基础。

其次,在英语教学过程中,教师在安排与职场相关的教学环节时,必须以学生自身素质的全面发展为重要前提。

最后,为了提升学生未来在社会上的竞争力,成为一个综合型的人才,教师除了在教学中教授英语专业知识的内容之外,还需要针对不同的专业增加一些文化层面的知识,如社交礼仪、职业素养等,让学生通过具体的模拟行为,增强自身的社会文化适应能力,最终将英语知识与专业知识、社会文化知识相融合,大大促进自身社会适应能力的提升。

（2）推行突出职业特色的项目化课堂实践教学

根据高校英语课程体系所具有的鲜明特点,再结合不同专业特色以及社会就业市场的真实需求,教师可以尝试将一些具有明显专业特色的教学任务融入英语教学的过程中,学生完成这些任务时,不仅可以学习专业知识,还可以有效训练自己的听、说、读、写、译五个方面的综合能力。当然,这些任务的安排与实施对高校英语教师自身的能力有较高的要求,英语教师只有有效识别哪些项目具有教授的必要性和可行性,才能将这些项目融入英语教学过程中。如果英语教师不能够准确识别具有专业特色的项目,那么安排给学生进行操作,只能是白白浪费了学生宝贵的学习时间。

（3）更新教学手段与方法

信息化时代的产学合作人才培养模式要求英语教学突出职业特色,因而教师在选择教学方法与手段时应该注意将教师的"教"与学生的"学"融为一体,确保教学的双边主体都产生效应,最终实现教学目标。在教学过程中,教师可以通过模拟职场工作场景或通过一些视频、录像等方式来展示教学活动,如此不仅可以有效激发学生使用英语的兴趣和能力,而且可以拓宽学生的知识视野。不过,教师在这一过程中应该具有整体观念,从总体上引导课堂教学活动,从而实现双赢,即不仅提高学生的职场英语能力,同时还可以促进教师教学创新能力的提升。

在产学合作理念的指引下，英语教师只有打破原有学科的落后框架，突出英语教学的职业特色，将具体的职业工作流程作为自己开展教学的参考系数，将教学过程转化为学习情境，确保学习、工作两个过程保持一致与统一，通过模拟任务、职场项目、理论知识、拓展教学等模式与方法，让学生在完成自己任务的同时体验英语语言的真实运用，如此才能激发他们学习英语的真正兴趣，让学生毕业后就可以将自己所学习的英语语言知识应用到工作中，最终满足社会对复合型英语人才的迫切需求。

(4) 开展第二课堂实践教学

在信息化时代背景下，产学合作理念要求英语教学突出职业特色，英语教学改革的目标就是对应用型人才的培养，这就对学生英语语言综合运用能力提出了更高的要求。为此，教师需要激发学生学习英语的潜能，最大限度地满足学生学习英语的各方面兴趣。对学生而言，课堂只是学习英语知识的一部分，而且课堂时间是十分有限的，教师有时候无法在课堂上检验学生学习英语的最终效果。因此，学校和教师可以充分利用课后时间，即积极开展第二课堂实践教学，如英语角、英语竞赛、趣味活动、社会调研、创新创业实践、课外英语辅导等。通过第二课堂实践教学，教师不仅可以检验学生的英语语言水平，而且可以在一定程度上激发学生学习英语的热情，开阔他们的视野。在第二课堂实践教学的过程中，教师应该对学生给予更多的关注，引导他们掌握正确的学习态度、方法、手段等。

二、信息技术与高校英语课程整合的方法

(一)"英语读写"课程与信息技术的融合

1. 现状

针对目前我国英语阅读教学现状而言，教学方法与内容存在"读写分离"的现象，重输入轻输出是当今语言教学领域普遍的疏忽。在传统教学方式下，这样的单项语言技能训练划分有其合理性。但在网络信息时代，课程如此划分就远远落后于时代的需求了，培养出的外语人才的知识结构缺乏完整性和系统性。因此，有必要对现行的课程体系加以重新归类、调整、融合，以实现更好的教学效果。

2. 设计思路

将"阅读"与"写作"融合成一门课程——"英语读写"，这样的课程设计既不排斥课堂读写的功能，又倡导网络读写的优势，对"阅读"与"网络阅读"进行深度融合，结合教材，但又突破了书本内容以及时空限制。英语读写课的特点是将读与写紧密结合，以写促读，以写带读，提高了学生的阅读、写作和整体英语水平。发挥了网络教学的优势，扩大了阅读面，增加了写作量。网络环境不仅为学习者之间的多模态互动提供了教学平台，而且也为教师提供了多样化的教学手段和大量的信息资源。

(二)"英语视听说"课程与信息技术的融合

1. 现状

目前我国听说教学方法存在"视、听、说"分离的现象,割裂了视、听、说感官的整体性和协作性。网络技术使信息覆盖面广、超越时空、资源共享、多向互动、便于合作,使学习者接触真实的语境和新颖丰富的语料,也使得外语学习的自主性和互动性成为现实。

2. 设计思路

语言学习与应用是一种多感官的体验,而不同的媒体则通过不同的感官渠道传输语言信息。信息本质包括信息的产生、传输以及接受等,离不开基于视觉和听觉"双代码"系统,"英语视听说"有机结合了视觉、听觉、口语表达的综合功能,又在不同阶段体现各自特色,既加强了课堂教学的功能,又倡导了网络训练的优势,结合教材,但又不拘囿于书本内容及时空限制。

(三)"英语文化教学"课程与信息技术的融合

1. 现状

文化类课程普遍存在"赶进度"、"讲不完"、"满堂灌"和"以教代学"的现象,忽视发挥学生的主观能动性,导致学生的学习兴趣低下。而传统的"西方文化"课程又往往侧重欧美国家文化,不够重视祖国文化,忽略其他国家文化,造成学生文化视野狭隘,缺乏爱国主义教育和国际主义教育,难以适应时代和国际交流需求。

2. 设计思路

将现代外语教育技术充分融入"文化"类课程,教材与网络资源成了突破时空障碍的有机立体整体,外语教育技术与"文化课程"的深度融合实现了"全媒体"的教学模式,实现了以教师为主导、学习者为主体、教学资源为支撑的相互融合的教学环境。加强课堂内外的互动,而且互动的要素不仅包括学生和教师,各种信息技术都可以成为互动的媒介……互动的时间无限延长,摆脱了上课这一有限的时间范围,课内课外互动得到有机结合;互动的空间无限扩大,即使远离课堂这一传统互动场所,依然可以随处进行。

(四)"英语专业沟通类"课程与信息技术的融合

1. 现状

随着我国外资企业的日益增多,我国的国际商业与贸易往来越来越频繁,对高素质的外语专业人才的需求也逐渐扩大。他们不仅要精通专业知识,而且还要能够熟练准确地运用英语进行日常职业沟通,这就对当前的商务英语和应用英语教学提出了更高的要求。只有充分了解了英语专业课程教学存在的问题,寻求相应解决策略,将能力培养放在首位,才能切实达到良好的教学效果。

2. 设计思路

英语专业人才的培养受教育设备和教学环境的影响很大，原因在于外语教学需要借助一定的语言环境和信息化的教学设备。教育信息化的发展，一般会经历起步、应用、融合、创新等四个典型阶段，且在每个发展阶段，都有一定教育技术上的突破和应用上的支撑，呈现出每个阶段的独特特征。随着现实虚拟技术设备的快速发展和广泛应用，在人工智能（AI）、5G等先进技术的推动下，教育教学已呈现出改革和创新的趋势。教育教学和信息技术的深度融合，相关教育理论和实践的不断创新，也将推动着英语专业课程教学模式和教学方法发生变革。

第三章 信息化环境下高校英语教学中的学生因素

第一节 信息化环境下高校学生英语自主学习能力的培养

信息化时代的高校英语培养目标较之前发生了变化，其目标是培养学生的英语综合应用能力，使学生在今后的工作和社会交往中能用英语有效地进行口头和书面的信息交流，同时增强其自主学习能力，以适应我国社会发展和国际交流的需要。以应试为目的的课堂教学很难使该目标得以实现，所以高校英语教师的教学理念和教学方式必须发生转变，在课堂上应以学生为主体来培养学生的自主意识，以平等交流的方式来培养学生自主学习的能力。在整个教学过程中，应该随时关注学生的情感，帮助大学生度过心理上的缓冲阶段，快速调整自己的学习目标和学习方式，摆脱过分依赖教师的心理。

一、英语自主学习能力的界定

自主学习作为一种新型的教学理念，它是学习者终身学习和毕生发展的基础，是建立在教育终身化、民主化和学习社会化等教育观上的一种教育策略，也是当今教育研究的一个重要主题。对英语自主学习理论和实践的研究，不仅是目前社会进步、科学技术发展的必然产物，更是学生适应当今终身学习型社会发展的重要要求。

对于英语自主学习能力的内涵，学术界目前仍然没有得出一致的界定。但关于此问题的讨论，始终围绕着三个方面展开，即什么是自主学习、什么是英语自主学习和什么是自主学习能力。

（一）自主学习

自主学习就是指具有较强主体意识和集体观念的学习者，在教师根据学校教学要求所给予的教学自主权以及学习者现有情况所设置的教学开放度以内，能够在整个学习团体中主动而自觉地学习的行为，是学习者个体非智力因素作用于智力活动的一种状态。自主学习不仅要求进行自主学习的学习者应该具有一定的自身条件，还要求在自主学习过程中有教师的指导和学习者之间的合作学习，三者缺一不可。学习者在受教育过程中表现为强烈的求知欲、主动参与的精神与积极思考的行为并且有强烈融入该集体的欲望，其重要特征是已具备了将学习的需要内化为自主的行为或倾向，学习的意愿来自内在的需求的冲动，而不是来自外在的压迫或急功近利的行为。

(二) 英语自主学习

高校英语自主学习是指学习者依赖其个人独立的学习风格、积极的学习态度和良好的学习能力，在与教师的交流互动中设定其学习目标，通过个人活动和与他人合作的方式，实施、完成、评估自己的学习效果并达到学习目标的学习过程。具体来说，高校英语自主学习是学生英语学习的一种学习方式，指的是学生能够根据自己的实际情况对英语学习现状进行自我评估，通过信息反馈，确定英语学习目标、制订学习计划、采取学习策略、监控学习进度，并在此基础上进行总结、评价和信息反馈的再次循环。这种学习的循环链或学习方式包含三方面的内容：首先，对自己的英语学习活动进行计划和安排；其次，对实际的学习情况进行监控、评价和反馈；最后，对自己的学习进行调整、修正和控制。

(三) 自主学习能力

自主学习能力是以学习者的个人学习风格为依托，自主把握个人的学习情况并对学习负责的能力。更具体地说，就是学习者能够独立地确定自己的学习目的、学习目标以及学习内容和方法，并确定自己的一套评估体系的能力。但自主学习能力不完全等同于自学能力，仍然需要教师的指导、帮助，以及与同伴协作学习，不过学习者成了教学活动的主角，即强化以人为本，注重个性发展，彰显个人特色，在集体中发挥个人优势，突出个人特长。

二、信息化时代培养高校学生英语自主学习能力的重要性

培养大学生英语自主学习能力具有深远的意义。它能满足高校英语课堂教学改革的需要，更能满足社会和学生自身发展的需要。

(一) 满足高校英语课堂教学改革的需要

目前，高校英语课堂教学中还有很多不尽如人意的地方。例如，教师"一言堂"，主要表现为"教师讲，学生听"、"教师问，学生答"以及大量演练习题的模式。许多教师只顾自己滔滔不绝地讲，结果使学生沉默寡言。再如，现在有不少课堂教学出现这样的现象：教师注重发挥学生的主体作用，而主体作用发挥得好的学生恰恰是接受能力较快、学习成绩较好的学生，他们往往能提出一些比较新的见解和主张，教师却误以为自己引导得法，就跟着这些"主体作用"发挥得好的学生"走"，而中等生和相对比较差的学生则丧失了"发挥"的机会。一般来说，优生较大胆，差生不太主动，就算有一两个"尖子"学生跃跃欲试，也是教师和一两个学生在演戏，而大多数学生则成了台下的观众。学生主体作用的发挥，绝不仅仅指个别学生，而应尽量使每个学生都"动"起来。传统教学模式下，大多数学生无动于衷，思维处于抑制状态。而自主学习却不仅可以充分调动学生的积极性且更可以使学生根据自己不同的学习基础确定不同的目标、采用不同的方法，从而使高校英语教学更具针对性与实效性。

有目标的自主学习，可以帮助学生主动识别教师的教学目的和内容，充分调动其主观

能动性、学习主动性，使其积极配合教师最大限度地吸收输入的知识，主动探索学习方法，挖掘更多的学习机会，摆脱对教师的依赖性，使学生积极参与到语言实践活动中来，不断提高自身的知识和技能水平。

培养大学生英语自主学习能力还可以改变目前高校英语课堂教学中的懒惰式学习。懒惰式学习实际上就是一种被动的"教师讲，学生听"的学习状态，学生依赖心理很强、自觉性较差、学习比较被动、学习方式单一。有很多学生甚至"出工不出力"，学习效率低。高校英语单靠教师的传授是远远不够的，只有调动学生的积极性，培养学生的自学能力，才能实现教学和育人目标。

由此可见，培养大学生英语自主学习能力是现代教育目标的需要，亦是大学课堂教学改革的需要。

（二）满足社会和学生自身发展的需要

当今社会正在经历一系列的重大变革。随着科学技术的深入发展，当今社会进入了信息全球化趋势日益明显的新纪元。教育必须适应社会的变革，并为其进一步深入发展而服务。面对飞速发展的全新科技，教育教学的模式也发生了巨大变化。诸如电子教育、家庭教育、社区教育、网络教育等各种教育模式正在或即将满足不同人群各自的需要。在这个正在向科技化转变的时代，教育被赋予了更多的责任。为就业而教育，为生活而教育，为世界而教育，为自身发展而教育，为兴趣而教育……即便上述教育的目的在20世纪就已被提出，它们仍然毫无疑问地成为当今教育的主要目的，尤其是为生活而教育、为世界而教育和为兴趣而教育。

为联络交流、获取知识、培养创造性思维、终身教育、更好的生活而接受教育，都将成为现代教育的基本内容。换句话说，在新的时代，人们能多么迅速地发现新知识，多么投入地享受学习的过程已经变得更加重要。现代教育目标越来越趋向于人的能力的提高和全面素质的增强。信息化时代，科学技术的发展日新月异，信息更新速度极快，每时每刻都有新的知识出现并要求人们掌握。学生从学校接受的教育已不可能受用终身。未来社会是一个持续学习型的社会，一个要求人们必须终身受教育、不断自我发展与提高才能适应生存的社会。社会对教育的要求不仅是学习者对某些领域知识和技能的掌握，还应培养能够独立思考、争取自主的个体。

英语自主学习是自身发展的需要。英语自主学习不仅对学好外语具有积极的作用，更是使学习者能够持续学习和发展以适应新的社会需要所必需的一项重要技能。要适应复杂多变的社会，学习者必须终身学习、不断自我发展。对于许多人来说，离开学校、走上社会并不意味着英语学习的结束，而是更进一步的英语学习的开始。这就要求学习者具有可以独立于教师和课堂的自主。也就是说，培养英语自主学习是学习者自身发展的需要。

三、信息化时代培养高校学生英语自主学习能力的途径

信息化时代培养高校学生英语自主学习能力可以从以下几个方面入手：

（一）激发学生的学习兴趣和持久的内在学习动机

学习动机作为内部学习动力，对大学生的英语自主学习起到决定性作用，直接影响到学习态度、学习方法、学习效果。网络教学环境下，英语自主学习课程的开设对大学生的学习动机提出了新的挑战。由于网络教学资源存在很大的开放性、交互性，如果缺乏有效的引导，容易造成学生学习方向的偏差，所以，在高校英语网络教学环境下，研究激发、保持学习动机的有效策略具有现实意义。

1. 增强大学生对网络英语学习的兴趣

对大学生网络英语学习兴趣的培养应从两方面着手：第一，提高大学生对英语重要性的认知度；第二，提高学生对英语文化的认知度。英语是多个国家的第一语言，涉及的文化内涵也最广泛。在教学过程中，可以将这些国家的地域文化、风俗习惯等扩展到网络教学中。文化的魅力是突破国界和地域限制的，大学生通过对英语文化和本土文化的交叉理解，更容易培养自己的国际视野、家国情怀和对英语学习的兴趣。

2. 发挥好教师的导向作用

在信息化英语教学中，教师要及时转变教学角色，发挥导向作用。第一，帮助学生制定科学的学习策略。教师把学习主动权还给学生，只作必要的指导，同时，制定不同层次的学习策略，使不同基础的学生有所选择，从而对课程重难点、学习时间、学习进度、学习方法等进行宏观调整；第二，建立科学的学习评估系统。对大学生自主学习效果考核突破成绩至上的束缚，使学习动机发生变化。

3. 建立丰富的网络教学资源

第一，细化网络教育资源分类。英语是综合读、听、写、说、译多项能力的综合性学科，建设网络教学资源应分门别类，构建多个知识体系，让学生检索学习资源时更具针对性，根据需求和薄弱环节，选择适用的资源，提高自主学习效率；第二，让学生掌握多种网络资源检索方法。目前，文献检索渠道搜索引擎虽然资源信息量较大，但针对性差。对此，教师应将重点放在网络教学资源建设和提高学生的检索能力上，例如，建设和提供英语教学资源库、名师课件资源库等。

相比于传统英语教学模式，网络教学背景下大学生的学习动机更为重要。在学习动机的培养、激发过程中，既要从传统教学体制的束缚中跳出来，紧随信息化英语教学需求的步伐，也要直面网络教学资源带来的不利因素，做到拨乱反正，为学生指引一条正确的发展之路，进而提高高校学生的自主学习能力。

（二）提高大学生的自主学习意识，合理使用网络学习平台

良好的自主学习意识是确立学习目标和制定学习策略的基础前提，意识基础决定行为情况，所以要想提高大学生自主学习能力首先必须提高自主学习意识。建立了良好的自主学习意识之后，就可以进行相关策略的制定。首先，要根据自身学习需要和发展规律来确立自主学习目标；其次，合理选择学习方式，采用信息技术有针对性地进行专业课程的学

习;最后,对学习内容进行自主探究和深入学习。

另外,现在大多数高校均已采用了特定的网络自主学习平台,开放了众多网络在线课程,如超星泛雅、慕课网、学银在线、爱课程、蓝墨云,等等。这些网络自主学习平台上课程众多,教学内容以及教学资源极为丰富,大学生可以合理地利用该平台进行相关学习。首先,按照平台注册标准进行学习课程的注册,做好课程的选择。课程的选择既要依照自己学习的需要,还要结合自身的实际学习能力来选择。在合理的学习目标指引下,选择难易程度相当的教学课程,注意课程的授课语言,查找课程介绍视频,做好前期的课程选择;接下来,搜索相关课程,从基础课程开始学起,查课程是否需要辅助软件。根据自身的学习实际情况选择线下学习方式。课程学习过程中,大学生要注意课程学习时长,积极参与其中的互动环节,集中注意力,标注学习中的难点和重点内容,求助导师答疑。

(三) 加强高校学生自主学习中的自我监控和自我评价

网络环境下的自主学习因为具有自觉、独立、开放和电子化的特点,教师对学习者的监控和评估显得尤为重要。监控和评估学习效果的目的有三:了解学生的学习状态、增强学生自主学习能力以及完成学习任务,从而提高学习效果。具体做法为:一是为每个学生创建学习日志,记录其学习时间和学习内容;二是要求学生写网络日记,教师通过浏览日记获知学生存在的问题并及时为其解决;三是通过各种渠道,如 BBS、E-mail、QQ、微信、云班课等,为师生搭建讨论平台;四是建立评估量表,将学习主题、活动目的等作为评价内容,逐项给学生打分;五是建立网络电子相册和博客,存储和记录学生在学习过程中的文字、声音和视频文件,以便更好地对其学习效果进行形成性评估。

与此同时,大学生在使用网络自主学习平台进行自主学习时,一定要对自身的学习情况进行相应的监控,只有实行自我监控才能随时调控学习进程、掌握学习步调、针对学习问题进行疑难解决。在自主学习过程中,大学生要进行阶段性的总结,根据自身学习的需要和学习规律适当地调整学习方法和学习内容,并针对自身的实际学习能力来适当调整学习时长,使其适应自身的学习情况,提高学习效果。总而言之,自我监控和自我评价主要的作用就是学生进行学习意识的调整、学习步调的调整以及学习方法的调整,以求网络学习与实体资源的结合运用,进一步保障网络学习和传统课堂学习的协调统一和顺利开展,其最终的目的就是提高大学生自主学习的能力。

(四) 营造良好的自主学习氛围

高校要把英语教学内容与学生的学习兴趣结合起来,以某个章节或某个主题作为项目,联系实际开展真实的项目教学活动。教师不再是课堂的中心,其作用主要体现在启发学生自主学习和自我教育的机制上,充分地激发学生的学习兴趣和热情,挖掘出每个学生的潜能,并根据不同学生的特点爱好给予学生适当的指导。项目教学中,学生不再是知识的被动接受者,而是根据所学课程内容,联系实际开展项目教学活动。在这个过程中,以小组为单位充分培养学生自主学习能力,充分尊重和体现学生的学习自主权和管理权。自主学习环境下,课堂不再是单一的教室,学生可以通过学习平台、网络资源、视频影音、课内外多种渠道和多种形式进行学习。课堂上，教师要给学生留出足够的自主学习的时间，并根据教学内容设置学习目标，调动他们的学习兴趣，使他们在教学过程中积极参与、相互交流和讨论，充分发挥自己的想象力和认知力，做学习的主人，并最终对教师设置的目标给予正确的解答和完成，以达到掌握所学知识与技能的目的。

第二节　信息化环境下的高校学生英语合作学习能力的培养

　　信息化社会的发展，使网络和多媒体技术在教育领域得到广泛应用，线上学习已经成为大学生重要的学习方式之一。面对纷繁复杂的网络环境，大学生一方面要加强自主学习能力的培养，另一方面还需通过小组合作学习，在网络资源中学会互相监控、互相合作，从而保证学生学习的方向和效果，培养团队合作精神，实现大学生学习行为多元化。

　　合作学习也是我国近年来所倡导的一种重要的学习方式。合作学习是"旨在促进学生在异质小组中互助合作，达到共同的学习目标，并以小组的总体成绩为奖励依据的教育策略体系"。合作精神是培养高素质人才、适应信息时代发展的重要育人内容。大学生为达到共同的学习目标，以小组形式、各自承担不同角色进行合作互助和协作探究。在合作学习中，学习者借助他人的帮助，实现学生之间的双向互动，共享学习资料，充分发挥其主动性和积极性，体现了信息社会环境下人们学习、工作所必需的协作精神。

　　合作学习是一种特别强调互动的新型学习模式，网络环境下的合作学习更是如此。基于这种环境，能够充当信息载体的信息技术自然就成为合作学习的催化剂。近年来，网络已经对人们的学习、工作和生活产生了深远影响。在教育领域，也有越来越多的人将目光投向网络平台，充分利用网络的优势来开展教育活动，教师和学生也逐渐养成利用网络进行沟通的习惯，尤其是在大学生群体中，互联网已经成为大学生群体学习、交流、休闲的重要平台。

一、网络环境下高校学生的英语合作学习现状

　　一方面，网络为大学生合作学习提供了有利条件。在基于网络的合作学习中，学生不局限于书本、课堂和面对面的讨论，而是充分利用计算机网络以及新媒体等相关技术，由多个学习者组成合作小组，使用多种多样的网络工具和网络信息资源，开展广泛的、讨论协商式的探究性合作，使每个合作学习者都能达到共同的学习目标。目前，大学生群体热衷于使用微信、QQ、微博、博客等作为合作学习的媒介平台。随着近些年智能手机在大学生群体中的普及，这些新媒体大大丰富了学生群体交流和学习的手段。它们具有即时、快速、图文并茂和智能互动等特点，为学习主体提供了乐于接受和喜爱的学习环境，能激发和维持学习主体的兴趣。网络环境下的合作学习，除了具备传统课堂合作学习的全部特征外，还能够借助网络新技术的平台，将合作学习推向个性化和多样化，把学生群体之间的人际互动向人机互动拓展，为大学生合作学习提供丰富的载体和有利条件。从内容上来说，网络具有海量的学习资源。大学生利用网络，可以按照小组分工的方式去学习相应的知识，并借助网络传输载体向合作小组成员及时传输和分享资讯，共同完成合作小组的知

识储备。从技术上来说，网络为大学生合作提供虚拟练习的平台。大学生可以利用网络虚拟软件进行合作任务的练习。新媒体具有免费开放的虚拟练习平台，听、说、读、写、看等多功能集于一身的各式学习任务练习软件，能增强学习者的学习效果，降低学习成本。从交流平台来说，大学生充分使用网络新媒体的聊天工具和通信平台，可以与小组成员实现即时在线的沟通、发表意见、评论学习小组成员的任务并进行学习进度的监督，还能够通过网络论坛等平台将小问题设置为公共问题，调动集体智慧解决小组问题，拓宽小组成员的学习视野。

  另一方面，大学生运用网络新媒体开展合作学习也存在很多不足。从大学生自身来看，大学生群体在面对繁杂的网络世界时，由于自控能力不足，运用网络媒体进行学习的能力令人担忧。由于缺乏明确的网络学习目标和计划，大学生在利用网络资源时无从下手，常常浏览与学习无关的其他信息，耗费时间而影响学习进度，甚至偏离学习方向；部分大学生喜欢在网络学习时同时浏览多个网页或打开多个网络软件，边听音乐或边看视频，这样会分散学习精力，导致学习效率降低；网络信息极其丰富，但是大部分学生缺乏合理使用网络学习资源的技巧，或者用这些资源从事与学习无关的事情；网络环境下大学生的学习大部分是个体独立地、封闭式地学习，很少与其他学生进行学习上的交流，这容易迷失学习方向，不利于提高学习效率。从教育系统的其他要素来看，首先，高校在长期的应试教育体制的影响下，主流的教育方式大多以分数为本位，强调学生之间的竞争，忽略学生之间的合作。高校关注学生在学习分数的名次多于关注学生学习过程的朋辈互动，这种育人理念不利于大学生养成合作精神。其次，各类学习软件和远程学习系统的质量参差不齐，它们的开发过程不符合学习者的认知规律，科学性不足，影响大学生的学习效果。最后，一些网络学习平台照搬传统教学模式，缺乏创新，无法激发学生的学习兴趣。高校缺乏网络媒介素养教育，缺乏相应的网络文化培育，缺乏有效的网络监督，教师在大学生网络学习方面的引导存在不足。

二、网络环境下高校学生英语合作学习引导策略

  要做到网络信息技术真正服务于高校学生的英语学习，需要从高校、教育者等方面入手引导大学生进行合作学习，注重培养他们的合作精神，通过合作学习，把孤立、缺乏目标的学习个体变为团队合作的、有目标、有计划的学习小组，发挥朋辈的学习效应，这样有助于提高网络学习效率，共同完成学习目标，让学生乐于并善于利用网络新媒体开展学习。

  高校应该发挥教育教学在大学生合作学习中的导向作用，为大学生创造组建合作小组的平台和机会，提供计算机、网络等网络合作学习条件。积极健康的网络文化对高校学生的学习价值取向、学习行为和学习态度有重要的影响。高校在网络文化建设中，应为学生营造团队协作、互帮互助和开放创新的网络学习氛围，倡导积极健康的网络文化。

  高校英语教师首先应尽可能地了解学生之间的异与同，通过采用合作学习的课堂组织形式，促进师生之间与生生之间的相互了解，达到情感上的共鸣，进而更为有效地交流思想、沟通情感，充分调动学生的学习热情，挖掘学生各自的优势，取长补短，通过团队合

作，实现学习效果的最优化。

为了能够更好地引导学生进行合作学习，教师在组织学生合作学习时还须满足下列条件：建立课堂学习共同体小组，小组成员有共同的目标且共同承担责任；小组成员选出小组长，小组长负责组织和监督组员活动；将共同目标分解成子目标或子任务；按照优势互补原则分配子任务或子目标，明确各个组员的分工与责任；制订具体的计划，规定完成时间；按任务搜集资料，并且资源共享；小组成员必须保持有效的沟通与交流；每项任务完成后须先在小组内部进行讨论，提出存在的缺陷，分析原因，进而完善之前的结论或解决方案；待各项子目标或子任务完成且组内审核通过后，小组长须组织全体组员共同讨论，将其有效整合为完整的小组成果；小组成绩根据每个组员的表现以及小组的整体表现与成果综合给分；每个小组要对本组合作学习进行反思，提出存在的问题或困惑，查找和分析主客观因素，最后做出小组内评价；小组间进行互评，提出各自的意见和建议。在整个教学的过程中，教师始终作为一名参与者、咨询者、指导者和监督者，密切关注学生合作学习的整体进展情况，全程为学生提供咨询、指导与帮助，开启学生思维，鼓励学生主动探究，引导学生学会发现问题、分析问题并能解决问题。

合作学习较之传统的课堂教学不仅仅强调合作，更重要的是这种课堂组织形式为教师和学生提供了相互讨论、相互启发、相互了解、相互帮助的机会与平台，使教师与学生能够在思想、认知和情感上得以充分和直接地交流、合作与分享，融洽了师生间的关系，开阔了师生的思路，为学生提供了更为广阔的思考空间，赋予其更大的学习自主权。同时，由于小组成绩取决于小组成员的共同努力，并且各个组员的分工与责任事先早已明确，因而更容易调动每个学生的学习积极性，发掘学生的潜力，挖掘学生的优势，帮助学生树立坚定的学习信念和学习自信心。在互相合作与取长补短的过程中，学生更容易突破各自原有的思维定式，学会从不同的视角思考问题、分析问题，并从不同的途径入手解决问题。

第三节　信息化环境下的高校英语教学中的智慧因素

一、信息化时代高校英语课堂中的教师智慧

智慧并不是一种形式、一种理论，而是一种生成，一种在无预设的情况下发生的有意识的应变能力。它应该包含多种层面，而且智慧也不能像知识一样直接传授，它应该是在获取知识、经验的同时所具有的一种能力，并随着时间去逐渐丰富进而达到发展。那么我们所要打造的智慧课堂又应该是什么模式的呢？

教师首先要在自己的教学中让学生感受到智慧，然后再让学生去进一步开发、创造并应用自己的智慧。智慧课堂的价值应体现在帮助学生建构一种前所未有的具有自我组织、自我进化、自我完善、自我建构和自我发展的体系。智慧课堂要关注的不应该是单一的知识学习、固定的教学模式，应该注重一个"真"字，关注学生是否真正地获取到了知识；我们的课堂是否真的达到了高效；学生在学习过程中人格是否得到了完善；每个层次的学生是否真的有针对性地学到了所需、掌握了所能；对于所掌握的能力是否真的能够运用自

如；在获取知识的同时是合作获取还是独立完成；在他们有质疑的时候，是不是经过了调查和研究才得出结论；是否体现了不同的个性差异等许多值得我们去探究和需要我们去实践解决的问题。而教育智慧就是建构智慧课堂最主要的一部分，教育智慧是教育者的思想、方法、技能、手段的智慧体现。教育智慧简单讲就是在教育过程中表现出来的能成功解决实际的具体问题的能力和德行，或能正当地解决实际的具体问题的能力。教育智慧是教育思维和教育情感互动的产物，思维是智慧的核心，情感是智慧的酵母。教育智慧是良好教育的一种内在品质，表现为教育的一种自由、和谐、开放和创造的状态，表现为真正意义上尊重生命、关注个性、崇尚智慧、追求人生幸福的教育境界。教育智慧主要是通过教师的教育教学行为来体现的，从这一角度来看，教育智慧在教育教学实践中主要表现为教师对于教育教学工作的规律性把握、创造性驾驭和深刻洞悉、敏锐反应以及灵活机智应对的综合能力。教育智慧是在教育过程中自然生成的，是教师与学生在课堂生活中弥足珍贵的精神财富，它不仅体现教师的教学水平，还体现教师的教育品格。教师在课堂上表现出的智慧不仅包括教学设计的智慧、课堂语言的智慧，还包括角色把握的智慧、临场应变的智慧等。

高校英语对智慧教育的追求是一个系统工程，亟待调整高校英语教育政策、确定教育目标、修订高校英语课程教学要求、明晰教育教学目的和理念、重订教育教学内容、建设高校英语课程体系、完善评价体系、指引教师角色发展。教育政策、教学要求的明晰，需要教师教育教学理念的创新、教师自身"智慧"的发展。所有的改革，所有理念的施行，都离不开教师。

高校英语教育追求"引导学生的智慧生成"行为本身就是智慧的，是一个非常正确的选择，可又面临着许多困难。因为，智慧教育远不像当前单一知识教学那般简单，越是充满期待和能量的选择，途中的荆棘与坎坷就越多。所以，高校英语教育要实现自己的追求，最需要先行动起来的是教师。教师创新理念，明确目标和教育内容，对自身进行完善，才能让智慧教育理念真正流动起来，真正落到实处。即便当前的一些教学要求、规定或教材等尚不完美，但有了教师的智慧行动，也就有了智慧教育的原动力。

当然，追求智慧教育，高校英语教师的努力不可或缺，同时也需要高校英语整个教育环境的和谐，需要各方力量共同指向引领学生智慧生成这一目标。高校英语虽然是高等学校里的一门公共课，却是一门影响面甚广、附加值甚高的课程。"影响面甚广"，应该不仅是形式上，诸如师生数目之大、几乎每一所大学都开设高校英语，更有对师生身心发展的影响，对高等教育和国际化人才培养的影响，对中西文化传播、交流的影响，对文化软实力竞争的影响等；而"附加值甚高"，也能看到其重要意义，效果不仅在于学生对语言知识等的掌握和运用，更是通过教师的教和学生的学，收获更多形式之外意蕴深刻的感悟、体验、实践和智慧。高校英语，如果不断发展和超越，追求引导学生智慧生成的教育，将从贫乏走向丰富，从困境走向自由，将在高等教育和国际化人才培养中发挥出不可或缺的强大力量。

二、信息化时代高校英语课堂中学生智慧的生成

虽然"智慧"一词的含义至今没有定论,但古今中外的人们都比较一致地认为,智慧是值得追求的,是更高境界的。智慧高于知识、思维和人格,但是智慧离不开这三要素。

智慧蕴含人文,智慧彰显和谐,人文与和谐是智慧的关键词。智慧生成的途径是智慧教育。智慧教育是引导学生智慧生成的教育,是关注人文与和谐的教育,是指向学生幸福生活的教育。智慧教育不是灌输所谓的智慧理论和信息,而是通过引导学生的知识习得、思维训练和人格养成,在"理解真知、正确判断和恰当实施"的过程中得以生成和体现的。

在高校英语教育中,知识习得的内容需强调语言与文化并重。引导知识习得,需强调"专念"意识和"学生中心"理念,关注"认知建构探索"习得环节的"个人知识"生成。习得目标需指向学生跨文化交流能力的发展。

高校英语教育中对学生思维训练的中心关注点是:兴趣、质疑、直觉和隐喻。兴趣是智慧生成的重要"引子",兴趣的激发和保持需贯穿始终。质疑是创造性思维的方法和手段,质疑导致智慧的生成。直觉又是智慧的一部分。隐喻不仅是一种修辞,更是一种思维和认知方式,直接指向智慧的生成。直觉和隐喻是外语学习不可或缺的能力,也是最能在外语教与学中得以发展的思维和能力,却被当下的高校英语教学所忽略。对学生兴趣的激发、质疑的鼓励、直觉和隐喻的发展,只有贯穿于高校英语教育的全过程,才能在语言教学中切实提升学生的思维能力。

知识习得、思维训练和人格养成,不是彼此孤立的,而是和谐融合的,贯穿于高校英语教与学的始终。三者相辅相成,知识习得让学生丰富,加之思维的不断发展和人格的逐渐养成,将学生引向智慧,"智慧"的生成无疑会作用于学生对"英语语言"的真正掌握。由此看来,引导学生智慧生成的教育,不仅让学生更加智慧,而且当下的高校英语教师的迷惘和"费时低效"的高校英语教学中存在的诸多问题也会迎刃而解。

(一)学生英语知识的习得

知识是智慧生成的土壤,如何指导学生的知识习得,促进个人知识的生成,使学生善于吸收知识、善于运用和扩展知识,是引导学生智慧生成的基础。由于语言与文化、思维的关联决定了在高校英语课程中引导学生智慧生成必须语言与文化并重。

学习内容不仅让学生了解一个概念或理论,还可以让学生掌握某种技能,明晰一种态度或价值。所以,在讨论学习内容的时候,一方面要阐明学习活动所指事物的内容;另一方面还要思考学习者怎样理解它。学习内容有两种属性,即专项属性和一般属性。专项属性是指我们希望学生习得的学科知识,亦即直接目标;一般属性是指我们通过让学生学习一门学科知识,从而培养学生掌握和发展某种特定的能力,明晰某种态度、价值观等,这可以称为间接目标。具体到一堂课中,又可以细化出三种学习内容:预期的学习内容(Intended Object of Learning)、实践出来的学习内容(Enacted Object of Learning)以及学生体验到的学习内容(Lived Object of Learning)。理想状态下,这三种学习内容是一致的,

但现实中，预期的学习内容与体验到的学习内容存在一定的差异，这和学习内容的关键特征有关。

高校英语课程的学习内容不仅是语言知识本身，语法、词汇等语言知识只是专项属性中包含的一部分，而目前高校英语课程学习内容的一般属性还远未显现出来。要实现高校英语学习内容的两种属性，语言与文化并重是不可或缺的一点。因为，要在学生学习语言知识的同时，让其真正掌握一种语言，并引导其视界的开放、思维的灵动、体验的深入，就不能不让学生走进丰富多彩的目的语文化之中。学习一门语言，就置身于一种文化，有着不一样的思维方式。要想真正了解一种文化，也离不开对承载该种文化的语言的学习。

此外，由于"个人知识"是个人所具有的知识（包括显性的和内隐的，包括来自直接或间接经验的），是转知成智的关键点，所以在引导学生智慧生成的过程中也要关注个人知识的生成。"个人知识"作为一种知识的存在形态和一种知识的形成过程，既是一种静态的"知识"，也是一种动态的"识知"。个人知识也是一种对人生经验的反思性建构，它有助于实现受教育者自身的意义感、体验性、生成性和整体性。

知识是教育实践中最基本的交往媒介，虽然教育开始于普遍性的、显性的、明确的公共知识，其目标却不仅是让学生掌握公共知识，而是需要引导学生对公共知识进行个人化，即将静态的知识内化为与个体状况及境遇条件相统一的东西，从而实现个体性与普遍性的意义衔接。高校英语教育在指导学生的知识习得时，关键是"指导"而非"灌输"，鼓励学生自主积极地体验、反思、探索，这就需要高校英语教师明晰有效的习得环节，提升学生的专念意识，真正理解并创设"学生中心"，促进学生个人知识的不断生成和丰富，将教育从狭隘的知识教学引向意义更广泛、更深远、更丰富的智慧教育领域。

（二）高校英语课堂上学生的思维训练

智慧思维不是老师可以提纲挈领出能让学生原原本本照抄的原则或决定，而是学生自己需主动接受、内化和掌握的。这就从一个侧面说明了智慧教育中的思维训练之重要性。思维有广义和狭义之分，广义的思维是人脑对客观现实概括的和间接的反映，它反映的是事物的本质和事物间规律性的联系，包括逻辑思维和形象思维。广义思维包括很多种类，如创新思维、直觉思维、发散思维、隐喻思维、系统化思维等。而狭义的思维专指逻辑思维。

学生的思维训练是智慧教育的基本要素之一。高校英语教师在课堂教学中，采取创设思考性的课堂学习环境，使学生的隐性思维过程外显化，让学生明白其思维过程和方式，有助于其思维能力的进一步提升和发展。高校英语教育通过将思维训练和知识习得整合起来，改善学生的思维质量和学习成效，加强学生的思维训练，其根本目的是使学生提升思维能力，学会思维、善于思维、发展思维。发展学生的思维，这是智慧生成的关键，也是真正掌握英语这门语言的保证。而当前的"就英语知识而英语知识"的现状导致了一个不良的循环：机械地模仿、记忆、背诵，让学生陷入一个"低级"的学习状态，隐没了其思维的活跃，更阻碍了其智慧的生成。许多学生失去了学习的兴趣，处于"被学习"状态，这样的心理导致了一个认识，即英语学习是一件"费时间、费精力，又难以学好"的事情，这无疑影响着学生的学习质量和学习幸福感。关注学生思维发展的高校英语的教与学，是一个良性的循环，其各要素之间是相互促进的，再加上对学生人格养成的引导，让学生的智慧自然生成，而变智慧了的学生，更会学习，更善于思考。

(三) 高校英语教学中学生的人格养成

道德常常能填补才智的缺陷，而才智却永远填补不了道德的缺陷。人格是智慧的灵魂，缺乏品质修养的人，不管其拥有多么渊博的知识，也不管其具备多么强大的思维能力，都不能以智慧称之。人格的养成，是一个人智慧生成的根本。高校英语教育对学生人格养成的引导，重点是跨文化语境下的人格关注，即引导学生的文化态度和翻译伦理，使学生在跨文化交流中理解、包容、尊重异域文化，自觉地使用英文传播我国文化的精髓，融合中西方优秀文化，保持文化的民族性；明晰译者职责，坚守译者伦理（每一个跨文化交流者，都可称之为"译者"）。同时，高校英语教育有责任也有能力对学生进行基于语言学习的情感、信念、价值观等的整体引导。学生的人格养成离不开教师的"智慧"引导，这需要教师开发多元信息、创设人文与和谐，更需要教师自身智慧的发展。

三、信息化时代的高校英语智慧课堂

智慧课堂是以智慧化教学环境的构建为基础，以培养学生创造性和批判性思维能力为目标，利用大数据、云计算、学习分析等信息化手段创新传统课堂的教学模式、学习方式与教学评价方式的新型课堂。智慧课堂的五大核心特征如下：①教学环境智能化：智慧式教学环境的建设包括录播系统、反馈系统、移动终端、智能触控、互动桌、电子书包等智能化的学习平台与终端，为教师和学习者提供了便利的、智能化的教与学环境，促进智慧的教与学，体现了智慧式课堂教学环境的有效性、趣味性、个性化与适应性的特征；②教学模式创新化："互联网＋"时代各种突破传统教育模式的在线教育教学模式不断涌现，基础教育中如翻转课堂、自组织学习、个性化学习等创新型教学方式，融合在线教育模式与传统学校教育模式的优势，将有利于学校传统教育系统的重构；③学习方式个性化：网络时代的学校教学逐步由封闭走向开放，学习方式也日趋多元化、个性化，如碎片化学习、自主探究式学习等，学生学习方式的转变有助于促进学习者自主学习、创新能力的提升；④资源推送智慧化：智慧课堂为学习者提供了极为丰富的多媒体资源，教师根据学生的个性化学习需求及学习特征，有针对性地推送辅导资料；⑤教学评价即时化：通过大数据、学习分析技术、即时反馈系统等技术的应用，全程实时记录与追踪学习者的学习状态，收集学生学习过程中的行为数据，用直观的数据了解学生对知识掌握的水平，实现学习评价的即时反馈。

智慧课堂作为高校英语新型课堂教学模式，它利用全新的信息技术框架，实现对理想教学环境的追求，有效地改善了传统课堂教学中的弊端，让学生以更为主动的姿态参与课堂。在应用此模式时，应注意以下几个要点：

(一) 构建智慧课堂环境

智慧课堂环境的构建基于大数据和云计算这类的信息技术手段：一方面，在智慧教育理念的推动下，在课堂中融入了更为先进的教育理论；另一方面，针对从课前到课中再到课后的教学闭环整体，搭建更为合理化的包括新媒体智能设备在内的硬件环境，同时使该硬件环境能够用于互联网及微型课堂等，保证课堂中各类终端设备能够实现无缝交互应用，从而从传统的教室黑板中解脱出来，保证课堂教学更趋互动化与智能化。

(二) 形成智慧课堂结构

高校英语智慧课堂教学模式的推动需要信息技术和教育教学平台的深度融合，在此过程中，借助大数据的合理应用，保证智慧课堂结构的创新与完善。高校英语课堂越多地融入新技术，越容易在课堂结构上展现出创新，实现师生或者生生的良好沟通与交流，发挥教师与学生共处同一开放课堂平台的优势，让课堂显现出数字化体验与多媒体实验的优势。在这种情况下，教师的教学方式更为灵活，学生也将得到绝佳的潜能激发机会。

(三) 采用智慧教学方式

在动态数据采集的基础上，智慧课堂因其强大的资源与算法，对传统教学的观念与教学方式产生了巨大冲击，传统意义上的知识传授教学方式正在向认知能力建构教学方式转变。因此，以信息技术为依托，师生的实时互动方式日益受到重视，其互动也逐步变得立体化与多元化，如可以按教学内容的需要，完成课堂的智能化推送或者保证动态的随时更新等。

(四) 偏向智慧师生关系

以构建智慧课堂教学模式为目标的师生关系，更加强调对移动终端工具的利用，因此在课堂教学中取消传统的讲台形式，采用圆形、U型桌椅群造型等，使教师可以和学生面对面交流，实现师生的平等交流，有助于课堂情感教育的发展。与此同时，高校英语智慧课堂教学模式中丰富的资源内容，也决定了教师应当为学习的服务者与指导者，使学生进入自主学习的状态。

(五) 构建智慧反馈体系

对于高校英语智慧课堂构建过程而言，完善的评价与反馈体系构建是后期的一个关键环节，它的存在可以让课堂教学模式变得成熟与统一，借助数据为基础的教学、学习分析方式，再加上系统性的测评练习，可以使教师在最短的时间内及时了解学生的情况，并给出针对性诊断评价。对于教师所做出的评价，学生也可以实现共生式的精准化认知，保证评价的作用效果发挥到最大。

综上所述，高校英语智慧课程是智慧教育最重要的元素之一，是"互联网＋课程"的最集中展现，是成为我国引领世界课程创新乃至引领世界教育创新的突破口和标志。

第四章 信息化环境下的高校英语教学中的教师要素

第一节 基于网络的英语信息化教学中教师角色的定位

古人认为,师者,所以传道授业解惑者也。时间推进到21世纪信息时代的今天,教师的角色有没有变化呢?如果有,又应该是怎样的角色呢?关于这一点,我们先来对网络环境下教师角色的研究做一个简单的概括。

在网络环境下的教学过程中,教师已经不是信息的唯一来源,学生获得知识、学习知识的渠道也已经多元化,教师也不是知识唯一的权威了。这些都影响到教师角色的定位,不少学者从不同角度对教师角色的新定位进行了研究。其中主要是从建构主义、人本主义、社会发展和教师自我发展角度来论述自己的观点的。

从建构主义角度,学习的过程就是学生建构有意义的知识的过程,在网络环境下,教师应该是学生学习的促进者。在网络环境下,教师已不是知识的唯一来源,教师应该从一个课堂文化知识的传授者转变为学生主动建构知识的引导者。教师应该是学生知识的引路人,应该创设教学环境,指导学生形成良好的学习策略和确定学习目标。在信息技术环境下,教师应该是学习过程与资源的设计者和开发者、学生学习过程的引导者和促进者。

从人本主义角度,网络环境下的教学,教师应该重视和尊重学生的个人感情,重视作为个体的学习者,要使学生学会学习和学会适应变化,教学中要促进人的全面发展而不仅仅是语言的发展。网络环境下教师的新角色之一就是要成为学生心理健康的维护者和学习的伙伴。教师应该指导学生养成高尚的情操和完美的品格。信息技术环境下,教师应该是学生完美人格的塑造者。

从社会发展角度,随着网络时代的到来,学生的在校学习将是其终身学习的一部分,学习范围也扩展到社会的方方面面。教师应该从知识学习的指导者转变为学生未来生活的奠基者,培养学生的生存能力,以适应社会的发展。信息技术环境下,教师应该是个"生态教育者",考虑学生个体的可持续发展,促进学生的社会化,以弥补网络给学生带来的缺陷与不足。

从教师自我发展角度,在网络生活环境下,教师更应该注重自身科研和其他能力的发展与完善。网络环境下的教师应该是教学的研究者和终身学习者。

一、基于网络的英语信息化教学及其组成因素分析

（一）社会建构主义

社会建构主义是在分析和综合了建构主义、人本主义和社会互动论之后提出来的语言教学过程的理论。

认知心理学的建构主义理论认为，学习者将自身的经验带进学习过程，学生的学习过程就是把已有的经验和知识同新的知识和信息相结合和平衡的过程。建构主义强调学习者作为积极的意义建构者和问题解决者，也就是说，学生是积极地建构语言输入和任务的个人，教师在学生的建构过程中的任务就是帮助和促进这种建构过程。建构主义强调学习过程中应该以学生为中心，强调学生的个人经验，但是也忽视了教师的作用，忽视了社会环境的作用。

人本主义的观点认为，人类具有天然的学习潜能，但是真正有意义的学习只有在所学内容具有个人相关性和学习者能主动参与时才发生。人本主义强调的是学习中的情感因素而不是认知因素，人本主义提倡全人教育。

社会互动论强调儿童一出生就进入了人际交往的世界，学习和发展贯穿于与他人的交往之中，强调教师、学生、任务和社会环境间的互动。

在教学过程中，教师选择反映自己教学观点的任务；学生个体选择相对于自己而言有意义的方式对任务进行理解；任务就是教师和学生的连接界面。而作为学习发生场合的环境，包括情感、物理环境、学校环境，甚至社会环境、政治环境和文化环境，影响着学习者的知识构建过程。四个因素之间任何一个发生变化都会影响到其他因素，都会打破它们之间的平衡。

语言的学习过程是一个由教师、学生、任务和环境四个因素相互影响形成的动态平衡。并且，单纯的语言教学并不是教育，应该教会学生学习和继续学习的能力和策略，应该促进学生个人的全面发展。

（二）网络英语信息化教学过程的组成因素

综合不同学者的各种观点，网络环境下的英语信息化教学过程实质上就是在一定的环境影响下，以网络作为教学的平台和师生交流的介质，教师设定教学任务，然后由教师和学生一起合作完成教学任务，以学生为中心，以自主学习为主，以培养一个全面发展的人为目标的英语语言信息化教学过程。网络英语信息化教学的最大特点就是语言不再是唯一的介质，网络成为教学中师生交往平台和主要介质。师生之间的交往通过网络来进行，直接的面对面的交往很少，网络成为对教学生活影响最大的因素。因此，在网络英语信息化教学中，网络作为师生交流和学习的平台和介质，已成为教学过程中对语言习得影响最大的环境因素。

网络英语信息化教学过程由四个因素决定：教师、学生、任务和环境。其中网络是对教学过程影响最大、关系最密切的环境因素，其他三个因素在网络环境的巨大影响之下保

持一种互动的平衡。

在网络环境的巨大影响下，任务是教师和学生的连接界面，而这种连接是以网络为平台和介质的。

教师选择具有自己特色的、反映自己教学观点的教学任务，而这些教学任务的选择还应该考虑到学生的全面发展，同时也受到网络技术的约束以及文化背景甚至一个国家的教育方针和政治环境的影响。

学生则根据自己的知识结构以自己的方式去理解和接受教学任务，学生的个体发展要受到网络环境的影响，学生的知识和信息大部分来自网络环境、社会环境和文化环境，甚至政治环境和国家的教育政策也会影响到学生的个体发展。

教师和学生的交流主要是通过网络平台，网络环境是决定网络英语信息化教学的重要环境因素，但并不是唯一的因素，社会因素、政治因素和文化因素或者是国家的教育政策也是影响教学的重要因素。

二、网络英语信息化教学中教师角色的多层面分析

教师只是网络英语信息化教学过程中相互联系、相互影响的几个因素之一，要讨论网络英语信息化教学中教师的角色问题，就必须把教师的因素与学生、任务、网络和其他环境因素联系起来加以考虑。脱离了这些必要的因素，要正确理解网络英语信息化教学中教师的角色是很困难而且会有所偏颇的。

根据社会建构主义和以上的分析，下面从教师的自我发展、具体的、学生的个体发展以及网络环境和其他环境四个层面来分析网络英语信息化教学中教师角色的问题。

(一) 教师的自我发展层面

教师的自我发展是网络英语信息化教学的根本基础。没有合格的师资，就不可能搞好网络英语信息化教学。从教师的自我发展角度来看，教师在网络英语信息化教学中的角色有以下几个：

1. 学习者

在网络环境下的英语教学，教师已经不是学生唯一的信息和知识来源，教师也不是传统意义上教学中学生的权威了；同时，网络信息门类繁多、更新迅速，要完全掌握几乎是不可能的。因此在教学中，教师和学生一样已经成为一名学习者了，在教学过程中，教师必须在教的同时也要学。教师应该成为一名终身学习者，不断地学习新知识，不断地更新自己已有的知识。

2. 研究者

在网络英语信息化教学中，教学研究成为教师的重要工作之一，也是其自我完善和发展的必经之路。教师要研究网络环境下的教学规律，研究网络英语信息化教学各个因素之间的联系，研究网络环境下如何有效地学习和学习的策略，研究网络教学的学生学习成果评估方法。

3. 反思者

作为一名教师，在网络英语信息化教学中也要努力成为一名反思型的教师。积极参加教学大纲和教学计划的制定和修改工作，主动地应用教育理论经常检查自己的教学理念。

（二）具体的教学任务层面

具体的教学任务是网络英语信息化教学的核心和主要工作。在教学过程中，教师要根据一定的教学大纲和计划，制定具体的教学任务并在实际教学中执行这些任务。从具体的教学层面来看，教师担任以下的角色：

1. 设计者和开发者

教师在教学中要设计自己的教学计划和具体的教学软件。网络英语信息化教学要求教师成为一定程度上的软件工程师，教师要掌握信息技术的关键，能够根据自己的课程和学生的知识结构以及认知水平制作相应的教学软件，开发相应的教学资源，并能利用网络熟练地进行教学。

2. 组织者和管理者

教师是网络英语信息化教学的具体组织者，教师要充分利用网络信息和知识，结合自己的知识，使用网络手段，组织网络教学活动，完成教学任务，同时由于学生的全面发展需要不同的教师来实现，教学工作的开展也需要教师进行一定的协作，教师应该具有相当的协作能力。

3. 监控者和评估者

网络教学的过程还需要教师对学生的学习进行一定的监控，并对其学习效果进行评估。只有对学生的自主学习效果做出正确的评估，才能继续进行下一步的具体教学。教师应该在评估方法和评估内容方面多加研究，找到有效的方法和途径。

（三）学生的个体发展层面

学生的个体全面发展是网络英语信息化教学的主要目的。网络英语信息化教学以学生为中心，以培养一个全面发展的人为目标。单纯的语言教学并不是教育，教师在教学中应该教会学生学习和继续学习的能力和策略，应该促进学生整个人的全面发展。在学生的个体发展方面，教师担任以下的角色。

1. 知识的建构者

在网络英语信息化教学中，教师的职责之一就是帮助学生建构一定的知识结构，以帮助他们适应社会和未来对他们的知识要求。在教学中，教师应该指导学生确定自己的学习目标，指导学生形成自己的有效的学习策略，指导学生完成学习任务，同时创设良好的环境，激发学生良好的学习动机，鼓励学生的学习积极性。

2. 人格的塑造者

网络英语信息化教学中，教师和学生的交流介质主要是网络。网络在培养学生的人格方面有其缺陷，长期生活于网络之中可能会导致学生情感的缺失。作为语言教师，不应该只着眼于单纯的语言教学，因为单纯的语言教学并不是教育的全部。在网络英语信息化教学中，教师应该利用各种机会，鼓励和帮助学生形成健康的、完整的人格和积极向上的价值观。

(四) 网络环境和其他环境层面

环境是构成和影响网络英语信息化教学的主要因素之一。这里的环境因素包括网络环境、社会环境、政治环境和国家的教育方针和政策。其中网络因素是最直接和影响最深刻的因素。网络环境和其他环境也影响到教师角色的定位。从网络环境和其他环境角度来看，教师担任以下的角色：

1. 道德的监控者

网络是一个复杂的世界和空间，里面除了知识以外还充斥着各种影响学生健康成长和积极向上品德的黄色或黑色信息，教师在帮助学生建构自己的知识时，还要与学生进行充分的交流和沟通，培养学生积极向上的品格和道德。

2. 文化的桥梁

网络英语信息化教学是我国文化和西方文化的碰撞过程，教师应该起到桥梁作用，引导学生理解不同文化之间的差异，加深学生的文化敏感度，同时培养对祖国文化的自豪感。

3. 国家教育政策的贯彻者

英语教学并不是单纯的语言教学，网络英语信息化教学还受到国家教育方针和政策的影响，在实际教学中还要贯彻这些方针和政策。

这三个角色是网络英语信息化教学中教师角色的最高目标，充分说明了环境对网络英语信息化教学的巨大影响。

网络环境因素是网络英语信息化教学过程中影响最深的因素。教师、学生、任务及网络和其他环境因素之间是一种动态的平衡，它们中任何一个因素的变化都会引起其他因素的相应变化。本节着重从教师自我完善、具体教学任务、学生个体发展及网络环境和其他环境等层面分析和讨论了基于网络的英语教学中教师的角色问题。

第二节　计算机辅助外语教学中教师状态的探讨

随着全球化和技术发展带来的快速变化，并伴随着计算机技术和电子通信的进步，20世纪70年代，一种全新的全球经济秩序出现了，即信息化主义。

虽然信息化主义仍处于起步阶段，但是它对英语及外语教学领域已产生了重要的影响，其中之一就是交际法在英语教学领域的统治地位。在新的网络社会，通过旅游、商务、科学交流和媒体传播等途径所进行的全球交往，引发了一种共同语言的交际能力。交际法强调交际的功能，不是达到似母语习得者的完美，而是要符合新社会的要求。在这个新社会里，英语不再是专属于英美等国人，而是拥有许多非母语英语习得者。人们利用英语作为一种新的语言而进行多民族的融合。随着这种全球化和技术的扩张和发展，英语教学领域也发生了新的变化。计算机辅助外语教学就是其中最为显著的变化之一。

在外语教学领域，人们开始认识到外语学习的主体是学习者，因此越来越强调"以学习者为中心"的教学方法。受其影响，相当一段时间以来，从学习者角度来探讨外语学习本质的文章和专著大量涌现，大有"一统外语教学天下"的趋势，而有关外语教师角色的研究则很少见到。

随着计算机辅助外语教学在全球的普及，我国的英语教学也开始面临挑战。然而，目前对于我国计算机辅助英语教学中教师角色的研究还十分有限。

一、计算机辅助外语教学的特点

计算机辅助语言教学（Computer Assisted Language Learning，以下简称 CALL）是外语教学发展的新趋势。它与传统教学模式有着本质的不同。传统教学模式侧重教师的教，强调通过教师的最佳教法收到最佳的教学效果，而 CALL 注重引导学生借助计算机来学习语言，通过教学内容、教学过程和计算机辅助的有机结合，求得最佳学习效果。由于计算机采用的是多媒体技术，而"多媒体技术的关键特性包括信息载体的多样化、交互性和集成性"三个方面，因此，CALL 的特点大致可以归纳如下：

（一）学习手段非常丰富

计算机可以将看、听、说等多种学习手段结合在一起进行教学，以图、文、声、像并茂的语言材料充分调动学生的视觉、听觉等多种感官参与学习过程，符合学生的感知规律，能较大地激发学生的学习兴趣，使学生在轻松、愉快的氛围中掌握知识。

（二）可以进行交互式教学

借助网络（因特网或者局域网），学生在学习过程中不只是单纯地被动学习，而是可以参与到其过程中去。使用计算机软件，学生可以对文字、声音、图像等任意选择。而且，这种交互性还表现在可以使学生进入一个比较实际的语言环境中进行交流。在多媒体计算机教室，学生可以同教师或任何一个同学单独对话；加一个小摄像机，甚至还可以看到各自的口形。在因特网上，学生可以和世界上任何一个联网的人交谈，这是真正的语言交流，而不是模拟。有些学习英语软件，还能给学习者提供一个具体的语言环境，让学习者有针对性地做出回答，然后给出可选择的答案，以供参照。这种相互交流、互相作用的语言环境，是任何其他学习手段不可比拟的。

（三）信息量大

传统的英语教学停留在黑板、收录机、投影机上，教师讲解语言点，然后用投影机打出例句或把例句写在黑板上。这种教学模式既浪费时间又沉闷；同时，由于受时间和空间的限制，课堂教学内容局限在教材里，教师只能依纲靠本、按部就班。运用多媒体教学则可以生动、直观、科学、准确地传递大量信息，丰富教学内容，增加课堂容量。多媒体课件、微课等教学资源可在课前预制，既节省了课堂上板书的时间，又可使课堂紧凑、有条理，重点、难点一目了然；对较难理解的内容，可在制作课件、微课时多举一些例子来说明。讲解时，只要鼠标点一下，屏幕上就可以看到要学的内容，从而大大提高单位时间理解和识记的效率，课堂上便有足够的时间对学生进行阅读及听说能力的训练。

然而，计算机辅助语言教学虽然比传统的教学手段有许多明显的优势，但同时也有其局限性：第一，尽管计算机技术能够提供人机交流，甚至是通过机器的人人实时交流，但它总也比不上人与人之间自然语言的交流，因为运用语言的过程很复杂，它往往是没有规律的，而是策略性、概率性的。计算机对很多语言现象的处理还无能为力，也无法分析学生深层次的认知能力，还需要教师的观察。而且，外语教学是一门语言课程，教师和学生在课堂上的外语交流本身就是语言学习的过程，这种人与人之间的交流，相对于人与机器之间的互动更具感染力。第二，CALL 教学材料的局限性，CALL 所采用的教学软件大都是商业机构开发的，有些商业机构急功近利，只是单纯地实行"课本搬家"，所开发的教学资源与原有的教材相差无几，根本无法调动学生的学习积极性；而有些编程人员因为不了解语言教学理论，所编的程序也无法满足实际教学需要。第三，语言教师的计算机水平直接影响了 CALL 教学的效果，语言教师不仅应该熟练地操作计算机，而且应该运用自己掌握的教学理论与学习理论开发出高质量的适应实际教学需要的课件，因为只有让教师自己编程，计算机辅助教学才能真正有所发展，可这样的语言教师现在并不多见。

二、计算机辅助外语教学中教师角色的转变

在外语教学的课堂上，教师扮演着多种角色：咨询者、裁判、辅导者、朋友等。这些角色千变万化，不仅会因所教的内容不同而不同，而且会因为学生和教学任务的不同而不同。不管教师扮演的是何种角色，在传统的教学中，他们被视作是学生获取知识的源泉。因此，传统的教师需要迅速而高效地将知识传授给学生。但这样以教师为中心的模式显然过于简单，因为学生在课堂上所学的不仅仅是某一单一的教学内容，而且要学拥有解决更复杂问题的能力——这也是未来职业所要求的。因此，学生的焦点将会从教师和一些事实转向学习和学习者本身。

（一）教师、学习者和计算机的关系

CALL 中三个最主要的元素是学习者、教师和计算机。在语言学习的过程中，学习者、教师和计算机应该是作为一个团队一起起作用的，尽管他们各自又有所分工。

1. 计算机

在 CALL 教学中，计算机可以扮演诸如教师、学生和工具等多种角色。计算机通常是由硬件和软件构成。在 CALL 教学中，硬件起着工具保障的作用；而软件，作为教学课件、微课，则充当教师或学生和学习者进行交流。计算机技术的进步让 CALL 的使用者有了选择各种软、硬件的可能。但是，为了使 CALL 符合特定的教学需要，教师必须选择合

适的软件，并在选择软件的过程中事先确定运行该软件所必需的硬件系统。因为，计算机的硬件和软件总是一起使 CALL 正常运行的，两者缺一不可。

2. 学习者

学习者是最明了 CALL 对其学习所起的作用的。考查 CALL 是否有效的五个变量是年龄、背景、能力、认知风格和喜好。正因为学习者的这些特征会影响到 CALL，教师们必须了解学生之所需，从而适当地迎合他们的态度和需求。当然，在 CALL 中，学习者对计算机的熟悉程度也很重要。教师在掌握这一切之后，就能有针对性地开展各项教学活动。

3. 教师

人们一般会认为，教师是三者中改变或更新最慢的。然而，在技术日新月异的现代，教师也或多或少地被要求用 CALL 的应用手段来熟悉新的技术和教学法。这首先可以从寻求教师在 CALL 中的定位来开始。这也意味着外语教师必须认清他们在新的教学环境中所要扮演的角色并能应对新事物、新要求。

教师选择扮演何种角色主要还是取决于他们自身。根据不同的教学环境，教师可以将 CALL 作为一种课堂补充，也可以直接将其代替课堂教学，从而丰富他们的教学计划。

在 CALL 这三元素的研究中，人们往往把大量的精力放在了开发 CALL 教学软件、学习者的训练以及人机互动上面。因此，尽管教师在其中至关重要，却很少有人关注。这从那些以 CALL 为核心研究栏目的期刊中可见一斑。

（二）教师角色的转变

综上所述，可以概括地说，CALL 教师已从传统的单纯的知识传授者、灌输者转变为学生主动建构意义的帮助者、促进者。在课堂教学过程中，教师不但要设计教学模式和教学任务，激发学生学习的动机，调动学生的积极性，有效地组织以学生为中心的课堂活动，给予学生较大的自主发展空间，而且要为学生提供必要的指导，让学生学会学习，掌握科学的学习策略和学习方法，培养他们收集信息并进行分析研究、总结、归纳以及知识迁移的能力，使之最终具有自我学习、自我发展的能力。

（三）学习者角色的转变

认知心理学认为，学习是一种相互作用的积极的过程。在学习过程中，学习者不仅是语言的积极接受者，更是学习的主体，是积极的创造者。学习者应积极参与决定教学内容和如何进行教学。在 CALL 模式下，学习者应由过去的被动接受知识者转变为学习过程的积极参与者和知识的主动建构者。他们是课堂教学活动的主角，课堂教学的组织应围绕其自主获取知识、应用知识来设计。

当然，技术的发展会从根本上影响我们的行为和期望值。就 CALL 教学在语言学习中的作用来说，其内容的真实性、授课的互动性、材料的多样化以及看、听、说等多种感官刺激的结合都是非常明显的。然而，出于两方面的原因，许多教师和学生并没有充分享受到 CALL 教学的优势：①教师和学生缺乏必要的计算机知识和技能；②目前的教和学的模式从某种程度上来说也阻碍了教学的改进。因此，认清教师和学生的角色问题是至关重要的。

三、对教师培训所带来的启示

我国在教师培训上有很悠久的历史。但是，CALL带来的巨大变化，使我们不得不重新考虑这种新的教学模式对教师培训所带来的影响。必须重新考虑那些将通过计算机或网络开展教学的教师的角色和能力，因为很多教师片面地认为，只要简单地将目前所用的教学材料不做任何修饰搬上计算机就行了。可事实是，任何一种媒体的介入方式都是不同的，教师们也因此必须参与培训，学会通过网络来工作，从而使他们能以高效的、创新的、独特的方式实现其教学目标。

首先，需要界定一下CALL教师的"能力"。能力指的是开展一项活动、任务或工作的合格状态。当一个人有"能力"做什么事时，他已具备为某个特定的实践群体所认可和核实的能力。

信息和交流技术随时和快速地更新需要CALL教师具备一种不断发展的能力，并在一生中随时做好专业的准备并接受恰当的教学培训。如果没有一定的CALL教学经验，又不接受培训，教师们很可能继续将其原有的教学实践"复制"到网上，而不能从这种新媒体中获得任何新的收益。

其次，必须一提的是，从事CALL教学的教师必须成为学习过程的管理者和促进者。因为一门课要成功的话，必须在上述四个方面有人穿针引线；而有些能力确实是CALL教学环境所独有的，例如计算机技术能根据运用的情况设计和实施教学资源，控制、组织和记录不定时的讨论，将不同的教学风格融入课件、微课，积极与学生交流并给他们及时的反馈，使学生明白他们之间文化的不同等。当然，从事网络教学的教师还必须理解远程教育的本质原则。

最后，CALL教学的成功还需要转变教学模式。传统的教与学都是围绕教师展开的——教师将自己的知识传授给学生，而在CALL教学中，教学集中在教师和学生、学生和知识的彼此关系上。学生必须学会自觉学习，积极地投入，学会对自己的学习负责。而新的教学模式将引导教师发现能促进这种教学的教学实践。

尽管这种新的教学带来了许多挑战，但它也有不可比拟的优势：自如地介入教育实践、学习的灵活性和个性化、继续学习的动力以及学会学习都是CALL教学所带来的优势。有效的CALL教学对教师的要求绝不仅仅局限于计算机技术，还包括能根据学习者所需而优化教学过程的深思熟虑的、创造性的态度和能力。教师可以通过对教学资源的不断评估以及设计将这些资源付诸网上运用的工具等来作为教学过程的补充。

计算机辅助语言教学正在随着现代教育技术的进步而迅速发展，许多语言教师越来越清楚地认识到了其在语言教学中所起的重要作用，因而努力学习计算机知识，以适应时代发展的需要。计算机辅助语言教学虽然不会完全取代传统的语言教学方式，但它对语言教学的影响绝不容忽视，两者各有优势，不能互相取代，只有把计算机辅助语言教学融合到传统的课堂教学中，使二者达到有机结合，语言教学才能取得最好的效果。

第三节　高校英语信息化教学的特点及教师引导策略的设计

网络教学在实施继续教育、实现全民教育中发挥着重大的作用。但是，随着网络教育事业的发展，网络教育的一些问题也凸显出来。例如，网上的学习资源是否有效发挥了作用、学生能否真正地通过网络学习获得知识及技能等。导致这些问题出现的原因在于没有把握住网络教学的特点。教师在网络教学中不仅仅担当教学者的角色，还担负着监督者、检测者和资源建设者等角色，而这恰恰是其区别于传统教师的地方。

一、网络教学过程中遇到的问题

综观看来，网络教学过程中遇到的问题主要有以下几种：

（一）网络教学过程中学生的学习时间无法保证，学习无目的

网络教学凭借着灵活性克服了学生与教师之间的距离，但也正是这一点使网络教学经常陷入无序之中。在传统教学中，学生的学习进度及内容由严密的教学计划来保证。但在网络教学中，要达到这个目标是很困难的。其中最大的困难就是时间。众所周知，网络学生大多是在职成年人，他们边工作边学习，常常是以工作为主、学习为辅，根本无法保证有效的学习时间；并且，大多数（包括在校）学生在选择网络学习时并没有真正了解网络教学和学习的特点，并不能合理、科学、有效地安排课程的学习时间、内容等，学生经常处于漫无目的的状态，也就出现学生关注的只有结果：什么时候考试，考前辅导是什么？而没有过程：需要多少时间完成一个单元的学习，以及知识的连贯和系统等。学生的"自主学习"成了放任学习。

（二）学生不能充分利用网上的教辅资源

教辅资源在网络教学中居于非常重要的地位，它们是学生学习支持服务体系的重要组成部分。但是，资源的利用却往往被大家忽视了。从学生学习的过程和结果来看，网上教辅资源并没有真正发挥它的价值。造成这种问题的原因有多种。如一些任课教师只注重不断地在网上发布各种辅导资料，唯恐给学生的资源不够"丰盛"，却很少考虑学生是否在利用、吸收、消化这些资源。这便形成了一种单向的资源灌输，使学生对课程的学习产生畏惧心理，逐渐失去了兴趣。再如一些学生对学习急于求成，抱着速成的心态，只下载教师提供的教辅资料，不愿花时间深入课程学习，结果是一知半解、徒劳无功。

（三）学生不积极参与师生互动

网络上一般会设置师生互动的平台，其目的是促使学生与教师、学生与学生之间更好地交流、传递与共享信息与资源，营造群体的力量，及时发现学习中的问题。但在教学实践中，学生对互动讨论并不是很积极。主要原因可能是他们没有认识到这种参与式、互动式、协同式学习的重要性，没有认识到网络学习的特点，不能很熟练地利用网络获取更多

的学习资源及必要的信息。学生不积极参与师生互动活动也使教师无法及时掌握、了解学生学习知识的情况，不能将普遍性疑难问题共享给更多的学生。这样的学习处于一种"失控"状态，是很难保证学习效果的。

（四）学生的学习态度不端正

就目前网络学习者情况来看，有一点要肯定的是，网络学习付出了很大的努力，有着很大压力；大多数学生参加网络学习是为了充电，学到一些知识及技能。但是，不能否认的是，还有很多学习者仅仅是为了拿到工作上要求的学历和资质。网络学习者的态度对教学质量的保证尤为关键，要保证网络教学的质量，就要求学习者正确对待网络学习，端正学习态度，认真完成教学任务，按时提交作业；也要求学习者从只重学习结果、不重学习过程的误区中走出来，减少依赖心理，有效地利用教学资源，不断培养自主探求知识的能力。

以上问题在英语教学过程中表现得较为突出。英语语言的学习是一个综合能力与技能的培养，它需要一定的语言环境，需要大量的练习。按照大纲的要求：英语专业的学生不仅要逐步具备扎实的听、说、读、写、译等基本功，还要了解语言学习的基本知识以及培养对语言国家文化的理解、融汇等综合文化素质，还应具有正确的世界观、人生观和价值观，良好的道德品质，中国情怀与国际视野，社会责任感，合作精神，创新精神以及学科基本素养。因此，英语学习不仅是渐进、连续的过程，更是综合素质培养的过程，这就给英语专业的网络学生提出了巨大的挑战。如何做到发音正确，如何训练、提高听力水平，如何锻炼口语，如何提高阅读速度，如何做到与外国人无障碍地交流，翻译中有哪些技巧等，这些问题常常是英语学习者很关心的问题。在网络教学环境下，这些问题变得更加突出。以大学英语课程为例：课文学习的重点是语言文化思想、逻辑思考、观点表达、文体风格等，但这些内容却由于网络教学过程缺少语言交流的环境而被弱化或忽视，致使网络精读课程的教学和学习往往沦为词汇的记忆、语法的分析。

二、网络教学的特点

关于影响网络教学质量的因素，有学者从网络环境、课程开发、教学过程、课程结构、对学习者的支持、对教师的支持、学习评价等方面进行了探讨。不过，这些因素的探讨仅限于一种平面化的结构，没有突出网络教学的特点。网络教学有其自身的特点，并且必须突出网络教学过程的程序化特征，突出网络教学的特点应该基于教师身份的多样性来设计。

（一）网络教学的主要特点有"时空分离"、"教学异步"、"自主性学习"

这些特点使学生能够自主、灵活学习，然而它却使得网络教学的内容安排、时间计划无法有效落实。这样就很容易造成网络教学环节的"真空"状态。因此，在网络教学过程中，教师不仅要时刻掌握好教学的进度，同时也要时刻关注学生的学习反馈，在"教－学－教"的反馈循环中进行知识的传授和问题的解决。

（二）网络教学应该重视教学过程的程序化

网络教学质量的保证应该寓于程序之中。在当前的网络教学中，只重结果不重过程的状况非常普遍。针对目前高校网院管理情况来看，高校的网络教育在招生与学生学习管理上不同步，为学生学习提供的学习服务支持体系远远落后于学生学习的需要；再加上大部分学生对网络教育的学习模式还不很熟悉，对教师的依赖心理很强，对学习缺少时间及耐心等。这些因素导致网络教学过程常常简化为"入学 – 考前辅导 – 考生毕业"，也就是只有学习结果而没有学习过程。在这种学习过程中，学生一方面会孤注一掷地押宝在"考前辅导"，竭力希望拿到学分，能够顺利毕业；另一方面，又会感叹这样的学习什么都没学到。故网络教学应该重视教学过程甚于结果。

（三）网络教学过程应该基于教师身份的多样性来设计

在网络教学过程中，教师的身份既与学生是平等的，也是不断变化的，甚至在同一场合扮演不同的角色。如他可能是教师，讲授知识；也可能是课程学习小组的一员，组织大家交流、讨论，维系着一个网络上的集体。除了"一对多"的讲解外，"多对多"的讨论、答疑等也应该成为教学中的重要环节。

三、教师在网络教学过程中的角色

立足于网络教学过程中出现的问题和网络教学过程的特点，网络课程教师能够在不同的网络教学环节中准确定位自己，担当着不同角色，发挥着不同作用。

（一）导学环节：引导者

在导学环节，教师作为引导者的角色表现在三个方面：

1. 对网络课程学习内容的介绍

教师在考虑网络学生特点的前提下，给学生介绍即将学习的课程的主要内容、特点及网络课程教学的学习进度、作业布置、时间安排等内容。这些介绍使学生对该课程有个总的了解，明确学习任务及要求，以便学生合理地安排自己的学习时间及进度，对自己的学习有个可行的计划。

2. 对每门课程独特的学习方法的介绍

每门课程都有自身的特点和侧重点，必然要求有一定的学习方法，如英语基础课程中对学生听、说、读、写能力培养要求有相应的学习方法，专业沟通类课程中对学生的专业知识、沟通技巧、语言技能等都要求有特定的学习技巧。在网络教学过程中，教师要注意通过网络与学生进行专业课程学习方法的交流，解决学生在学习中因方法不当造成学习效果差的问题，鼓励学生坚持良好的学习习惯，培养自学能力。

3. 对网络学习方法及特点的介绍

教师对网上学习特点的介绍应是对学生网上学习的具体指导，是可操作的，要避免纯理论的说教。在了解网络课程内容的基础上，引导学生通过网络获取相关知识、资源等信息。例如，介绍一些专业学习网址，介绍学习社区或网络论坛（BBS）的功能及使用方法，引导学生积极参与小组活动，增强协作学习能力；介绍网络学习的灵活性，要求学生保证自主学习时间，制订切实可行的学习计划，避免自主学习成了放任学习或不学习。

（二）章节辅导环节：探索者、讲授者、监督者

1. 探索者

章节辅导是把整体目标划分成若干个小目标，引导学生以单元学习促进整体学习的一种手段。在章节辅导环节中，教师首先应该是一个探索者。教师不应只是"单向"地在网上罗列课程的重难点及词汇、语法的讲解等，而应该是"多向"地和学生一起通过网络质疑、讨论，收集并利用资源来获取知识；不是将新的知识直接呈现、灌输给学生，而是将它们精心设计成若干个问题，引起学生对问题的关注，然后给学生一定的时间，利用网络的查询、检索、互动功能，通过与教师、同学，甚至与专家的交流，思考问题并得到答案。针对学生反馈的不同信息，教师进行整理讨论，和学生一起建立对新知识的认识。这是一个"多对多"的互动交流过程，学生在查找、使用新词汇来表达自己对新知识的理解时，已经获得了更为全面、综合的语言能力的提高。

2. 讲授者

知识的传授者是教师亘古不变的身份。在网络教学中，教师同样担当着传道、授业、解惑的角色。教师应将精确的知识信息及时地传递给学生，营造良好的网上学习环境，帮助并鼓励学生自学图强。

3. 监督者

为保证网络学生学习的效果，教师必须监督学生的整个学习过程。这种监督不是监视学生的一举一动，而是通过网上布置作业、组织学生讨论、BBS 交流、闯关式测试与练习等方式监控学生的学习进度及学习效果。很多网络学院都采取了"只有完成作业一定次数才能申请考试"的管理办法。一般说来，只要学生认真完成教师每次布置的作业，都能保证自己的学习进度。教师则通过学生提交的作业及提交疑难问题的状况，发现学生在课程学习中的问题，及时调整教学安排。

（三）考前辅导环节：操练者

考前辅导环节是复习环节，是对学习课程的重难点的回顾和总结。学生通过这个环节的学习后，面对的就是考试了。在这个环节中，教师为检测学生是否真正达到课程目标要求时，常使用的一个方法就是测试。一般而言，教师在进行课程串讲后，给学生提供 1-2 套测试模拟试题。一方面检测学生是否已经掌握了知识点，另一方面也考查学生对知识的运用能力。这种测试与传统教学中的测试目的是一致的，但网上测试还有另外一个目的——监督。测试结果不理想，学生就要反思一下自己的学习过程，查漏补缺，加紧复习，迎接考试。如果是口语类考试，一般是更加深入地解释考试要求，同时提供考试成果样品。

(四) 考试环节：检测者

网络教学的特点决定网络教学考试不应是识记型考试，而应该是应用型考试。这是因为，网络学生大多是成年人，他们有一定的社会阅历，需要解决实际问题的方法与能力，因此，纯粹的知识理论型考试对他们来说很不适合。他们欢迎应用型试题，反对识记型试题。若不把握这一点，就不能很好地给网络教学中的考试定位。更为关键的是，作为检测者的教师正是通过这个定位来引导学生对学习过程的关注，即重视平时学习，发挥学习的自主性、重视理论体系、专业基础与平时工作实际的结合，增强应用能力。这就要求他们的学习重心应该在平时，通过平时学习的积累来提高教学质量。

第四节　信息化环境下高校英语教师的信息素养

以现代信息技术为支撑的高校英语网络教学模式已成为必然趋势。"硬件"的大量投资和"软件"的优化建设为信息化英语教学提供了丰富的物质资源，可是使这些软硬件资源充分发挥效能、促使英语课程和现代化网络技术有机整合的关键因素是教师，而高校英语教学教师的信息素养更是关键中的关键，是信息化英语教学"人件"建设的核心。

一、教师在信息化英语教学改革中的关键作用

近年来，我国已经成为"外语教学的超级大国"。面对庞大的学习群体，几十人的英语课堂仅靠一个教师教的局面已经不能满足需要，传统的英语教学模式已经力不从心。高校英语教学模式已经到了非改不可的关头。对此，教育部提出要利用现代信息化手段与技术来改变人才培养模式，开展自主性学习、研究性学习，要建立基于计算机和网络技术的高校英语教学新模式，大力改革高校公共英语教学。经过初步实践，众多的院校不仅已就深化计算机网络环境下外语教学的改革达成了共识，而且已经基本构建起了信息化英语教学所必备的硬件设施和软件资源。这些硬件和软件的投资确实在支持学习和教学方面发挥了很大的作用。可是，任何一个改革都不可能一蹴而就，高校英语网络教学的改革在新旧模式交替过程中也会出现一些问题。

技术是教育中的工具性要素，技术只有为人所用才能转化为现实的教育"生产力"。脱离了人这一决定性要素谈改革，改革就是无本之木、无源之水。所以，"人件"建设的步伐不应滞后于硬件的投资和软件的开发。"人件"建设的重要性不亚于硬件和软件。"道路"（硬件）修好了，"车辆"（软件）也配置了，而要把"货物"（课程资源）运送到"客户"（学生）手中的"司机"（教师）是该过程中的决定性因素。"司机"的驾驶技术和货物装配组织能力是关键，另外，"司机"的清醒意识也不可忽视。英语教师就是信息通信技术和英语学科有机整合之路的"司机"。司机必须具备根据货物的质和量，结合自己所拥有的车辆的性能、道路的特点、客户的要求，成功、有效地完成货物运输过程。同样，教师也必须根据本学科、本课程的性质，结合自己学校实际能提供的硬件设施和软件资源，分析本校学生的学习需求，成功、有效地完成教学过程。而"人件"建设的

核心不仅是技术管理员队伍建设,更重要的是网络英语教师队伍建设。因为高校英语教学改革是由英语教师进行的教学改革,不是计算机教师的教学改革,英语教师不可能置身事外。所以,英语教师必须把计算机网络技术和课程有机整合,才能使资源物尽其用。

另外,教师在现行高校英语教学改革中的关键作用是由教师在改革中的地位和角色所决定的。在新教学模式中(即教师、学生、教材及教学方法在现代信息技术环境下新的有效组合),教师仍起着一个主导作用。这种主导作用体现在教师作为学习的引导者、设计者、促进者和管理者的角色中,即教师首先需要体验如何利用计算机网络的优势去获取新知识,从而引导学生利用这个过程构建自己的知识体系(引导者);教师有了计算机和课程整合的教学体验后,就能利用计算机网络的优势,结合学生的学习特点,设计和创造整合课程的学习环境(设计者);同时根据自己的体验提供给学生一个资源丰富的学习环境,指导其下一步的学习活动,同时以问题激发学生思维,并为学生的学习活动过程提供示范或描述解决问题的步骤(促进者)。此外,教师还要协调解决在网络学习过程中出现的突发问题,完善教学过程(管理者)。由此看出,英语教师的这种主导作用要求教师首先必须更新教学理念、具备一定的信息能力,并能将这些新的教学理念和信息能力融入课程教学原则和教学艺术中。就是说,在信息化英语教学模式的取向中,英语教师应具备较高的信息素养,培养英语网络教学的驾驭能力,才能满足新教学模式的需要。教师的信息素养是信息化英语教学中"人件"建设的关键核心,是课程与技术整合的关键,是为时下进行的改革提供强有力的人力资源保障的关键,是高校英语教学改革成功与否的关键,也是学科长远发展的关键。

网络英语教师的信息素养如此重要,那么高校网络英语教师的信息素养的内涵及其现状又如何呢?

二、高校网络英语教师的信息素养内涵及其现状

(一) 高校网络英语教师的信息素养内涵

信息素养是利用大量的信息及主要信息源使问题得到解答的技术和技能,是一种了解信息系统并能鉴别信息的价值、选择获取信息的最佳渠道,掌握获取和存储信息的基本技能,如数据库、电子表格软件、文字处理等技能。具有信息素养的人,能够认识到何时需要信息,并拥有寻找、评价和有效利用所需信息的能力……从根本意义上说,具有信息素养的人是那些知道如何进行学习的人。他们知道如何学习,是因为他们知道知识是如何组织的,知道如何去寻找信息并如何去利用信息,以至其他人可以向他们学习,他们已经为终身学习做好了准备。

目前国内外有关信息素养这一概念尚无统一的、标准的定义。较为成熟科学的释义为:在各种信息交叉渗透、技术高度发展的社会中,人们所应具备的信息处理所需的实际技能和对信息进行筛选、鉴别和使用的能力。

综上所述,网络英语教师的信息素养应该包括信息意识、信息知识、信息能力、信息和课程整合能力及信息伦理等五个方面。

1. 信息意识

教师的信息意识是教师信息素养的一个重要内容，是人们在信息活动中产生的认识、观念和需求的总和。指的是教师对信息的敏感度，这要求教师具有敏锐的感受力和持久的注意力，能够意识到信息的作用，对信息有积极的内在需求。教师在进行信息技术与课程整合时，只有敏感于信息，具备强烈的信息意识，才会积极主动地挖掘信息，搜集、利用信息，丰富自身的知识。它是教师丰富信息知识、提高信息能力、形成信息意向、完善信息素养的前提条件，同时更是教师进行信息技术与课程整合的前提条件。

2. 信息知识

信息知识是指与信息有关的理论知识和方法，信息知识是信息素养的重要组成部分。在信息时代，信息知识包括关于信息的基本知识。例如，信息的理论知识，对信息和信息化的性质、信息化社会及其对人类影响的认识和理解，信息的方法和原则等；还包括现代信息技术知识，如信息技术的原理、软硬件的知识、信息技术的作用及信息技术的发展和未来等。所有这些基本的信息知识，作为教师，都需要有一定程度的了解并且不断地学习。

3. 信息能力

信息能力是整个信息素养的核心，指的是教师对信息系统的使用以及获取、分析、加工、评价信息并创造新信息、传递信息的能力。教师应具备：①基本信息素养，即计算机基本技能，教师必须掌握 Word 文字处理、Excel 电子表格及一些常用应用软件的安装和使用，并能熟练应用计算机处理学生考试成绩、编写测验试题等；②多媒体素养，信息时代为教学提供了丰富的媒体，为提高教育教学质量，教师应根据不同的学科特点和教育对象，围绕教学目标、授课内容选择和使用不同的媒体，进而制作多媒体教学课件、微课等课程资源；③网络素养，网络时代的教师应具有网络基本知识和素养，教师应当掌握计算机网络的一般原理，学会利用网络搜索数据、传输文件和网络交互式教学，能利用电子邮件、微信、QQ 等与同行或学生进行交流，利用电子公告牌或自己制作的网站（页）发布自己的认识和观点。

4. 信息和课程整合能力

信息和课程整合能力是信息素养的目的，指的是教师根据课程特点，依据一定的教学原则，因地制宜、根据需要地利用必要的媒体来设计符合教学实际的教学活动，完成教学任务，提高教学效果的能力。把信息技术和不同媒体优化组合，将信息技术有机融入学科教学过程，才能真正发挥信息技术的作用，从而提高教育教学质量。

5. 信息伦理

信息伦理指信息安全和信息道德两方面的内容。信息伦理把握教师信息素养的方向，指的是教师在获取、利用、加工和传播信息的过程中必须遵守一定的伦理规范，不得危害社会或侵犯他人的合法权益。同时，还要了解信息安全、防范计算机病毒和抵制计算机犯罪的常识。信息技术与课程整合背景下，教师的信息道德特别指教师在信息技术与课程整合中要保证教学内容的科学性和对他人劳动成果的尊重及知识产权的保护，这是当前教师的信息道德中的重要内容。

以上五个方面既相互独立又相互关联，一般来说，信息技能的提升是信息意识增强的结果，同时它又促进信息意识的增强，信息技能的提升通常有助于信息安全的发展，而信息安全意识的提高又必然促进信息技能的发展。

（二）高校英语教师信息素养方面存在的问题

1. 意识层面

一些教师对计算机网络技术应用于高校英语教学的重要性认识不足，认为这种教学模式的效果一般、可有可无或效果不好，不应该大面积推广。这些教师有的持忧虑、怀疑甚至排斥的态度，担心高校英语网络教学全面铺开以后，机器会代替教师而面临失业，因而担心教师的作用会被削弱；抑或担心实施信息化教学模式稍有不慎就会影响四六级考试通过率，责任重大。还有一些教师因自身的计算机操作能力较低而对信息技术与课程教学的整合缺乏信心，有的甚至有"计算机恐惧症"。他们害怕由于自己的误操作而中断教学或由于无法处理设备的软件故障而使其在学生面前尴尬难堪，所以常常对信息技术产生逆反心理。另外，将信息技术整合于课程教学所需的大量时间和精力使不少教师对此不感兴趣。

2. 技术层面

一些教师认为自己目前的计算机网络技术完全能满足网络教学的需要。还有一大部分教师的计算机网络技术需要提高。对于计算机病毒防治和信息安全方面，也只有很少的教师懂得很多，能满足网络教学的需要。无论如何，大多数英语教师的计算机网络操作技术仍然达不到网络教学的需要。所以，信息化英语教学人才的缺乏制约了信息化英语教学的普及和多层次、多形式、多规格的发展。

3. 信息化英语教学法理论知识层面

一些教师在网络教学中能根据课程的需要，就已获取的网络信息进行整合、分析后合理地设计网络教学方案和任务，而能有效地管理学生学习过程、对学生的网上学习行为进行合理评价和分析的教师也只有一部分。也就是说，大多数的教师对网络教学过程中如何有效利用技术来进行课堂教学整体设计的能力还是很欠缺的。由此看出，大部分教师的信息化英语教学法知识很欠缺，需要系统地学习技术和课程有效整合的理论知识。通过网络聊天还进一步了解到，虽说许多教师参加过学校组织的计算机技术培训，但也只局限于计算机基本操作能力，对计算机用于教学方面的知识却少有涉及。另外，许多教师反映，在新的教学模式下，原有的课程教学原则、教学方案设计理论等都需要做一些调整和变化，可是如何调整才能使技术为课程服务确实是摆在许多网络英语教师面前的难题。

目前高校英语教师的信息素养仍然是高校英语网络教学有效开展的瓶颈。在信息技术日益与教学融合的今天，教师个人必须注重自身信息素养的提高，才能提高自身的专业能力。教育行政管理部门在推行高校英语网络教学的过程中，也应该采取各种各样的措施来加强网络教师的师资队伍建设。

三、高校英语教师信息素养的培养

（一）顺应新环境，更新观念，增强教师信息意识

要突破高校信息化英语教学，观念更新比教学设备更新更重要。改变传统的思想观念是培养教师信息素养的基础和关键。所以，提高高校英语教师的信息化教育技术能力，首先要使广大教师从思想上认识到提高自身信息素质的重要性、紧迫性和责任感，能自觉、主动地加强学习与实践，不断提高自己认识、掌握并创新地将信息技术运用于语言教学的能力。

（二）积极进行师资培训，帮助教师提高信息能力

人才缺乏制约了信息化英语教学的普及和多层次、多形式、多规格的发展。目前开发信息化英语教学的人才大致有两类：一是技术专家；二是语言专家。懂技术的语言不过关，懂语言的技术不过关。一个真正的信息化英语教学专家应当是网络技术专家和语言专家，而且首先应当是语言专家，所以，高校英语网络教学首先要解决的是英语人才的技术问题，而不是计算机人才的英语问题。因此要通过有效的培训提高英语教师的信息能力。

1. 要加强在职教师信息素养的继续教育

学校要通过有效的师资培训方案的实施，帮助现有的高校英语教师掌握信息技术的应用技能，使他们成为运用现代教育信息技术辅助英语教学的主力军，使高校英语课堂教学成为网络教学的主战场，使广大学生成为网络教学的最大受益者。由于教师本身要从事教育教学工作，不可能有太多的专门时间来培训信息素质，因此在对教师进行信息素质的培养时应坚持以在岗学习、业余学习为主。与此同时，学校还应组织专门的在职培训，组织骨干教师到有条件的高等学校进行短期培训，借助学校的计算机中心组织教师进行校内的信息素养培训活动，包括学校利用寒暑假或双休日组织的信息技术培训、信息技术与课程整合的教学观摩或教学研究等。教师也可以通过网络、阅读等途径进行信息技术相关知识的学习，自我提高信息素养。

2. 做好新教师现代信息技术教育的培训

随着学校规模的扩大和学生人数的增加，对新教师的需求量也相应增大。师范院校及外语院校也可调整目前的课程设置和教学内容，开设相关课程，使这部分人走向教师岗位后能以点带面，带动整个教师队伍的信息能力。

3. 建立相应的评价和管理模式

学校可以建立相应的网络教学的评价和激励机制，提高教师在教学中使用新技术的积极性。对在教学中积极采用现代信息技术的教师给予奖励。同时，把信息能力作为教师考核的一项内容，或者举行课程信息化技术比赛、课件制作比赛，采用优秀课堂评奖等形式，增加教师的参与意识，从而提高教师的信息能力。

（三）加强信息化英语教学理论与实践探索，提高教师技术和课程整合能力

教师要积极地探索网络环境下的英语教学设计、教学模式、教学管理模式、教学评估体系、学习模式与评价等。应当看到，技术本身并不是解决一切外语教学问题的万能药。信息技术只能成为解决问题的促进手段，它无法替代教学艺术，要使它们发挥最大潜力，关键还在于教师是否能够根据教育原则做出正确的决策。教师要遵从语言学习理论和教育学原则，恰如其分地运用技术，方可优化课堂教学，提高学生学习效率。

在信息技术与课程教学整合方面，教师应明确信息技术在语言教学中的优越性和局限性，不能"唯网至上"。要合理地设计教学活动，有效地实施教学方案，将信息技术灵活多样地整合于教学活动，促进学生的研究性、创造性和自主性学习活动，并且有效管理基于信息技术环境下的学习活动，还能利用信息技术，通过多种测评系统收集、分析、解释和管理数据，对信息技术环境下的教学过程和学习活动进行有效、合理的评价。

目前许多学校对教师进行的现代教育技术培训主要侧重于计算机技术本身，认为教师只要掌握了计算机技术，便能自然而然将其运用于语言教学中。而实践证明，这是一种错误的假设。真正科学的培训强调信息技术与教学实际相结合，突出信息技术的教育应用，培训重点是技术在课程和教学中的整合，而不是技术本身。所以师资培训机构或语言教育研究机构应多开展信息化英语教学法的研讨，侧重培训教师应用计算机进行课堂教学的能力，而不单单培训教师的计算机技能。

随着信息化时代的到来，网络技术、多媒体技术为高教领域带来一场新的革命，使获取信息、处理信息、传播信息能力成为21世纪高校教师必备能力。高校教师正面临着深层次的改革：更新教育观念，提高教育技术，探索新的教学模式，提高教学效率和效益。这就要求高校教师尽快从传统教学模式中走出来，而高校英语教学改革实际上是对教师的教学意识和素质的改革。只有具备了一支高素质的教师队伍，才谈得上建立教学模式，去实验、去交流、去推广，才能把教学改革推向纵深发展，使学生成为最大的受益者。"人件"建设的步伐应该先于硬件和软件建设，有"路"无"车"、有"车"无"货"、有"车"有"路"无"司机"都会造成资源的大量浪费。英语教师队伍是网络教学改革中"人件"建设的核心内容，教师的信息素养是将信息技术充分有效地融入课程教学原则、推动教学改革纵深发展的关键。教师主观意识的转变和客观培训条件的创造都是至关重要的。作为教师只有在教育观念上跟上时代的发展、在教学过程中明确自己的职责、在教育发展中加强自身信息素养的提高和发展，才能成为具备较高信息素养的现代化学者型教师。

第五章 信息化环境下的高校学英语教学方法创新

第一节 高校英语教学方法与手段

一、高校英语教学方法

(一) 高校英语教学法的基本构架

1. 高校英语教学法的 AMT 三级构架

美国的应用语言学家爱德华·安东尼（Edward M. Anthony）提出了高校英语教学方法的 AMT 三级构架，试图说明高校英语教学科学分析和科学应用两个层面之间既存在不同又相互依赖的关系。安东尼认为高校英语教学方法的框架具有层次特征，具体来说，方法体系是有关有序呈现语言教学材料的整体计划，这一计划的各个部分都必须相互和谐一致。而理论原则是有关语言教与学的一整套相关假设，理论原则具有自明性，也就是自然而然就明了的性质（它是经验论中的词汇，来形容不证自明的公理）。由于教学方法具有程序性，因此，在同一个理论原则的基础上，可以建立许多不同的教学方法体系。

安东尼的 AMT 三级构架的层次感和逻辑性较强。在这一框架中，共有三层，即 Approach、Method、Technique。下面对这三层进行详细的阐述：

（1）Approach 是理论原则层

其任务是阐述有关语言和语言学习本质特征的基本认识和观点。这一层是基础层，直接决定 Method 层，间接决定 Technique 层。

（2）Method 是方法体系层

其任务是在对语言和语言学习本质特征的认识的基础上，确立语言教学的基本内容、主要形式、操作顺序、活动特征、教学框架等。这一层是中间层，介于 Approach 层和 Technique 层之间，决定 Technique 层，自己也被 Approach 层所决定。

（3）Technique 是技巧策略层

其任务是描述课堂教学的技巧、策略、活动、任务等具体内容。这一层是表层，直接决定于 Method 层，间接决定于 Approach 层。

2. 高校英语教学法的 ADP 三维构架

罗杰斯（Ted Rodgers）和理查兹（Jack C. Richards）在安东尼的 AMT 三级构架的基

础上，吸收了其基本内容，对于其中的不足也有所发现，于是提出了一个更为合理的 ADP 三维构架。ADP 三维构架的各个组成部分彼此独立又相互依存，共同构成教学方法的组成部分，形成了教学方法的完整构架。另外，该框架不仅把语言和语言学习理论以及教学技巧纳入教学方法体系范畴之内，还对方法体系的核心内容进行了具体的分类，使之更加充实和丰富。因此，无论是在内容上，还是在形式上 ADP 构架都相对比较完善。

在此，对 ADP 三维构架进行详细的描述，即完整的高校英语教学方法应该具有三维描述：Approach、Design 和 Procedure。其中，Approach 是教学理论原则，主要是有关语言和语言学习的基本理论，包括对语言本质特征的描述，如语言能力是什么，语言结构的基本单位是什么，等等。另外，教学理论原则还描述了语言学习的本质特征，如语言学习的认知过程和心理语言过程是什么、有利于这些过程的条件是什么，等等。从这一点上看，它和 AMT 三级构架有着相似之处。Design 是教学设计，主要是对教学内容、教学形式、教学顺序、教学活动等进行分析和确定，具体包括对教学目标、教学大纲、课堂活动、学生任务、教师作用、教材功能等的描述。教学设计在教学方法的体系中处于核心地位。Procedure 是教学步骤，指教学方法的实施过程，包括课堂技巧、课堂行为、互动模式、时间分配、空间布局、教学设备的使用，等等，一切在课堂中实际进行和完成的事情都可以是教学步骤的一部分。这三个部分既有所区别又相互联系。正如他们所说，一种教学方法，在理论上与教学理论原则相关，在组织上取决于教学设计，在实践上通过教学步骤来实现。

然而，从本质上来讲，教学方法本身只是概念的组合，而不是教学实践本身，教学方法的应用才是教学实践。而 ADP 模式把教学设计停留在理论的范畴，把教学步骤推到实践的前台，这种做法就使得教学步骤与教学设计分离开来，导致一些内容在教学设计和教学步骤中重复出现。可见，这种框架结构虽然对 AMT 三级构架有所完善，但也存在着不合理的成分。

（二）高校英语教学法的主要流派

人们对语言和语言学习的不同看法直接导致了不同高校英语教学方法的形成和发展。另外，高校英语教学方法的形成和发展与教学实践、社会需求也有着密切的关系。首先，语言学的深入发展以及人们在语言研究过程中所产生的新观点不断地改变着高校英语教学所采取的实践方式；其次，人们在高校英语教学实践中积累起来的丰富经验以及对高校英语教学所取得的新认识帮助语言教师不断地发现和理解存在于教学中的一些客观规律，不断地改进相应的教学方法，进而推动高校英语教学的发展。最后，在不同的时期，社会对英语的不同需求也有力地推动了教学法的不断变革。

1. 认知派教学法

认知派以语法翻译法为代表，这一派教学法的主要特点是强调学习者对语言规则的理解和自觉掌握。语法翻译法的主要特点是以理解目的语的书面语言、培养阅读能力和写作能力以及发展智力为主要目标；以系统语法知识为教学主要内容，采用演绎法，对语法规则进行详细分析；用母语进行教学，翻译则是主要的教学手段等。20 世纪中期，古典语法翻译法发展成了"近代语法翻译法",开始注重听、说能力的培养,但重视语法和翻译仍然是这一教学法的特点。

在20世纪30年代至50年代,一种主张通过母语与目的语的翻译和结构对比自觉掌握目的语的教学法在继承语法翻译法的基础上产生了,这种教学法被称为自觉对比法。自觉对比法的特点是依靠母语自觉进行翻译对比;重视语言知识的教学;以书面语为基础,不重视口语教学,反对听说领先。进入20世纪60年代,一种主张在第二语言教学中发挥学习者智力作用,通过有意识地学习语音、词汇、语法知识,理解、发现、掌握语言规则,并能从听、说、读、写方面全面地、创造性地运用语言的认知法诞生了,这一教学法在新的认知基础上重新肯定了强调语法学习和发展智力的语法翻译法,因此也被称为"现代语法翻译法"。

2. 经验派教学法

经验派以直接法为代表,这一派教学法的主要特点是强调通过大量的模仿和操练形成习惯。这一派教学法主张以口语教学为基础,按照幼儿习得母语的自然过程,强调用目的语直接与客观事物进行联系教学,而不是依赖母语和翻译手段。此外,这一派阅读法认为第二语言教学的首要任务便是培养学生的阅读能力,强调阅读是基础。

进入20世纪40年代,一种强调通过反复句型结构操练培养口语听说能力的教学法在美国产生,这种教学法被称为听说法。听说法的特点是强调听说领先,口语第一,教学内容以句型为中心,通过句型练习掌握目的语,并且在教学过程中排斥或限制使用母语。20世纪50年代,在直接法、情景法以及听说法的基础上,法国产生了一种强调在一定情景中听觉感知和视觉感知相结合的教学方法,这种教学法被称为视听法。视听法的理论基础同样也是结构主义语言学和行为主义心理学,它的特点具体可概述为强调视觉感知和听觉感知的结合、强调语言和情景的紧密结合、先口语教学后书面语教学。

3. 人本派教学法

人本派受人本主义心理学影响,特别强调以学生为中心,教为学服务,并且更多地考虑人文方面的教学因素。比较有代表性的教学法有团体语言学习法、默教法、全身反应法、暗示法、自然法等。

团体语言学习法主张采用小组集体讨论的形式,教师和学生处于医生和病人的关系,并把学习过程看作是咨询过程的第二语言学习方法,这一教学法也被称为咨询法。默教法要求教师在课堂上尽量少说话,多鼓励学生参与语言活动,从而使学生更有效地掌握运用第二语言的能力。默教法的主要特点集中体现为以学生为主体,教师尽量保持沉默,教学中把词汇看作语言学习的核心。随后,全身反应法也在这一时期产生了,这种教学法强调语言学习行为的协调,通过身体动作教授第二语言,主要用于美国移民儿童的英语教育。全身反应法的教学特点主要体现为将学生口语能力的培养确立为教学总目标,通过全身动作的反应来训练理解能力,主张先理解后表达。

4. 功能派教学法

20世纪70年代,受社会语言学、功能主义语言学的影响,重视培养学生语言交际能力的功能派应运而生了。这一派教学法的主要代表是交际法。这一教学法代表了世界第二语言教学法流派的最新发展潮流，也是20世纪后期影响最大的教学法流派。

另外，在20世纪80年代的英国，进入教学法研究的"后方法时代"，一种新型的任务型教学法产生了，该教学法是在交际法基础上的发展，教学活动以学生为中心，教师设计具体的、带有明确目标的活动，让学生用目的语通过协商、讨论达到学习目的。

综上所述，以上这些教学法流派各有独到创新，但也有不足之处。作为世界第二语言教学法流派中影响较大的派别，它们的形成和出现都是建立在一定的语言学、教育学、心理学理论基础之上的，在不断地发展演变过程中，不同教学法流派也在保持自己特色的同时不断吸取其他优秀教学法的长处来完善自身。并且教学法的更迭也受整个社会时代发展的影响，从最开始的教学法探索到二语习得的兴起再到后方法时代，教学法在教学任务中的角色也在不断转变。

二、高校英语教学手段

高校英语教学手段的发展大致经历了四个阶段，即初级阶段、语言实验室辅助教学阶段、计算机辅助教学阶段、网络辅助教学阶段。

（一）初级阶段

1. 简单教具

自早期的高校英语教学开始，直至20世纪五六十年代听说法诞生前，高校英语教学与其他学科一样，教学手段都以使用黑板与粉笔为主，辅之以实物、图画、卡片等简单教具。

采用语法翻译法进行授课的教师常大量依靠黑板上的板书与图表，除了大黑板外，还时常课前准备小黑板。不仅教师使用黑板，学生也不时被要求上讲台在黑板上写出英语。

而采用直接法进行授课的教师则常使用图画、画片、实物、卡片等辅助教学。图画、实物等有着直观与静态的特点，有助于说明问题，与单调的黑板加粉笔这种教具相比，这些教具无疑是一个进步。例如，图画曾是高校英语教学中经常使用的教具，有着来源广泛、使用方便、制作简便的特点。特别是某些实物不便于带进课堂或某些所学语言国家所特有的东西，便可以用图画来表示。简笔画是图画的一种，它具有笔画简单、形象、生动、易于理解的特点。简笔画人人都能学会，而且画起来迅速，教学里使用起来简便，学生理解容易。讲练单词、词组、句子和课文时都可以利用。画片也是高校英语教学中常用的教具。画片一般贴在硬纸板上，按题材分类配套，以便保存，长期使用。利用图画既可揭示词和句的意义，还可就图上人物的动作、位置、关系、衣着、表情等进行问答和谈话。

但无论是黑板还是图画等，其形式都比较单调呆板，在培养学生语言能力方面都十分有限。

2. 电化教具

20世纪三四十年代，电影和电视开始被引入高校英语教学中。随后，投影仪、录音机及磁带、录像机及录像带等也开始进入英语课堂。这些电化教具对高校英语教学的发展起着重要的推动作用。例如，20世纪30年代后，美国等西方国家开始利用广播进行远程外语教学，但是教学效果不太理想。从外语教学的角度来看，通过收听正常语速的广播，对于提高学生外语听力水平的提高十分有利，而且有助于学生毅力与独立学习精神的培养。

在广播教学之后，电视开始被引入到英语课堂教学中。电视教学使高校英语教学更加形象化，视听结合的高校英语教学效果更优于广播的效果，特别是学生可以直接与教师见面，增进了师生之间的互动，在讲解抽象的语法与其他语言现象时，表现出更明显的优越性。基于其突出的优点，电视高校英语教学很快被世界各国所采用。同时，电影和录像也开始运用于高校英语教学中。电影与录像有着人物形象与情节结构生动、背景知识与文化内涵丰富的特点，不仅可以全面提高学生的英语学习能力，发展学生的思维能力，还能增进学生对所学语言国家的文化知识的了解。但根据教学内容制作电影是很困难的一件事情，录像的制作困难略小，但费时费力。

广播、电影、电视、投影仪等电化教具的运用给高校英语教学注入了巨大的活力。但是，从整体上来看，20世纪上半期，传统高校英语教学理论与教学方法都偏向陈旧，课堂上教师仍占据决定地位，电化教具并没有从根本上将学生从被动的学习状态中解救出来。

（二）语言实验室辅助教学阶段

20世纪60年代初，提倡大量句型操练的听说法开始盛行。此时，人工操作的教具已不能满足教学的需求，英语电化教具被进一步迅速推广，一种类似理科实验室的语言实验室便应运而生。与之前不成系统的电化教具相比，语言实验室设有统一使用各种电教设备的装置，每个学生可在自己的座位上利用所需的设备并得到教师的指导。

听力室是最早的语言实验室，听力室中设有录音机和录制好的各种课本的课文、会话和其他听力材料的录音磁带。现代化的语言实验室可供上语言实践课用。在语言实验室里，一般设有多个隔音座位，学生在做练习或者与教师交谈时，不致影响邻座。座位前的桌上各装有一副供听音的耳机、一个供录音和问答用的话筒、一台双轨录音机，磁带上轨录教师的声音，下轨录学生的声音。此外，还有教师用的控制台，通过控制台教师可进行以下工作：①给全体学生播放录音、或放不同的录音给不同程度的学生听；②对个别学生进行提问、对话、答疑、改错等项工作；③组织同组或不同组的学生互相问答；④通过问答检查学生的学习效果；⑤通过监听装置监听学生的学习活动；⑥向全体学生、个别组、个别学生发指示；⑦解答学生的疑难问题。

由此不难看出，语言实验室具有下列显著优势：①语言实验室实现了电化教具的系统管理与使用，提高了教学手段的利用率与效益，有助于高校英语教学质量的提高；②在语言实验室里，每个学生都有安装在座位上的录音机、电视屏幕与耳机，这增加了学生学习英语的自由度。而且教师除了自己讲解外，还可以留出一些时间，让学生自己掌握学习进度。对于一些较困难的语言材料，学生可以根据需要反复听与练习，教师也可在一旁随时指导，这对于学生学习能力的提高十分有利。

但是，语言实验室也存在一定的缺陷，具体如下：①语言实验室常有脱离实际生活中现实情景的现象，因此缺乏真实的语言交流现象，不能很好地培养学生的英语交际能力。在语言实验室中的英语学习仅为一种语言知识与技能的练习，所以，为了培养英语交际能力，学生还需走出实验室，不断接触真实生活中的英语并运用英语进行交际。②语言实验室的建设耗资较大，而且在房屋建造方面有较高的要求，所以并不是所有的学校都有财力配备高水平的语言实验室。此外，语言实验室数量较少，学生不可能随时使用，从中受益。

（三）计算机辅助教学阶段

20世纪60年代后期，早期的计算机辅助语言教学开始出现，而且由于其效益高、使用方便，因此该教学方式于20世纪70年代后至80年代得以迅速发展。

在高校英语教学中，计算机的使用共经历了三个阶段：计算机充当教学辅导员、计算机担任学生的角色、以计算机为工具的网络教学。与前两个阶段相比，第三阶段的网络教学阶段有了飞跃式的发展，而且仍在继续发展，因此下面对此单独进行介绍。

1. 行为主义阶段——计算机充当教学辅导员

20世纪70年代前后，计算机辅助教学主要用于以行为主义心理学与结构主义语言学为理论基础的语言结构的教学中，如语法翻译法教学和听说法教学。其基本的做法是将一些可以用计算机做的练习如词汇与语法的单项练习、阅读理解检查与简单的写作练习等从书本上搬到屏幕上。使用计算机做练习，利于个别化教学的进行，而且成绩好的学生可以从中学到多于书本上的知识，学习困难的学生也不必承受太大的心理压力，能集中注意力，根据自己的情况完成作业。此外，计算机含有形式多样的练习方式，如图画、游戏等，通过图画和游戏等带有趣味性的练习方式，不仅可以激发学生学习的兴趣，还可以弥补书本上一些练习枯燥乏味的缺陷，而且在学生做完练习后就可以立即知道结果。同时单项练习的课件制作比较简单，一般教师都可以自己动手制作。

但是，此时的计算机辅助教学并没有脱离注重语言结构的框架，它仅是对学生起到辅导作用的单向活动，并没有真正培养学生的交际能力，而且其优越性也没有得到充分发挥。

2. 认知法与交际法时期——计算机担任学生的角色

20世纪80年代后，计算机辅助教学常用于认知法与交际法的外语教学中，目的在于体现以学生为主体的教学思想，重点发展学生的认知能力与交际能力。计算机提供建立在学生已有知识基础上的情景与练习项目，复习与获得新知识的活动则完全由学生掌握。与前一阶段的计算机辅助教学不同，该阶段的计算机辅助教学提供了录像的情景，有了初步的人机互动，练习也有了从单句到语篇水平的扩大。很显然，较前一阶段，这一阶段的计算机辅助教学有了一定的进步。但其仍存在一定的缺点，即仍然是人受计算机指挥，只做到有限度的人机互动，未能做到人控制计算机开展人际交流，而且忽视了师生互动的教学原则。

总体而言，相较于语言实验室，计算机辅助教学呈现出显著的优势，具体表现为以下几点：①计算机辅助教学提供比其他教具更生动、形象的真实情景，它能同时刺激视觉、听觉等多种感官，使学生在进行语言操练时犹如身临其境，有效地培养了学生的交际能力。②计算机辅助教学充分体现了"以学生为主体"的教学思想。录音、录像、电影等各种语言实验室中使用的教具，都是向学生灌输知识的工具，它们的作用是代替教师传授知识，学生被动地接受它们传达的信息。而计算机辅助教学有效增进了师生间的互动，使学生与教师一起运用计算机技术培养语言交际能力。在这一过程中，学生利用新技术提供的人文与语言环境，广泛开展人际交流，有利于由教师主导、以学生为主体的语言教学模式的形成。③计算机辅助教学在实施个别教学上具有很强的灵活性，适合于不同类型的学生，既有利于缓解语言教学中两极分化现象对学习困难的学生带来的压力，也有利于优秀学生的进一步提高，所以计算机辅助教学符合因材施教的重要教学原则。④计算机辅助教学还可用于远程教学，对语言教学的普及有巨大的推动作用。

不可否认，计算机辅助教学具有很多的优点，但是在具体的使用过程中也存在一定的缺陷，具体表现如下：①所有运用计算机教学的课件都是人制作和运用的，其构思、素材以及操作都取决于制作与运用课件的人的教学思想与方法。任何课件都存在不足之处，即使课件很理想，如果不以科学的教学原则为指导，依然很难达到既定的教学目标，也很难取得良好的教学效果。②任何教学都离不开教师与学生之间的共同活动，语言教学也是如此。计算机仅是一种教学手段，即便再好的课件、微课也不能取代教师的地位，因为学生出现的问题多种多样，计算机只能在课件、微课范围内帮助学生，而无法决定学生遇到的所有问题。所以，在使用计算机进行教学的过程中，不能削弱教师的主导地位。

（四）网络辅助教学阶段

20世纪90年代中期以来，随着计算机的普及以及互联网的广泛应用，计算机辅助教学进入了一个崭新的时期，即网络语言教学时代。原先以语言练习见长的计算机辅助教学转变成了集语言、文化、教育于一体的多功能网络教学，在性质上发生了根本的变化。其中，多媒体的运用为教学提供了真实的语言环境，而且通过多媒体还可以开展人机互动，利于学生与教师之间的相互交流。互联网与微信、QQ等沟通平台的运用利于教师更广泛地开展真实的思想及语言交流活动，利于学生全方位英语能力的培养。可以说多媒体、网络教学为现代高校英语教学注入了一股新的力量，不断促进着高校英语教学前进和发展。

第二节 信息化环境下的高校英语翻转课堂教学

一、翻转课堂的内涵

（一）翻转课堂的含义

对于翻转课堂概念的界定，学术界里还未形成一个统一的概念。目前，有一部分人对翻转课堂的认识还停留在对其实施过程的描述层次上，所以对翻转课堂内涵的深入剖析还很有必要。"翻转课堂"一般又被称作"反转课堂式教学模式"，这里的"反转"是相对传统课堂式教学模式而言的。

翻转课堂就是学生在课前利用教师制作的数字材料（多媒体课件、音视频材料等）自主学习课程，然后到课堂上参与教师的互动活动（释疑、解惑、探究等）并完成练习的一种教学形态。其实这也是将信息技术与翻转课堂结合的产物，并非单纯意义上的"翻转课堂"。即使学生在课前不是利用数字材料而只是利用纸媒材料进行自主学习，依然已经调换了学习过程所在的空间位置，翻转了课堂。

翻转课堂通常也称为翻转教学、颠倒课堂、翻转学习、颠倒教室、反转教室、反转课堂、翻转教室等。一般来说，学生的学习过程总体分为两个阶段：第一是知识传递过程；第二是吸收和消化的过程，即知识内化的过程。这两个过程尽管无法严格区分，但总体而言，应是知识传授、知识感知为主的过程在先，知识内化、知识深层次理解的过程在后。传统课堂中，知识传授主要通过教师在课堂讲授来完成，而知识内化则是靠学生通过课后完成作业或实践来完成。

其实，翻转课堂，从字面意思理解，只是将课堂翻转。这样看来，"把原来在课堂完成的知识传递过程改为在课前完成，把原来在课后完成的知识内化过程改为在课堂上完成"，应该是翻转课堂最基本的定义了。而那些"与信息技术结合""课前要提供哪些教学资料""课上应如何组织"等内容，并非翻转课堂的原始要求，而是人们在翻转课堂实施过程中演化而来的内容。翻转课堂要求教育者赋予学生更多的自由，把"知识传授"的过程放在课堂外，让大家选择最适合自己的方式接受新知识；而把"知识内化"的过程放在课堂内，以便同学之间、同学和老师之间有更多的沟通和交流。

在传统教学模式中，信息传递和知识内化分别通过教师的课堂讲授和学生的课下作业、操作实践来完成。而在翻转课堂中，教师赋予学生更多的学习自由，借助网络等多媒体技术，学生使用录制的教学视频，在课下完成知识的讲授阶段，这个过程，学生可以自由选择最适合自己的学习方式，但要确保课前真正发生了较深入的学习；而知识内化过程则被放在了课堂上，这样师生之间、生生之间就可以有更多的交流沟通机会，从而可以通过课堂上的相互碰撞把对问题的探究引入更深的层次。

大多数人理解的翻转课堂只是"课前传授＋课上内化"的教学形式。与传统的教学形式相比，该观点却忽略了两个关键点：一是课外真正发生了深入学习；二是课堂上观点能够真正相互碰撞并将对问题的研究引向更深层次。学生观看教学视频并进行课前练习的活动，并不是对知识的简单预习，而是对新知识的深入理解，这就要求录制的教学视频能让学生自学，而且不亚于在课上讲授的效果。在此基础上，学生的知识不能只停留在某一层面上，应该通过学习活动的讨论分享引向更深层次。同时，也应该认识到翻转课堂与在线视频并不是同一个概念，翻转课堂最重要的价值体现在卓有成效的面对面的互动学习活动上。

（二）翻转课堂的教学条件

我国高校的课程教学可分为公共课教学和专业课教学。专业课一般按专业小班进行授课，而公共课则多为同专业甚至跨专业授课。从课程内容来看，有的课程重理论，有的课程重实践操作。虽然教学改革的浪潮汹涌,但大多数高校在授课形式上却出奇地一致,都依旧是"老师讲,学生听"。教育信息化并未彻底改变高校教学实际,而被过度简单化地误读为多媒体教学,而多媒体教学又往往在教学实践中被再次简化误读为PPT文档演示。

我国高校开展翻转课堂教学,要求学生能够实现从被动接受到主动探究的根本性角色翻转,高校教师能够实现从课堂主导到课前设计、课中引导、课后辅导的综合翻转,教学手段能够实现从单一多媒体到真正信息化、网络化的立体翻转。

1. 学生从被动接受到主动探究的根本性角色翻转

尽管我国基础教育已经尝试多种改革方案并取得一定的成效,却始终未改变学生作为"听众"的被动接受式学习角色,学生进入大学后,在中小学阶段形成的被动学习习惯在短期内很难改变。翻转课堂中的学生,必须在教师精心设计的教学活动中积极主动地学习:课前自行学习视频、课中积极讨论、主动探索,课后总结经验、深化知识。从构建主义学习观看来,这是一个建构深度知识的课堂,学生是课堂的主角。

换言之,翻转课堂正是一种通过兴趣和求知欲的引导,促使学生主动探究、积极参与,成为学习的绝对主角的教学模式,它有利于达到理想的教学效果,更有利于学生的自我发展。然而,面对早已习惯于"填鸭式""浇灌式"的莘莘学子,翻转课堂教学必将遇到严峻的挑战。

2. 教师从课堂主导到课前、课中、课后的综合翻转

"颠倒教室"并不是学生毫无组织地、自由地、随意地学习,而是在教师精心设计的教学活动中积极主动地学习。因此,较之传统教学中单凭口头讲授、板书引导的教师身份,翻转课堂中的教师在教学中发挥着更加多维的关键作用。

首先,开展翻转课堂教学的必备条件是课前教学视频及资源的发布,而这些教学视频和资源的研发者就是教师。这就要求教师能够根据课程要求,设计制作逻辑紧密、吸引力强、声像俱佳的微课。可见,在课前准备阶段,翻转课堂教学就对教师提出了非常高的要求:不但要结合课程形成独到的教学见解,而且能够运用现代信息技术进行形象生动的演绎,寓教于乐。

其次,翻转课堂教学的课中阶段,通过课堂上的师生交流互动、探讨与质疑解决问题,内化知识。传统教学的"教师一言堂"显然与翻转课堂教学的师生交流及生生交流相悖,开展翻转课堂教学,教师必须做到尊重学生个性,积极引导学生思维,建构开放的课堂。

最后,翻转课堂教学的课后阶段特别强调教师的辅导作用。教师不仅仅是前期教学活动的设计者、组织者,更是学生遇到学习困难时的坚强后盾。课前微课学习是翻转课堂教学的基础,课中讨论对学生知识内化起着决定性作用,而课后辅导则直接决定着学生知识深化的程度。目前我国高校教师的教学、科研任务繁重,他们能否有足够的精力投入到翻转课堂教学所需的教学实践中去,能否达到翻转课堂提出的综合教学能力标准,都是开展翻转课堂教学不得不考虑的因素。

3. 教学手段从单一多媒体到真正信息化、网络化的立体翻转

翻转课堂教学从课前到课后都尤其关注师生间的互动反馈,这无疑增加了教师的工作负担，而所有的师生交流和生生交流都需凭借现代信息技术，最大限度地减小由于时间和空间带来的局限性，即使在教育信息化发达的美国，真正实现翻转课堂教学也有一定的难度，因为这不但要求学校具备必需的硬件基础设施，更要求教师真正掌握信息技术。

翻转课堂教学是出于发挥学生学习主体性而进行的教学方式变革，是授课方式的信息化革命。明确开展翻转课堂教学应具备的基础条件和我国高校的现实，有利于我国高校理性地进行翻转课堂教学尝试，实现教育信息化的目标。

二、翻转课堂的过程设计

(一) 确定学生课外学习目标

翻转课堂的设计首先要确定学生的学习目标，由于翻转课堂具有颠倒课内外教学过程的特性，让学生在课外自主学习新知识完成第一次知识内化，课内完成知识的第二次内化。因此，学生在课内、课外学习活动所要达到的学习目标不同。学习目标的确定要注意以下原则：

1. 学习目标的阐述应该是具体的

学习目标的重点应能够说明学生在完成学习任务后行为或能力的变化。通常的方法是，把学习者的具体言行看成是思想意识的外在表现，然后通过观察学习者的言行表现来间接推断学习目标是否达到。例如，当学习活动结束时，学生将节约的零花钱储存起来，则表明学生有了勤俭节约的意识；又如，学生不再乱扔垃圾，当看到地上有垃圾时会弯腰捡起，则表明学生养成了爱护环境的习惯。在上述例子中，学习目标编写者通过观察"学生是否储存零花钱"和"是否乱扔垃圾"的具体行动，来判断学生是否具有某种态度或责任。

2. 学习目标是可实现的

学习目标的制定往往要考虑学生的年龄大小、认知规律、知识水平等因素。不同年龄的学生，认知规律和知识水平各不相同，那么对于不同的学习活动最后所能达到的学习结果肯定也不会相同。所以，在制定学习目标的时候往往要考虑学生是否能达成事先预设好的学习目标。

3. 学习目标是可测量的

教师所制定的学习目标必须是可测量的，因为只有可测量的学习目标，才能评价学生通过参加学习活动后有没有达到学习目标，从而进一步判断学生的学习成效如何。所以，每个学习目标都应该有对应的评价问题或评价活动设计，并且有相应的评价工具去收集学生的学习情况。

(二) 选择翻转内容

当确定了翻转课堂的课外学习目标后，就要考虑选择合适内容用于学生进行课外自主学习，对课外的学习目标要求主要是低阶思维的目标要求。所以，在设计和选择课外学习内容时，要结合学生本身的认知规律和特点去选择。

（三）选择内容传递方式

选择内容传递方式这一环节主要是创设可承载学生自主学习内容的媒体工具，这里所说的媒体工具主要分成两类：一类主要是用于承载自主学习内容的媒体资源，如文字、图片（书本、试卷、案例、练习册等）、视频（教学实录、微课等）和动画等；另一类主要是用来传播第一类资源的系统工具，如各种网络教学平台、学习管理系统、交流通信平台、各种网络终端等。而选择学习内容传递的方式一般取决于想要传递的学习内容的形式、资源大小、学习者的地理位置和持有的接收设备情况等。在选择内容传递方式时，应综合考虑上述各要素，以选择传递速度快、传递内容形式丰富、获取方便以及易于学生开展个性化学习的方式为佳。

（四）准备教学资源

在确定了学习内容及其传递方法渠道后，即可开始制作相应的学习资源或者借助网络搜集相关的学习资源为己所用。在该环节中须注意，无论是自己开发新的学习资源或利用已有的学习资源，均需与先前确定的学习内容保持一致，并且资源的形式、大小等要求也需和传递工具相匹配。

（五）确定学生课内学习目标

这一环节的学习目标与第一环节的学习目标有所不同。第一环节中确定的课外学习目标更多的是针对低阶思维技能的学习目标，因为在课外学生能参与的更多是培养其识记、理解和应用等低阶思维技能目标的学习内容和活动。而在课内则恰恰相反，学生通过与同伴和教师面对面地交流、讨论和开展协作探究等活动，更易于达到发展分析、评估和创造等高阶思维技能的目标。为此，本环节确定的学习目标应该偏向分析、评估和创造等高阶思维技能层次。

（六）选择评价方式

在正式开始课堂教学前，不管是教师还是学生，对课堂教学活动提前做好充分的准备都是非常必要的。一般，教师可采用低风险的评价方式（是指不对学生的评价结果进行分数、等级的标记和评比，而仅作为发现学生学习问题的一种教学评测方式）对学生进行评测，从而发现学生学习真正的难点，以便教师和学生调整教学计划和学习计划。而我们常用的课前小测验就是一种较好的低风险评价方式，这些小测验的题目量并不多（一般只有1-4个问题），其不仅仅是检测学生在课前学习的事实性知识，更重要的是为学生提供一个综合应用所学知识的机会。在这个过程中，不仅教师能及时地把测验中出现的问题反馈给学生，学生也可以向教师提出自身遇到的问题，并通过与教师交流使问题得以解决。所以，在正式上课前进行低风险的学习评价是一种非常有效的教学策略。低风险的评价方式有很多，小测验只是其中比较常见的一种。教师可以在这个环节根据先前学生在课外自主学习的内容选择合适的评价方式对学生进行一次课前评价，了解学生真正的学习难点。

（七）设计教学活动

当通过课前评价了解到学生真正的学习难点后，教师须针对学生学习难点和高阶能力发展需要设计具有导向性的课堂教学活动。课外的学习内容和活动主要帮助学生解决识记、理解类的知识，在课内则是帮助学生解决学习难点，并充分应用所学知识，学习更深层次的内容。所以，设计的教学活动应能更好地培养其分析、评估和创造等高阶能力，可采用如基于项目的学习、基于问题的学习、协作探究学习等形式。

（八）辅导学生

教师在教学中无论采用何种教学活动，想要取得良好的教学效果都离不开教师的正确引导。在学生进行教学活动时，教师须提供相应的"脚手架"，帮助学生更好地开展活动，有时甚至还需教师为仍对学习内容和活动存在困惑的学生提供个性化的辅导。在整个学习活动中，教师要对提出疑问的学生给予及时的反馈，在学生汇报学习成果或学习结束后，教师要进行统一的总结反馈，以促进学生进行知识的内化和升华。

三、翻转学案的设计

学案，又称导学案，是由教师设计、用于指导学生自主学习和知识建构之案，具有导读、导视、导思、导练的功能。

（一）学案的构成

"导学案"通常由学习目标，学习重、难点点，知识链接，学法指导，学习内容，展示提升，达标检测，学习反思等几个环节构成。

1. 学习目标

教师要深入钻研教材，为学生设置明确的学习目标，数量以2-4个为宜，不能太多，学习目标中不要用"了解""理解""掌握"等模糊语言，要用"能记住""能说出""会运用""解决……问题"等可检测的明确用语。

2. 学习重点、难点

根据课标要求、教材内容、学生实际，确定学习重点、难点。

3. 知识链接

复习相关知识或引入与所学内容有密切联系的知识。目的在于扫清学习新知识的障碍，为新知学习做好铺垫。

4. 学法指导

有两种呈现形式：第一种是把学习方法渗透和融入知识的导学中，不单独呈现。第二种是学习方法单独呈现。如：阅读的技巧、做笔记的方法、自主学习的方法、小组合作的技巧等，在导学案中提出明确的要求。小学阶段采取第一种呈现方式比较适合小学生的心理特点和知识建构特点。

5. 学习内容

学习内容是导学案的核心，要体现导学、导思、导练的功能，要使目标知识化、知识问题化、问题探究化、探究层次化。学习内容包括自主学习、合作探究（对学、群学）。

6. 展示提升

展示必须是学生深入探究的问题，无论是组内小展示还是班内大展示都要明确展示是提升，绝不是各小组对导学案上问题答案的重复性讲解，统一答案。要突出展示的三大原则，即问题性、互动性、创新性。

7. 达标检测

达标检测题的设计及使用的具体要求：题型要多样。量要适中，不能太多，以5分钟左右的题量为宜；具有针对性和典型性。难度适中，既面向全体，又关注差异。建议可设置选做题部分，促进优生成长。规定完成时间，要求独立完成，培养学生独立思考的能力，注重及时反馈矫正。

8. 学习反思

课堂学习中存在的问题和学生的感悟，是宝贵的学习资源。学生填写"学习反思"，当作复习时需要注意的问题。导学案上应该有留白处，让师生在导学案的使用中写下生成的知识点。

（二）学案设计的原则

1. 主体性原则

主体性原则也就是"以学为中心"的设计原则，主要解决学什么、怎样学的问题，而不是教什么、怎么教的问题。教师在设计时，要用学生的眼光看教材，用学生的认识经验去感知教材，用学生的思维去研究教材，充分考虑学生自学过程中可能遇到的思维问题。这一点对于翻转课堂教学设计有至关重要的指导意义，因为无论从"以学生为中心"出发还是从"以教师为中心"出发，将得出两种全然不同的设计结果。

2. 导学性原则

学案的设计要体现"导学"，重在引导学生学习而不是一味做练习。学案设计时要将知识点转变为探索性的问题点、能力点，通过对知识点的设疑、质疑、释疑、激思，培养学生的能力品质和创新素质。热情地鼓励学生勇于探索创新，科学地设计问题引起探索、适时引线搭桥帮助探索是"学案"的重要手段，是学案设计的关键所在。

（三）学案设计的方法

从"教案"到"学案"的转变，必须把教师的教学目标转化为学生学习的目标，把学习目标设计成学习方案交给学生。根据学生现有知识、自学能力水平和教学要求，参照各方面信息，制定出一整套学生的"学案"。其特点是：教学重心由教师如何"教"转变为学生如何"学",要具有预见性和指导性。以下是学案设计的方法和设计的一般要求与作用。

1. 学案设计的要求

理清教与学之间的关系,努力给学生提供更多的自学、自问、自做、自练的方法和机会,使学生真正成为学习的主人,增强对学习的兴趣。

引导学生独立思考,实现掌握知(学会)与发展能力(会学)的统一,使学案成为学生掌握学科知识体系和学科学习方式的载体、教师教学的基本依据。

实现个性发展与全面发展的统一。学案的设计应该充分考虑和适应不同层次学生的实际能力和知识水平,使学案具有较大的弹性和适应性。大体上来说,学案的设计主要按课时进行,与教师上课基本同步。

2. 学案设计的方法

在设计"学案"时,应依据学习的内容、目标和学习者的情况而变,没有千篇一律、固定不变的格式。从"教为主导,学为主体,以学为本,因学论教"的原理出发,遵循循序渐进的原则,有步骤、分层次地从知识、能力到理论的运用逐步加深。不同层次的同学可根据不同层次目标要求进行自主学习。教学中的"学案"设计一般分为以下四个部分:

(1) 明确教学目标,建立知识结构框架

学案中要体现出明确、具体的学习目标,即知识目标、能力目标、德育目标。知识结构包括学科知识结构,单元或章的知识结构,课时知识结构。通过知识结构分析,建立知识结构框架,使学生对将要学习的知识有一个整体的宏观认识。

(2) 把握知识的重、难点,找出最佳切入点背题

"学案"把重点、难点问题交给学生,教给学生一定的方法去引导和思维启示,让学生自己动脑,分析解决问题,在探究中加深对知识的理解,培养学生分析问题、解决问题的能力和思维能力。

(3) 设计问题,培养学生运用知识的能力

设计恰当的问题是引导学生探索求知的重要手段,是"学案"设计的关键所在。教师要依据学习目标、学习内容,依据学生的情况,精心设计问题。

问题的设置要根据学生现有的知识水平和综合素质,有一定的科学性、启发性、趣味性和实用性,还要具有一定的层次。

(4) 通过练习,及时自查和巩固学习效果

在"学案"的最后还要有一部分,对学生自学探索后的自查巩固。学生层次不同,理解问题和解决问题的能力有较大差异,自学过程中可能会出现许多各个层面的新问题,帮助学生及时从练习中发现这些问题并进行及时的、正确的引导,对培养学生的主体意识和思维能力是至关重要的。

四、翻转课堂活动的设计

在传统课堂教学中,教师通过讲授来帮助学生识记和理解。因此,课堂教学的核心活

动是教师讲授,而在翻转课堂教学中,昔日教师的讲授,现在都由教学视频代替了。那么,当教师走进现在的翻转课堂,他应该做什么呢?课堂教学活动和学习活动应该如何设计?这是一线教师在实践中感觉最为困惑的地方。既然学生在课前已经完成知识的认知和理解,那么,昔日需要通过大量的课后作业来完成的知识应用训练以及现在强调的知识"分析、评价、创造",现在都要在课堂教学环节中解决。

在翻转课堂的课前学习阶段,学生得到的是"碎片化"的知识。对于一门学科来说,这些"碎片化"的知识,是需要整合成整体知识模块的。另外,课前学习的东西,毕竟还是初步的、表层化的,学生需要对知识进行内化。这个整合和内化的过程,主要依靠在教师引导下,在课堂经过互动和协作完成。如果说课前的学习考验学生的自主学习能力和意志的话,那么对于习惯于传统"传道授业"的教师而言,要适应和掌握翻转课堂的互动和协作活动,是最考验教师的活动设计能力的。课堂上,师生共同对学习中存在的问题进行探讨、商榷、研究,包括答疑解惑、知识的运用等,让学生达到学习目标。

(一) 确定问题

课堂探究的问题需要师生共同确定。从教师的角度,教师需要根据教学内容的重难点提出一些问题;从学生的角度,学生根据自己在课前观看教学视频、进行课前针对性练习时发现的疑问及与同伴交流时未解决的困难提出一些问题。综合两方面来确定用于课堂探究的问题。

具体过程如下:上课的第一个阶段,学生先根据教师提出的课前要求和问题,陈述在课前学习中遇到的、希望同学和教师给予帮助和解答的困难和疑问,再提出新发现的问题。教师整理旧问题的疑问和新发现的问题,提交小组讨论和解决。由于长期的传统教学形成的个体性格和思维习惯,学生可能既不愿意承认自己不懂、有问题,也不善于质疑和发现新问题,因此,这是翻转课堂最难的一步,需要教师加以引导和鼓励,消除其心理上的障碍,引导发散的思维方式,教学生学会找问题。教师整理需要小组讨论解决的问题,可以请同学帮助,与同学一起来挑选和决定最重要、最需要讨论和解决的问题。要精选问题,既考虑到问题的重要性,还要考虑时间的限制。

(二) 展示质疑

学生经过了小组间开展协作探究式活动之后,要将个人及小组的成果在课堂上进行展示,并组织全班研讨。全班研讨,需要教师进行组织,必要时教师可以加以补充意见。但要避免教师过于主导,将研讨会变成教师"一言堂"。采取的形式有演讲型、成果演示型、小型比赛等,并且各小组之间进行交流与评论及分享学习收获。

(三) 点拨评价

教师总结,布置新任务。最后阶段,教师对同学的意见归纳和补充完善。对某些错误的答案,教师要进行更正;对不完善的意见,教师要进行补充。但对某些开放性的问题,并不需要"统一认识"。教师对学生完成任务的情况进行分析、归纳、整理,了解学生学习中存在的问题，对已经掌握的和还需要进一步探讨的以及可以拓展和深化的东西进行分类，进而设计课堂教学新方案。最后布置下一次课需要观看的视频和需要思考与解决的问题。

（四）达标测评

经过前面的深入探究和深度学习，学生对课程标准要求的概念知识和学科原理，已经达到深刻的理解和创造性地应用，理所当然可以在下课前五到十分钟内完成课程标准要求的达标能力，顺利完成达标测评。这可以理解为应试教育环境下翻转课堂实验的一个折中和妥协。既保证翻转后能大幅度提高学生的综合素养和创造能力，又能在学业成绩上保持稳定增长。

翻转课堂教学活动，贯穿了"提出问题—解决问题—评价问题"的过程。每一节课的时间是固定的，需要教师把握每个环节的重要性和难度，灵活调节时间分配，保证翻转顺利进行和完成。

第三节 手机案例微课的多层面设计与互补照应

长期以来，在理论与实践同样重要的英语专业课程中，要求高职学生运用英文展开理论分析和模拟业务实践具有一定的难度，然而如果将传统的案例教学与现代手机微课技术相结合，精心设计成耐人寻味的案例微课，用于开展课前预习、课堂深化、课后参考，运用英文分析案例的课堂互动和随之而来的实践活动便成为可能，从而将课堂实践教学延伸至课前和课后，最终回归至课堂。

一、案例微课研究概述

（一）微课研究概述

1. 微课概念

美国新墨西哥州胡安学院戴维·彭罗斯（David Penrose）于2008年正式提出"微课"这一概念，并将其运用于在线课程。他认为，微课是以建构主义思想为指导的、以在线学习或移动学习为目的的、基于某个特定的主题、以声音或视频录像的方式展现出来的60秒课程。我国最早提出"微课程"概念的胡铁生老师将"微课程"界定为：以微型教学视频为主要载体，针对某个学科知识点（如重点、难点、疑点、考点等）或教学环节（如学习活动、主题、实验、任务等）而设计开发的一种情景化、支持多种学习方式的新型在线网络视频课程。

近年来，虽然不同学者对微课有着不同的理解和解释，但在微课的构成和作用上认识还是一致的。从微课的构成来看，微课是一种以短小精悍视频为载体的，包括各种教学资源的数字化资源包；从微课的作用来看，微课能够支撑多种形式下的学习，如翻转课堂学习、个性化学习、自主学习、碎片化学习、移动学习等，能够为变革学习方式做出一定的贡献。

2. 微课研究的现状及其存在的问题

微课研究于1993年兴起于基础教育，因其短小精悍、时间短、内容少、使用灵活等特点，逐步发展到高校，其研究成果数量从2011年呈逐年上升趋势，2013年起成倍增长，主要集中于微课设计制作及其在学科教学中的应用策略与方法等方面的研究。然而，由于发展历史较短，微课开发研究中仍存在着一些问题和不足，如现有微课研究多关注资源建设，与学科教学的相互融合还比较欠缺，且微课的应用大多尚未实现常规化，对微课评价的研究数量也十分有限，等等，这些都有待于深入研究。

（二）案例教学法

从广义上讲，案例教学法可界定为通过对一个具体教学情境的描述，引导学生对这些情境进行讨论的一种教学方法。哈佛工商学院曾将案例教学法界定为：一种教师与学生直接参与对工商管理案例或疑难问题进行讨论的教学方法。其操作流程为"以例激趣—以例说理—以例导行"。案例教学注重学生的主体地位，通过案例把抽象的原理、概念等具体化，使学生置身于一定的实际情境之中，增强其学习兴趣和动力。

案例教学的过程大致可以归纳如下：①收集真实生活情境资料；②将所收集资料形成教学案例；③进行小组讨论；④讨论成员为主角；⑤归纳各组成员意见。在案例讨论过程中，可以质疑他人的想法，学习如何发问，进而提高独立思考、与人相处、解决冲突、尊重他人等能力。因此，加强案例教学研究与实践，当下仍不过时。

二、手机案例微课的多层面设计

无论从语言能力方面来看还是从商务实践的视角来看，商务英语沟通与谈判都是一门实践应用性很强的课程，因而对该课程进行以案例为核心内容的微课设计应重点考虑下述几个层面并循序展开。

（一）典型生动案例引领的学习内容设计

1. 重新整合教学内容，开发案例引领的项目课程

在设计案例微课之前，首先应系统梳理课程的总体教学目标和项目单元教学内容。课程的学习项目可以整合为求职书面沟通、求职面试沟通、与上司（或同事）的沟通、与客户的沟通、外贸谈判、商务报告与演讲等项目，项目下设书面沟通任务和口头沟通任务。口头沟通任务又包括一对一、一对多的沟通任务；沟通方式包括电话沟通、面对面沟通、网络平台沟通等。接下来，为每个学习项目寻找和编写一个或若干个典型案例，开发案例引领的项目课程。

2. 选编典型案例为主线开发微课，提高案例情境项目的可操作性

微课开发不单单是程序性知识点的课外延伸学习，而且是以"情境案例"为主线的多样化的设计。具体来讲，首先应根据单元学习目标和学习内容确立微课的学习目标及其内容要点；然后依据课程目标和岗位需求，选编与情境任务关联度高、生动有趣、便于模拟表演的案例材料，并使其在内容、时长、复杂程度等方面贴近真实职场任务，提高案例情境项目学习的目的性和可操作性。

3. 分段设计案例微课内容，分别服务于课前预习和课后巩固

案例微课内容设计分为两部分：一是用于掌握案例内容、习得案例语言表达能力的预习部分；二是用于复习巩固课堂案例分析成果的理论知识与案例总结分析部分。为使商务英语专业的学生快速熟悉案例内容，具备用英语表达案例、分析问题的语言能力，案例内容需要以英文呈现，编辑为中英双语，附加词汇注释，并辅以讲解；复习巩固部分内容力求抓住要领，分析到位，简洁明了，为之后的情境项目实践提供理性的思维策略准备。两部分结合起来，共同辅助提高项目学习的有效性。

4. 基于案例情境开展模拟业务实践，便于实现理论与实践的深度融合

以经过分析的案例情境为商务沟通与谈判实践任务的主要内容，要求学生以个人或小组为单位，恰当运用本单元及之前单元所学的沟通策略与技巧，模拟演示情境案例沟通与谈判过程。在模拟实践过程中，要求学生将在某个具体实践环节运用了何种理论、知识与技巧分析罗列出来，以确保所学知识得到实际应用。

(二)"学教做"一体的学习任务设计

微课不是一种教学展示，而是精细设计的任务型作业，因而要有学习者参与度的设计，需要提交反馈。它适合个别学习还是协作学习，取决于设计目标。微课学习任务的设计应强化实训环节的学习活动，形成由预习案例、导入案例、引出理论、分析案例、基于案例情境的沟通谈判实践与评价等环节构成的微课学习过程。

1. 借助微课的课前预习：始于英语阅读的案例内容认知

课前预习阶段以语言学习为主要目标，因而在观看微课案例内容展示之后，学习任务可以设计为以下几项：①学习案例中的生词及短语，完成相应的词汇练习，为熟悉案例内容积累足够的语音、词汇基础；②练习用英语复述案例内容，为之后的案例分析培养良好的语言表达能力；③初步思考微课中弹出的需要解答的问题，对未知理论形成一种感性的期待认识。注重微课导读或引发思考等学习任务的参与度设计，有助于提高学生的深度思辨力。因此，通过案例微课学习加强课前预习是十分必要的。

2. 基于微课的课堂拓展：融入理论知识的案例分析

课堂互动环节注重生生之间、师生之间的逻辑思维交流，可以设计以下学习任务：①用英语表达对案例问题的初步认识，引出课堂需要学习的理论知识；②学习与案例相关的知识点，并强调重点；③要求学生以所学的理论知识为依据，分组讨论并汇报分析案例得出的结论，然后比较、概括不同小组的结论，形成较为全面合理的分析报告，并反过来证明理论知识的重要性。

3. 参照微课的课后实训：运用理论技巧的案例模拟

课后实训环节是学以致用这一教育理念的最终体现。该阶段学习任务的设计决定着微课单元学习的意义。基于案例情节模拟沟通业务是实训环节的主要任务，也是单元学习的核心任务，具体要求学生在模拟业务实践中将所学的理论知识运用于模拟实训活动，并体会和说明理论知识在实践中的应用。

（三）以手机为平台的学习环境设计

1. 开发能够在手机平台播放的微课视频文件，使手机观看微课成为可能

成功的案例微课需要强有力的信息技术支持。在开发手机微课及其他课程资源的过程中，要重点解决微课视频及其他文件在手机上兼容播放的技术难点，使开发的微课能够通过手机和电脑观看，方便学生自主学习。

2. 通过微信公众平台发布微课，使移动学习和碎片化学习普遍可行

开发的微课等课程资源通过学生普遍崇尚的微信平台发布，便于学习者通过关注微信公众平台，随时随地开展学习思考活动，并通过聊天互动平台，实现师生互动、生生互动，使移动学习和碎片式学习更为普遍，从而大大提高学习者的时间利用效率。

3. 引进自主听读口语训练软件和讯飞语音输入系统，使网络评价成为可能

在条件允许的情况下，引进自主听读口语训练系统，便于学生自主开展听读练习和自我检测，弥补因课堂时间有限造成的口语训练的不足。在课外，学生一边观看微课视频，一边朗读案例词汇及内容，使手机起到复读机的功能。读熟后，将案例内容复述下来，通过讯飞输入法中的语音输入功能，呈现到师生互动交流平台，作为提交词汇朗读、案例复述等口语作业的可行模式。

（四）直观、移动、有序的教学方法设计

内容丰富新颖的案例微课配以先进有效的教学方法，才能最大限度地发挥其作用。

1. 设计直观、生动的案例微课，增添学习的趣味性

案例微课的开发以"情境案例"为主线，辅以多样化的情感性设计。恰当采用多样化的内容呈现方式，如录音、音乐、文字、图表、图片、动画、视频等具体、直观的视觉化设计，不仅为了吸引学生的眼球，也为学生更好地完成情境交流任务提供更为丰富的交流素材和更为广阔的想象空间。

2. 利用网络信息化教学手段，推进案例分析的翻转课堂教学

充分利用电脑、手机等多媒体设备，建立并利用QQ群、微信公众号等网络信息化平台以及一些应用软件，不仅可以为学生提供丰富的案例资源，而且能够使其拓展为师生课内外交流的重要渠道，实现师生之间、生生之间课内外实时互动，从而推进案例分析的翻转课堂教学。

3. 分段上传微课内容，循序指导案例引领的项目学习与实践

分段上传微课内容主要是指：用于掌握案例内容、习得案例语言表达能力的预习部分

在课前上传，而用于复习巩固课堂知识学习和案例分析成果的案例总结分析部分在课后上传。两部分分段上传与播放，前后照应，循序而行，从而更好地助力于提高案例引领的项目学习与实践的成效。

（五）人机结合的评价模式设计

微课学习主要发生在课外，这给学习有效性的检测带来了难度。经过教学实践发现，对案例微课学习效果的评价可以采用人机结合的综合评价模式。这种模式能有效地对学生案例微课学习进行监督和测评，成为提高微课学习效果的坚强后盾。

1. 课外移动学习平台对案例语言表达能力的评价

课外移动学习平台在发布案例微课视频的同时，还可以发布一些辅助案例学习的语言技能自测练习，如词汇、句型练习等。此外，还可以让学生运用讯飞输入法等具有语音输入功能的应用软件，通过私聊界面将口语作业发给教师，例如将案例内容复述作业通过语音输入法形成文字，发送给教师，便于教师检查评价，这种做法使批改口语作业成为可能，是一种值得尝试和推广的教学方式。

2. 课堂授课教师对案例预析效果的评价

在以师生交流互动为主的课堂上，教师可以先通过抽查学生复述案例，检查评价学生课前利用微课进行预习的情况，然后通过循序渐进的提问，引导学生逐步深入地剖析案例，同时根据学生的课堂表现，对每堂课上部分思想活跃、见解独到的学生做出进一步的评价。

3. 课堂师生共同对模拟业务活动的评价与反馈

在以学生模拟案例沟通业务实践为主的课堂上，教师可以要求其他学生集体观摩模拟业务表演，同时要求表演者列举出其模拟实践中应用的理论技巧。这样双管齐下，使学生将所学理论知识自然应用于沟通实践，达到教学目标。在展示之余，收集来自学生的学习体会，用于下一单元的学习改进。

三、手机案例微课各层面设计的连贯、互补与照应

案例微课引领下的商务英语沟通与谈判课程将所开展的单元教学设计与实践分为以下若干环节：①课前以语言学习为重点的在线自主学习；②课堂以逻辑分析为核心的面对面互动学习；③课后将理论技巧融于案例情节的模拟沟通实践；④课堂师生评价相结合的学习成果分享。各个部分之间的连贯设计，为彼此相互补充与照应奠定了坚实的基础。手机案例微课各层面设计的连贯、互补与照应见图5-1。

案例微课引领下的单元教学设计以抛出案例微课供学生课前线上预习为开端，要求学生借助自主听读口语训练软件、讯飞语音输入软件等信息技术，通过完成案例词汇认知、英文复述案例等任务了解案例大意，并为课堂用英文分析案例奠定良好的语言基础。接下来在课堂学习伊始，提出案例中需要解决的实际问题，引入为解决案例问题而需学习的未知理论知识，通过课堂讲解、互动等环节，使学生初步理解较为抽象的理论知识；随后趁

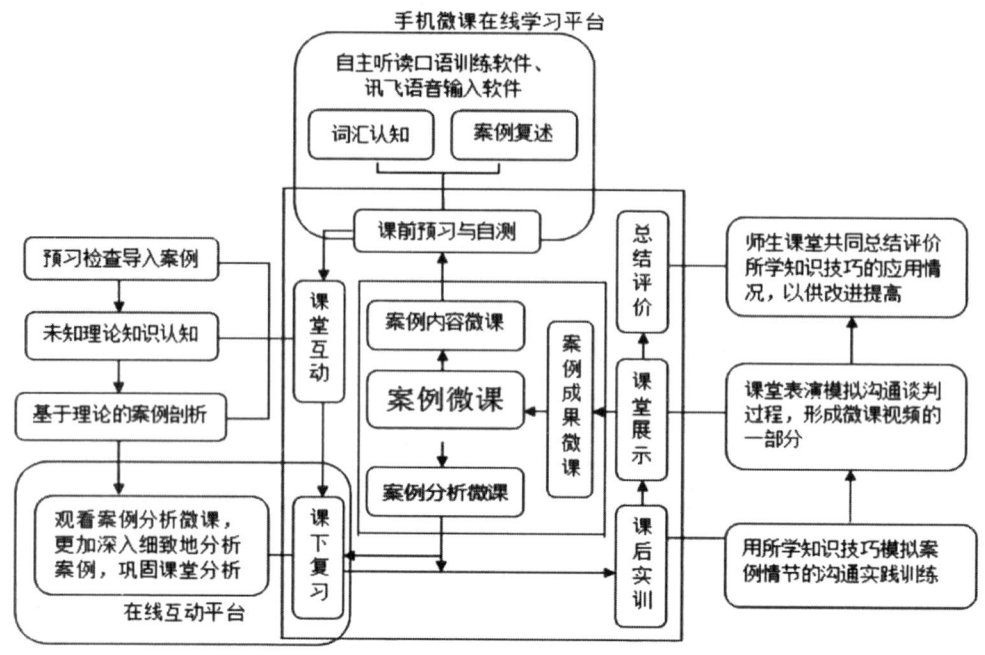

图 5-1　手机案例微课各层面设计的连贯、互补与照应

热打铁，引导学生运用所学知识逐一分析案例问题。如此，一方面，使学生对所学的理论知识形成更加深刻的认识；另一方面，通过思考、讨论、分析，解决案例中的实际业务问题，为今后应对类似问题积累有用的经验。具备了理论联系实际的能力，再通过课后反复观看微课中的案例分析部分，不仅能够更加深入细致地分析案例，巩固课堂分析成果，而且为将所学知识融入基于案例情境的拓展业务实践等环节提供直观、详实的参考。最后，学生经过课下的反复演练，回归到课堂以模拟案例为情节的业务沟通过程，分享学习成果，并形成视频上传至手机学习平台，成为微课内容的新的组成部分，从而丰富微课学习的内容，为其他学生改进模拟实践提供示范和借鉴。

第六章 信息化环境下的高校英语智慧教学系统

第一节 智慧教学系统配套支撑

一、校园网及其应用

校园网络通常是指利用网络设备、通信媒质和相应的协议（如 TCP、IP 协议等）以及各类系统管理软件，将校园内计算机和各种终端设备有机地集成在一起，同时，又通过防火墙（Firewall）与外部的 Internet 网络连接，用于教学、科研、学校管理、信息资源共享和远程教育等方面工作的局域网。校园网是 Internet 技术在学校中的一个典型应用，换言之，校园网络就是一个特殊的 Intranet（内部网）。

（一）校园网的组成结构

校园网的硬件通常由服务器、工作站、网络互联设备、传输媒质等部分组成。

1. 服务器

服务器（Server）是网络上一种为客户端计算机提供各种服务的高性能的计算机。由于服务器是针对具体的网络应用而特别设置的，因此，在处理能力、稳定性、可靠性、安全性、可扩展性、可管理性等方面比普通计算机强。服务器根据其在网络中所执行的任务不同可分为 Web 服务器、数据库服务器、视频服务器、FTP 服务器、Mail 服务器、打印服务器、网关服务器、域名服务器等。上述服务器既可以安装在同一台物理服务器上，也可以分别安装在多台物理服务器上。对于小型的校园网络，往往把 Web 服务、FTP 服务、数据库服务等集于一台服务器上。

2. 工作站

在校园网中，工作站（Workstation）是一台客户机，即网络服务的一个用户。有时也将工作站当作一台特殊应用的服务器使用，如打印机或备份磁带机的专用工作站。工作站一般通过网卡连接网络，需要安装相关的程序与协议才可以访问网络资源。

3. 网络互联设备

（1）交换机（Switch）

交换机的外形与集线器很接近，也是一个多端口的连接设备。从工作方式看，集线器采用广播模式，也就是说集线器的某个端口工作的时候，其他所有端口都能够收到信息，容易产生广播风暴,当网络规模较大时,网络性能会受到严重影响;交换机工作的时候,只有发出请示的端口和目的端口相互响应,而不影响其他端口(即点对点方式)。从带宽看,集线器不管有多少个端口,所有端口都是共享一条带宽,在同一时刻只能有两个端口传送数据,其他端口只能等待;交换机每个端口都有一条独占的带宽,当两个端口工作时,并不影响其他端口的工作,因此,交换机的数据传输速率通常要比集线器快很多。此外,学校网络中心的核心交换机往往还具有路由功能。

(2) 路由器(Router)

路由器是连接多个网络或网段的网络设备,它能将不同网络或网段之间的数据信息进行"翻译",以使它们能够相互"读懂"对方的数据,从而构成一个更大的网络。通常路由器有两大典型功能,即数据通道功能和控制功能,数据通道功能一般由硬件来完成,控制功能一般由软件来实现。

(3) 网关(Gateway)

网关是网络连接设备的重要组成部分,它不仅具有路由的功能,而且能对两个网络段中使用不同传输协议的数据进行互相的翻译转换,从而使不同的网络之间能进行互联。网关一般是一台专用的计算机,该机器上配置有实现网关功能的软件,这些软件具有网络协议转换、数据格式转换等功能。

(4) 防火墙(Firewall)

防火墙是指一种将内部网和公众访问网(如 Internet)分开的硬件或软件技术。防火墙对流经它的网络通信进行扫描,这样能够过滤掉一些攻击,以免其在目标计算机上被执行。防火墙可以关闭不使用的端口,能禁止特定端口的流出通信,封锁木马等程序,禁止来自特殊站点的访问,从而防止来自不明入侵者的所有通信。防火墙可以是硬件自身的一部分,如路由器可以将因特网连接和计算机都插入其中。防火墙也可以是在一个独立的机器上运行的软件,该机器作为它背后网络中所有计算机的代理和防火墙。对于直接连在因特网的 PC,可以使用个人防火墙软件。

4. 常用的网络传输媒质

(1) 双绞线(Twisted pair)

双绞线是由两根相互绝缘的铜导线按照一定的规格互相缠绕在一起形成的网络传输介质。它的原理是:如果外界电磁信号在两根导线上产生的干扰大小相等而相位相反,那么这个干扰信号就会相互抵消。常用的无屏蔽层双绞线由 4 对双绞线和 1 个塑料护套构成。由于线缆的长度受到衰减的严重限制,因此,在当前的技术下,传输数据的距离一般限定在 100 m 范围内。双绞线是目前局域网中使用最多的传输媒质。

(2) 光纤(Fiber)

光纤是以光脉冲的形式来传输信号,材质以玻璃或有机玻璃为主的网络传输介质。它由纤维芯、包层和保护套组成。光纤按其传输方式可分为单模光纤(直线传播)和多模光纤(折射传播)。单模光纤较多模光纤具有更大的容量和更远的传输距离,但价格比较昂贵。光纤具有极高的传输带宽,目前技术可以以 1 000 Mb/s 以上的速率进行传输。光纤衰减极低,抗电磁干扰能力很强,传输距离可达 20 km 以上,但其价格高,安装复杂且精细，需要使用专门的光纤连接器和转换器。

（二）校园网的基本功能

校园网络最初的概念是以硬件集成为主，即只是一个硬件平台，到第二阶段又提出以教学应用软件集成为主的软件建网的校园网概念，这也是当今大多数校园网所采用的模式。现在，越来越多的人发现，硬件加软件的模式还远不能发挥出校园网的优势，校园网应该建构在全新的教育模式上，而不应依附于传统的教学模式，因此，诞生了"硬件＋软件＋现代教育"模式的新一代校园网概念。建设校园网的真正目的在于为学校师生提供教学、科研和综合信息服务的高速多媒体网络。

1. 信息发布

学校的 Web 主页犹如学校的一个窗口，学校可以通过这个窗口向世界各地的人们充分展示学校的形象。一般来说，学校主页的主要内容应包括：学校历史、院系、部门介绍、专业设置、招生与分配信息、教学与科研信息，等等。学校主页上可以发布学校的各种重大事件、会议通知和安排，也可以发布各种公文，这样既节省了时间和费用，又增强了公示的效果。

2. 教学应用

校园网的主要功能就是教学应用，它可以由网络教学平台提供支持，以网络教学信息资源库作为信息来源，运用多种网络工具完成网络教学任务。

3. 管理应用

建立在校园网络基础上的学校管理信息系统（MIS）可以为学校在人事、教务、财务、日程安排、后勤管理等方面，提供一个先进的分布式管理系统，使原有的管理模式从纵向、单通道的、主要依靠个人的经验判断的简单模式，发展成为现代的多向的、多通道的网络状的复杂模式，从而提高管理效率，达到事半功倍的效果。

基于校园网络的信息管理系统将大大提高原有人工管理或单机管理系统的效率，扩大管理系统的应用领域，能更加及时地收集、统计、分析学校的各种信息，以利于学校的行政管理和教学管理，充分发挥学校的整体功能，更好地为教育工作服务。

学校通过校园网络可以建立一个集中和分散相结合的分级、分布式数据库管理系统，既实现学校各部门之间大量数据的共享，同时也为管理人员及时提供数据、快速作出决策提供帮助。利用校园网络提供的通信功能，可以为教职工和管理人员提供较完善的多媒体电子邮件（E-mail）功能，能向各部门和管理人员发送各类通知、布告等消息。学校还可以利用校园网络召开电子会议。

4. 科研应用

校园网络一方面可以使用户共享各类计算机软、硬件资源及学术信息资源，从而提高科研的效率；另一方面可以降低科研的成本。科研人员可以通过校园网络形成一个工作小组，在不同办公室里的科研人员可以很方便地通过网络与其他成员交流设计思想和设计方案。同时，人们还可利用校园网络的对外联网，检索世界各地的信息资料，也可以使用电子公告栏（BBS）与世界各地的专家探讨最新的思想，发表、交流学术观点，交换论文等。

5. 数字化图书馆

数字图书馆以数字化格式存储海量的多媒体信息并能对这些信息资源进行高效的操作。

它的资源数字化、联系网络化、获取自主化等优点是传统图书馆无法比拟的。数字图书馆对于教育的支持服务是全方位和个性化的，可以及时响应远程用户的需求。它不仅可以联机查询、借阅，还可以为管理人员提供业务数据，及时分析研究，加强宏观管理。更为重要的是，每个用户都可以通过校园网络方便地对图书馆的图书、文献信息进行检索与阅读，读者可以访问图书馆的联机数据库，可以在自己家中和办公室里通过校园网络阅读报刊或检索资料。

（三）校园网的教学应用

1. 网络教学支持平台

网络教学支持平台是学校开展网络教学活动的支撑系统。它包括网络备课、网络授课、网上课程学习、网上练习、在线考试、虚拟实验室、网络教学评价、作业递交与批改、课程辅导答疑、师生交流、教学管理等模块。一个完整的网络教学平台应具备以下功能：①支持教师备课、授课、提问答疑与讨论、作业布置与批改、题库维护、组织考试与活动、试卷分析等功能；②支持学生选课、学习、递交作业、提问、讨论、实验、资料查阅、考试等功能；③具备支持基于流媒体的网络实时与非实时授课系统；④具备支持教务人员进行学生管理、课程管理、资料管理、教学质量分析等功能；⑤具备支持教师通过各种网络工具，相互之间或与外校的教师之间进行教学方法、教学艺术的交流与探讨；⑥具备支持连接 Internet 实现远程教育，利用远程教学方式，使那些受客观条件限制的学校的学生学习别的学校的课程成为可能。

2. 教学信息资源库

教学信息资源库是学校网络教学的重要组成部分。它包括多媒体素材库、教案库、课件库、试题库、学科资料库，等等。同时，资源库不仅能为师生提供全文检索、属性检索、资源的增减与归类，而且还可以提供压缩、打包、下载等功能。

二、多媒体教室

多媒体教学系统作为一种新兴的教学系统平台，将普通的微机教室升级为影音、图文实时交互的网络教学环境，现已成为学校计算机机房的标准配置。它将辅助教师轻松、快捷地完成教学任务，标志着多媒体教学进入新的发展历程。多媒体教室是目前在国内较为普遍、应用广泛的一种信息技术设备。它利用最新的计算机技术，集普通的计算机室、语音室、视听室等传统教学设备的功能于一身，为学校提供一个功能强大的多媒体计算机教学平台。多媒体教室不仅能为教学提供丰富多彩的多媒体内容、辅助教学工具及通信交流工具，而且能够把视频、图像、图形、声音、动画、文字等信息实时、动态地引入教学过程。

(一) 多媒体教室的构成

通常情况下多媒体网络教室的构成包括 3 大部分：计算机网络系统、教学辅助系统和教学资源系统。

1. 计算机网络系统

多媒体教室中的计算机网络系统一般是在教室范围内的局域网，为了方便地获取互联网上的信息资源，通常有一个 Internet 出口。网络连接通常采用以太网拓扑结构。网络中服务器除了存放本地教学资源库之外，还提供 FTP、E-mail 等 Internet 应用服务，网络教室中的用户可以连接到校园网或 Internet。

2. 教学辅助系统

教学辅助系统主要指多媒体教室中的各种辅助教学设备。目前较为广泛的多媒体教室的构成是计算机加投影。该教学手段形式新颖、表现方法多样，但实际应用中其效果受教师的多媒体课件制作水平影响较大，再加上有线话筒和键盘、鼠标的限制，教师往往离不开讲台，主要时间都在"演示"课件，课堂教学成了"电灌、网灌"，教师成了课堂上的放映员和讲解员，学生则变成了记录员，师生之间缺乏互动交流。教师无法观察学生的情感态度，无暇顾及学生的理解与反应，难以有效发挥教师的主导作用，无法让学生参与教学，气氛呆板、生硬。

而在互动型教学辅助系统下，多点触控电子白板替代投影幕布，超短焦投影仪和无线话筒让教师远离讲台，回归"黑板＋粉笔"的原生讲课状态而又使用现代"电教平台"。交互式电子白板既可以像传统的黑板一样，用手指书写、圈点、批注、标记，又可以利用丰富的教学资源、课件进行教学。同时，配备一块同大小、同材质、无互动功能的笔写白板，一是为了整体美观；二是为了教师逐步适应完全手写的过渡。

3. 教学资源系统

教学资源系统是计算机网络教室系统中不可缺少的组成部分之一。根据教学资源系统的功能可以将其分为教学资源库、虚拟实训和远程辅导 3 个部分。

教学资源系统为教师的教学和学生自主性、探究性学习提供了一个良好的互动平台，有利于学生自主创新能力的发展和培养，是发展教育信息化、实现教育现代化的核心和关键。教学资源库的建设包括两个方面：一是教学资源的建设；二是教学资源库管理平台的建设。两者不可完全分开。

(二) 多媒体教室的类型

目前，多媒体教室根据其教学辅助系统来分主要有纯硬件、纯软件和软硬结合 3 种形式。

1. 纯硬件型多媒体教室

纯硬件方式需要给每台计算机加装多媒体卡，在计算机之间直接铺设线路来传输音频、视频信号。在主控台，一般需要配置操作面板，用于操作控制。纯硬件多媒体网络教室所用的传输协议、管理程序都固化在音频、视频传输卡的 ROM 芯片中，无须软件支持，与计算机上采用的操作系统和应用环境基本无关。这种网络教室对计算机硬件配置要求较低，系统运行稳定，但需要新增硬件投入，安装较为复杂，而且成本较高，升级困难。

2. 纯软件型多媒体教室

纯软件型多媒体网络教室基于特定的网络操作系统来实现音频、视频信号的传输，可以在 100 M 的以太网上直接运行，无须添加任何硬件设备。纯软件的多媒体网络教室具有价格低、维护简单、兼容性好、容易升级等优点。虽然在实时画面广播、视频信号的传输方面不如纯硬件型多媒体网络教室，但对教学来说速度已足够，随着计算机及网络性能的不断提高，速度传输问题将越来越弱化。纯软件型多媒体网络教室依赖于原有的网络，对计算机和网络的性能及带宽要求都相对较高。

3. 软硬结合型多媒体教室

软硬结合的方式是指在传统多媒体教室基础上增加多点触控电子白板、超短焦投影仪和无线话筒等设备，并使用资源库系统完成备课、授课、实训与辅导等教学活动。

(三) 多媒体教室的功能和应用

建设多媒体网络教室的目的不仅是为了提高教学质量和效益，更重要的是为了提高学生的综合素质，培养学生解决问题和创新的能力。多媒体教室能让教师利用计算机、多媒体演示设备，通过网络互联，将多媒体教学的图形、视频、音频等信息反映到网络教室各学生的 PC 上。通过网络，学生能对所学习的内容作出反应以回馈给教师，实现完全交互式教学。教师也能及时了解学生对知识的掌握情况，做到因材施教，从而大大提高学习效果。

1. 多媒体教室的基本功能

（1）广播教学

广播教学包括屏幕广播和声音广播。多媒体网络教室可以将教师的计算机屏幕画面和语音等多媒体信息（如教学课件等）实时传送广播给全体、群组或单个学生。广播教学可对单一学生也可以对部分或全体学生，还可以只将教师的语音实时传播给全体、群组或单一学生。当教师在口述讲解时，学生无须看屏幕而影响听讲，在必要时，教师可强制让学生终端屏幕黑屏，使学生能够集中精力听讲。

（2）批注工具

教师可对任何应用软件进行注释和讲解，达到辅助教学及加强学生学习的目的。批注工具同时提供存储功能，教师可以存储所有讲解的画面，通过课件制作工具输出独立的多媒体产品，并随时调用该产品独立运行或分发给学生。利用互动电子白板功能，教师可实现在普通黑板上的全部功能，包括文本输入、编辑图形等，并提供多种注释方法（箭头、注释模板、区域闪烁等）与交互式操作辅助教学讲解。

（3）远程控制

远程控制是教师根据教学活动的需要，对学生机远程执行某种命令，以达到相应的控制效果。如对学生键盘进行封锁或解锁、关闭学生屏幕、强行关闭学生计算机等。

（4）转播教学

使用转播教学功能，教师可选定一个学生的屏幕及声音转播给其他学生，增加学生对教学的参与感，提高学习的积极性。

（5）屏幕监视

教师可实时监视每个学生的计算机屏幕信息，观察学生的学习情况，不用离开自己的座位便可在本机上观察到每个学生对计算机的操作情况，并可以根据需要调整教学活动的安排。教师可对单一、群组或全体学生进行多画面监视，也可以进行单一的循环监视。

（6）遥控辅导

教师可远程接管选定的学生机，控制学生机的键盘和鼠标，对学生远程遥控，辅导学生完成学习操作。利用这种功能，教师可以对学生进行"手把手"的交互式辅导教学，在此过程中，教师可随时锁定或允许学生操作计算机的键盘和鼠标。

（7）教学示范

教师在进行屏幕监视和遥控辅导时可使用转播教学功能，可选定一个学生机作为示范，由学生代替教师进行示范教学，该学生机的屏幕及声音可转播给其他学生，增加学生对教学的参与感，提高学习的积极性。在此过程中，教师可随时使用电子教鞭功能进行教学示范。

（8）分组讨论

教师可对教室内的学生进行任意分组，并指定小组的主持人。每个小组的学生通过文字、语音、电子白板进行交流，教师可随时插入任意小组并参与讨论，小组内允许多个学生同时交流。

另外，很多多媒体网络教室还具有消息发送、电子举手、远程命令、本地命令、文件传送、远程管理等功能。

利用多媒体教室可以开展各个环节的教学活动，如电子备课、课堂教学、学生基于资源的学习、网络测试、教学教务管理，等等。

2. 多媒体教室的教学模式

根据多媒体网络教室在教学中的功能和应用，多媒体网络教室的教学模式主要可分为授课模式、自主学习模式和小组讨论模式3种。

（1）授课模式

这种教学模式是指教师在同一时间内对整个班级群体进行同样内容的教学。在这种模式下，教师在整个教学过程中处于主导地位，主要适用于教师向学生传递新知识。为了达到教学的目的，应当保证师生之间的同步。多媒体网络教室系统增加了多媒体表达能力，能够实现实时的教学演示，教师可以进行屏幕广播，边讲课边操作。

（2）自主学习模式

多媒体网络教室对自主学习模式的支持主要体现在教学资源共享和个别化的教学管理两个方面。教学资源库为学生提供了大量的学习材料，学生可以根据资源库中的课件进行自主学习。教师可以通过网络教室提供的个别监控和屏幕遥控等功能随时了解学生的学习情况，并对学生进行个别化的指导。

（3）小组讨论模式

小组讨论模式既克服了群体教学不利于因材施教的缺点，又弥补了个别化教学难以进行合作和交流的不足。在多媒体网络教室安装一定的支持软件，如群件系统，能够支持小组合作式学习。在小组讨论学习模式下，师生之间、学生之间可以方便地进行交流，可以通过电子举手、电子点名、电子白板等方式达到交流的目的。

三、在线教学系统

（一）在线教学系统的功能

在线教学系统是现代远程教学系统的重要组成部分，它一般有直播式、点播式、双向实时互动式 3 种应用方式。在线教学系统突破了时空的局限，以其更强的交互性、共享性在现代远程教学系统中得到了越来越广泛的应用。

直播式主要应用于早期中央广播电视大学的在线学习网站，是开展网上教学活动的主力站点。该网站的最大特色就是通过多种视频教学形式和丰富的视频教学内容来促进学生在线学习质量的提高，其中，"午间直播课堂"板块以"单向直播或双向互动"视频教学的形式进行课程的同步讲授与辅导，随着点播式教学系统的兴起逐渐被取代。

（二）在线教学系统分类及特点

1. 按同步方式分类

网络视频教学系统按照教与学是否同时进行，一般可分为同步式（实时）和异步式（非实时）两大基本类型。

（1）实时在线教学系统

实时在线教学是指利用计算机网络和多媒体技术将教师现场授课内容（语音、数据、图像）和过程制作成利于在网上传输的视音频媒体，并以现场直播的形式实时地将媒体内容传送到远端教室或学生的终端设备上，供学生进行同步式学习的一种教学形式。

实时网络视频教学系统打破了传统课堂教学距离和空间的局限性，使分布在不同地点的学生可以在同一时间像在传统课堂里一样听教师授课，扩大了授课学生的规模，实现了教学资源的共享。实时网络视频教学系统根据学生是否可以通过视音频和教师进行实时的交流，比如向教师提问等，划分为双向实时互动式和单向广播式两种类型。

（2）非实时在线教学系统

非实时网络视频教学通常是指利用计算机网络和多媒体技术将教师现场授课的内容和

过程制作成利于在网络上传输的视音频媒体，然后将其存储在服务器上，以点播的方式呈现，供学生进行非实时学习的一种网络教学形式。

2. 按应用方式分类

基于"同步方式"的分类，从具体应用的角度可把网络视频教学系统分为3种类型：单向直播式、点播式和双向实时互动式。

（1）单向直播式网络视频教学系统

单向直播式是一种实时的网络视频教学系统，由于信息传输是单向的，因此，学生只能在特定的时间被动地接受视频教学的内容进行同步式学习，教学进度由教师来控制，缺乏交互性，但是它打破了传统课堂授课的空间局限性，师生在空间上可以是分离的。

这种师生在空间上的分离性，一方面拓展了课堂的空间，使学生可以不受地点的约束，如在家里就可与其他学生一样进行同步学习；另一方面实现了资源共享，不同学校的学生可以共享同一位优秀教师的资源。学生聆听名师授课，扩大了教学规模，提高了教学质量。

（2）点播式网络视频教学系统

点播式一般是将教师多次授课的内容和过程录制成多个视频，存放在网络的服务器上，学生可以不受时间和空间的限制，根据需要在任何时间和任何地点，自定步调地选择授课内容进行异步式学习。

点播式具有一定的交互性，学生的学习一般是主动进行的。点播式同样打破了传统课堂授课的空间局限性，因此，具有与单向直播式网络视频教学相同的优点。另外，在点播式的视频教学中，学生对授课内容的选择和学习进度的安排具有更大的自由度。这种自由度表现在：学生可以自由选择自己感兴趣的授课内容进行学习；对于选定的特定的授课内容，学生还可以通过视频播放器控制按钮按"快进"和"倒退"进一步有选择地学习。如跳过某些相对较简单的授课内容，对较难的授课内容进行反复观看学习等。

（3）双向实时互动式网络视频教学系统

双向实时互动式是利用计算机网络和多媒体技术构建一个类似于传统课堂的实时教学环境（虚拟课堂）。在这个教学环境中，教师和学生可以像在传统课堂中那样进行双向交流互动。双向实时互动式和单向直播式都属于实时的网络视频教学系统，两者的共同之处在于都打破了空间的局限性，覆盖范围广；不同之处在于双向实时互动式采用了双向直播的方式，实现从教师授课现场到远程教学终端一点对多点的实时广播和从远程教学终端到教师授课现场多点对一点的实时广播，弥补了单向直播式的单向传输、缺乏交互性的缺点。

在双向实时互动式网络视频教学系统中，不仅仅教师现场授课情况可以通过网络实时传送给学生，学生的听课情况也可以通过网络实时地传送给教师。教师在授课过程中就能像在传统课堂中一样，看到学生的表情和动作，听到学生的声音，从而根据学生的反应及时调整教学节奏，并可与学生进行面对面的交流互动，从而达到更好的教学效果。"实时授课、实时交流、面对面的双向互动交流"是双向实时互动式网络视频教学系统区别于其他形式网络视频教学系统的最显著特点，也是其最大的优势。在网络教学中采用这种形式会极大地改善教学效果，尤其是在一些对学生参与程度要求较高的课程中，如外语教学。

第二节　虚拟仿真教学系统

一、虚拟仿真教学系统概述

虚拟仿真技术是20世纪末兴起的一门崭新的综合性信息技术，是发展到一定水平上的计算机技术与思维科学相结合的产物。它采用以计算机技术为核心的现代高科技生成逼真的视、听、触等一体化的虚拟环境，用户借助必要的设备以自然的方式与虚拟世界中的物体进行交互，是一种人与虚拟环境进行自然交互的人机界面。它由计算机硬件、计算机软件和传感设备等组成。这种技术的特点在于计算机产生一种人为虚拟的环境，人可以直接观察、操作、触摸、检测周围环境及事物的内在变化，并能与之发生交互作用，给人一种身临其境的感觉。

二、虚拟教室及其应用

（一）虚拟教室的概念

虚拟教室（Virtual Class）是运用计算机技术、多媒体技术、数字压缩技术、网络通信技术等信息技术，将多学科、多领域融合交叉而形成的产物。它是在计算机网络的基础上利用多媒体技术构建成的教与学的环境，可使身处异地的教师和学生相互听得到、看得见。它是以建构主义理论为基础，利用计算机多媒体技术、网络技术、现代通信技术等构建的数字化网络教育支撑平台。它为教师和学生提供了一个类似传统教室，同时又不受时间、地点限制的网络教学环境。

（二）虚拟教室的特点

虚拟教室为学习者创新能力的培养提供了一个虚拟的教学环境。通过虚拟教室，可以进行网上"研讨式"教学，实现交互对象、交互内容、交互方式、交互媒体的多样性，突出了创新教育，可以实现教学资源共享。虚拟教室具有以下特点：

1. 教学灵活性

只要提供这种模式的课程，学生就可以任意选取教室中的所有课程。在虚拟教室中，教师的教和学生的学不受时间、空间的限制。只要有一台连入网络的计算机，教师和学生就能够在任何时间和地点进行教与学的活动，学生可以与各地的教师和学习伙伴方便地交流。

2. 地域不限性

世界各地的任何机构，只要提供这种模式的课程，学生就可以选取任意教师的所有课程，不必受本地域所提供的课程和学位计划的限制。分处世界各地的不同国家、不同民族、不同语言、不同肤色的学生通过虚拟教室可以在一起学习、交流，因此，虚拟教室具有重大的社会效益和经济效益。

3. 适应创新教育需要

虚拟教室为培养创新人才提供了一个个性化教学环境，扩大了学习者的自主性与自由度，让学生在研究中学习、在创造中学习、在探索中学习。

4. 教学管理自动化

在虚拟教室系统中，许多教学管理可以由系统自动完成，如学生注册、作业收集、成绩统计、反馈信息的收集等。这既节约了人力资源，又提高了教学服务质量。

（三）虚拟教室系统构成

虚拟教室系统根据其功能可分为3个组成部分：使用者部件、控制中心和教学资源库。它们构建了3层架构的功能模型。

1. 使用者部件

使用者部件级客户端，包括教师部件和学生部件，是用以访问虚拟教室控制中心的界面，学习者必须经过注册才能取得学习资格。

2. 控制中心

此功能模块是虚拟教室的核心部件。通过它参与者可以访问虚拟教室所提供的各种资源，它由管理模块和教学模块组成。

（1）管理模块

管理模块包括注册管理系统和课程资料管理系统。注册管理系统由教师注册管理和学生注册管理组成，各自的信息放在各自的信息单元中；课程资料管理系统实现对教室资源库中教学内容的管理。

（2）教学模块

教学模块包括同步教学（实时教学）和异步教学（非实时教学，教师将课件制作好后，学生即可在"学"的系统进行学习）两种形式。

3. 教学资源库

虚拟教室的教学资源库由教学信息、管理信息和支持信息构成。教学信息包括教学内容和记录内容两大类。教学内容应有以下几类：媒体素材、案例、题库、网络课件和在线课程等；记录内容是学生在学习过程中生成的，包括学生的作业集、学习过程记录等。管理信息包括教师信息和学生信息及课程概况。支持信息是用来对学生的自学过程进行支持的信息（如FAQ数据库）。

虚拟教室的学习资源主要采用文本、图片、声音、动画、视频等多媒体信息形式，将课程中的相关学习资源进行收集、汇总，并通过数据库记录、文件下载、超文本、超媒体等多种方式实现应用功能。

（四）虚拟教室教学应用

目前，常见的虚拟教室有"基于视频会议系统的虚拟教室""二维虚拟教室""三维虚拟教室"等。基于视频会议系统的虚拟教室是在现有视频会议系统的基础上改制而成的，在普通的教室中装备大屏幕、投影机、电子白板、摄像头、麦克风、VR及AR等硬件设备，以实现视频、语音的双向传递，使教师可以像在普通教室中一样用语言、手势、板书等熟悉的方式来实现远程教学。二维虚拟教室通常提供视频、电子白板及文本交互工具，一般支持两种媒体流同步结合：一种是用于显示教师授课的真实视频，以视频开窗的形式显示在右下角；另一种是用于显示PPT课件内容。但以上两种虚拟教室在师生交互、课堂存在感等方面都存在缺陷，三维虚拟教室能较好地模拟出教室场景，学生能自由选择自己的"学习化身"形象，尽管学生在地理位置上分散，但可以做到与伙伴"面对面"地协同学习，能彼此感知。

虚拟教室系统如图6-1所示，其交互性好，方便用户操作；仿真度高，具有社区归属感。在虚拟教室中学生可以自主学习，导航清晰。

图6-1 虚拟教室场景

虚拟教室系统主要功能包括场景漫游、导航控制、课件学习、视频播放、自主学习和学习反思。该教室系统可使学生在虚拟教室中进行学习，改变了传统教室中学生学习的被动性，具有较强的沉浸感、互动性及归属感，极大地提高了学生学习的积极性。

三、虚拟实验系统及其应用

虚拟实验是相对于真实实验而存在的，两者的主要区别在于：实验过程中所触及的对象与事物是否真实。在真实实验中所采用的实验工具、实验对象都是以实物形态出现的；而在虚拟实验中，没有以实物形态存在的实验工具与实验对象，实验过程主要是对虚拟物的操作。

虚拟实验系统是以教学理论、相似原理、信息技术、系统技术及与其应用领域有关的专业技术为基础，以计算机和各种物理效应设备为工具，采用"面向对象"思想创建的，能够实时操作的、非实在的实验空间,在此环境中,实验者可以像在真实的环境中一样完成各种预定的实验项目。

(一)虚拟实验系统的类型

根据虚拟实验系统的访问途径,可以分为本地虚拟实验系统和远程虚拟实验系统。

1. 本地虚拟实验系统

实验在本地的计算机所模拟的环境中进行,计算机所建立的模型尽可能地与真实的实验条件相接近,也可称为单机版的虚拟实验室,如许多学校电子电工实验室中使用的Electronics Workbench软件。

基于VR用于驾驶培训和道路练习的汽车模拟驾驶系统采用高科技手段,如高速图形计算机、数据头盔或其他三维视觉通道(如投影仪)、三维位置跟踪器和立体声音响等构造出一种人工环境,具有模仿人的视觉、听觉、触觉等感知功能的能力,具有使人可以亲身体验沉浸在这种虚拟环境中并与之相互作用的能力,适用于各类研究、娱乐和培训。

2. 远程虚拟实验系统

远程虚拟实验系统(Remote Laboratory/Web-based Virtual Laboratory)是基于网络环境而实现的。在现实应用中,根据在实验过程中所使用的仪器设备是否真实又可以分为两种情况:一种是真实的仪器设备通过接口电路连接到网络中,学生可以通过网络使用真实实验室中的设备,这种实验系统一般称为"远程实验室(Remote Laboratory)",它并不是完全意义上的虚拟实验室;另一种是实验室中的仪器设备完全由软件编程模拟实现,这种实验系统称为"基于网络的虚拟实验室(Web-based Virtual Laboratory)"。

(二)虚拟实验系统的特征

1. 开放性

相对于封闭性而言,虚拟实验系统的开放性能给任何学生提供在任何地点与时间进行学习、研究的机会,学生不局限于教师先前确定的千篇一律的教学目标、内容、方法、评价与思维等,可以灵活地选择最佳的学习方式。这样,开放的学习时空与开放的教学方式使学生享有了平等的学习机会,人人可以享有在虚拟实验环境中进行实验的权利,享受独立思考、自主设计的学习空间,有利于培养他们的动手、思维与探索能力。

2. 实践性

实践性应当是"实验"的本质特征,对于虚拟实验也同样如此。虽然它不能像真实实验那样直接地提供新的未知事实,但在人们获取对事物的一些新的认识、完善已有的知识结构、提高实践能力等方面具有同等重要的作用,因此,虚拟实验也具有明显的实践特征。从某种角度来看,虚拟实验系统给实验者提供了一定程度的实践环境,如在汽车虚拟实验系统中,学生可以用虚拟工具将汽车的零部件一件件拆下来,观察各个组成部分,在拆卸过程的任何时候,还可以将散件重新装回去。人们借助虚拟实验,虽然不能像真实环境中那样获得直接经验,但却能提高其相关领域的认识,以便在今后的实践活动中懂得应当如何行动。

3. 经济性

传统实验需要借助于具体的实验设备，一些实验设备价格昂贵、损耗大、实验成本高，这对于实验经费不足的地方院校来说是难以承受的。虚拟实验设备不存在磨损、破坏问题，可重复使用，既满足了教学要求，又能节省实验经费，提高办学效益。

4. 安全性

一些危险性比较高的实验，若操作者一时疏忽，很容易造成严重危害。虚拟实验能避免传统实验中的危险现象，一些有毒有害、污染环境的实验和破坏性实验，可在虚拟实验室内完成。

5. 跨时空性

虚拟实验系统可以利用虚拟现实技术打破空间的限制。大到宇宙天体，小至原子粒子，都可以从物体的内部、外部进行三维观察，例如，学生能够在虚拟天体实验中，考察每个天体情况及天体之间的相互作用，了解整个天体的运行规律。虚拟技术也可以突破时间的限制，有些需要长时间才能观察到变化过程的实验，通过虚拟现实技术模拟，可以在短暂的时间内展示给学生观察。

6. 多样性

虚拟实验系统可为不同学习背景的学习者提供不同的实验内容、实验资料等。虚拟实验教学中，处于主导地位的教师考虑到学习者个体存在的差异性，可以为学生提供功能、性质、实现技术不同的实验，以满足不同学生的需求。与此同时，可以有针对性地为学生提供不同的实验资料，与学生选择的实验内容相匹配。多层次的教学资源适应多层次的需求，更显示出虚拟实验教学的无限生机。

（三）虚拟实验系统的教学应用

虚拟实验中在技能训练方面开展得较多。技能训练是使学生把已获得的知识运用于实践活动中指导学生动手操作或制作，把知识转化为能力，从而获得应用知识的本领。虚拟训练系统的应用不仅减少了费用，而且提高了安全性，进一步拓宽了技能训练的范围。

第三节 智慧云教学平台

一、智慧云教学平台概述

（一）智慧云教学平台的含义

智慧云教学平台是基于互联网实现网络教学的必要条件，是建立在网络基础设施上的、用计算机网络编程实现的学习环境。它的后台是系统程序和被程序组织起来的数据库，前台是网页界面。从技术角度上讲，智慧云教学平台是一个基于数据库的信息管理、发布系统，并以提供教学服务为原则，其用户通常分为讲授者、学习者和管理员。

智慧云教学平台把文字、图形、影像、声音及其他多媒体教学软件的先进技术有机地融合在一起，利用网络讲座、E-mail、BBS 等信息技术进行教学，使得知识信息的传递方式和空间都有了极大的拓展。

智慧云教学平台一般分为两个层次。

1. 网络技术平台层

网络技术平台层用于提供对教学多媒体信息流的传输，是教学应用平台的基础。它包括狭义的基础网络平台、企业计算与存储平台、信息系统策略管理、Internet 环境下的信息系统安全体系、基础应用服务平台和接口技术。

2. 教学应用平台层

教学应用平台层是网络为学习者提供一系列具体的教育相关服务和软件平台，是学习者接受网络教育的主要手段。从概念上说，各种智慧云教育应用软件，如多媒体学习系统、智能答疑系统、作业提交系统、分布式考试系统、论文答辩系统、分布式教务管理系统等，都属于智慧云的应用平台层。

（二）智慧云教学平台的特点

1. 知识的可重复性

由于智慧云教学是网络化的在线学习，不受时间、场地限制，学习者可以在任何有学习需要的时候调用学习资源进行预习和复习，充分巩固学习效果，避免了课堂学习容易遗忘的问题，同时还不会影响正常的工作。

2. 知识的网络化

学习的知识不再是一本书，也不再是几本参考书，而是有关的专业知识和数据库。在数据库的支持下，知识体系被重新划分，学习内容被重新组合，学习与研究方法发生了新的变化。

3. 学习的随意性

学习的终端是学生桌前的计算机，学生学习不一定非要循规蹈矩地按照一定的顺序，学生可以按照自己设定的学习进程进行学习，在学习过程中遇到问题，凭借网络提供的丰富的知识库或者与教师或其他学生的非实时交流，可以获得相应的帮助。

4. 学习的可跟踪性

学生的所有学习活动都被记录下来，作为评估学习效果和分析学习需求的依据。

5. 学习内容保持及时、持续的更新

所有的知识内容（包括学习教材在内的各种学习资源）可以在第一时间保持更新，保证了知识的一致性。

二、智慧云教学平台的体系结构

智慧云教学平台的系统架构一般包括学习管理系统、虚拟教室工具、套装式在线教材、定制化在线教材、在线测验等组成模块。它包括五个部分：网上课程开发系统、网上教学支持系统、网上教学分析系统、网络教学资源管理系统和相关应用系统互操作接口。前四个部分分别完成在线课程开发、网络教学实施、网络教学分析、网络教育资源的管理和维护的功能，第五部分则用来解决网络教育开展过程中涉及的相关应用接口。

（一）网络课件/课程生成工具

在网络教学环境中，学习者学习的效果在很大程度上取决于在线课程或网络课件，课程/课件制作成为智慧云中非常重要的一个环节。因此，智慧云教学平台必须为不擅长技术开发的教师及非专业人士提供方便、快捷、高质量的在线课程/课件制作工具，使教师能用该工具方便地进行教学资源的个性化制作、组织和管理；生成的课件应符合相应的标准和规范并具有较强的通用性。

在线课程/课件生成工具具有的功能应包括简单的页面编辑、课件内容结构树管理、非标准课件到标准课件的转化、课件与教学资源库的相互调用、智能捕获学习信息的多媒体密集型课件拆分与合成等。

（二）网上教学分析系统

为了更好地进行网络教学，提高网络教育的实施质量和效果，有必要对网络教学行为进行分析和质量评估。因此，一个结构良好的智慧云教学平台应包括一个完善的网上教学分析系统，提供学习行为采集和分析、学习质量评估、教师质量评估等工具，对学习者的学习行为进行指导，为学习者进一步选择学习内容、制订修改化的学习计划提供参考，给施教者就教学内容的组织、教学形式等提出指导性意见。

学习行为采集和分析工具跟踪学习者、教师、管理人员的行为，并能对这些人员的行为进行统计、查询，以便对相关人员进行奖惩管理。同时，为进一步指导学习者、教师和管理人员的学习和工作提供决策依据。

学习过程质量评估工具使学习者在学习过程中能够不间断地通过该系统了解本人对所学知识的掌握程度，为进一步选择学习内容及制订个性化的学习计划提供指导。

教师质量评估工具使教师在教学过程中掌握学习者的学习情况，以此对教学内容的组织和教学活动的实施提出指导性意见。

（三）网络教学资源管理系统

网络教学资源管理系统是智慧云教学的前提和基础，是网络教育各种应用的信息基础设施。在智慧云教学过程中涉及的网络教学资源数量繁多、形式多种多样，有效地对这些教学资源进行存储和管理是网络教学顺利开展的前提之一，因此，必须提供一套网络教学资源管理系统，它包括教学资源库和资源管理两个部分。教学资源库用于存储媒体素材、试题、课件、案例、文档等教学资源；资源管理包括诸如基本管理功能（录入、维护）、资源使用管理（浏览、下载）、资源收集整理、资源日志管理、资源共享管理（注册、预览）等功能。

（四）网上教学支持系统

1. 互动教学系统

互动教学系统是实施网络教学的主要工具，它应支持两种不同的教学模式，即同步教学与异步教学。同步教学体现以教为中心，其系统功能应从有利于教师进行教学管理和交互的角度来设计开发。教师可以通过广播将教学内容传递给学习者，演示操作过程；通过电子白板圈、画重点；通过系统监控学习者的学习情况，控制学习者的输入设备，与学习者共同操作。同步教学实现了学习者在教师引导下的学习。异步教学体现以学为中心的教学结构，其系统功能应从有利于教师引导、学生自主建构的角度开发设计。教师可以通过该系统针对某一门课程设计教学大纲、组织教学内容、提供教学资源、制作学习课件，以及编写课程作业、录入考试题目、生成试卷等。这些课程由教师在课件的备课过程中完成，而学习者则可以在课堂中自主学习课程或是完成作业、进行考试，教师与学习者还可以实现异步答疑与评价等。异步教学更多地体现学生在课堂上自主学习的过程，教师的作用不是直接去讲授，而是从指导者的角度为学习者提供资源（课程大纲、教学内容、网络课件、媒体素材）、进行个别化辅导等。

2. 智能答疑系统

在教学活动中，学生面临许多学习问题，而教师由于时间和精力有限，根本无法及时回答学生提出的问题，从而造成学生知识掌握上的缺陷，因此，应建立一套新的问题解答机制来改变这种现状。智能答疑系统是为解决该问题而提出的。智能答疑系统采用自然语言文本分词技术，对用户提出的问题进行分析和匹配，自动地、智能地选出最优答案，分析问题原因，提出解决问题的方法和步骤。

智能答疑系统主要采用问题—解答型教学交互模型。智能答疑方式包括实时答疑和滞后答疑两种。学生通过基于 Web 的自动答疑机器及时地解决学习中遇到的疑问的方式，称为交互性实时答疑。对系统无法自动解答的问题将存储到"问题—解答"数据仓库中，由于是人工给出解答的方式，因此称为滞后答疑。

3. 作业管理系统

在学习过程中，作业的布置、提交与批改是非常重要的一个环节。教师通过这个环节得到教学效果的反馈，既可以了解不同学生的学习情况，因材施教，又可以发现教学过程或课件中存在的问题，采取措施加以修改、完善。因此，作业是沟通教师的教与学生的学的重要手段。

基于 Web 的多媒体作业系统作为远程学习系统的重要组成部分，不仅应当具有传统的作业发布与提交等功能，而且应充分发挥 Internet 的优势，使作业库的更新与维护更加方便。它还突破传统作业的表现方式，以多媒体的形式来体现作业的内容，使作业的表现形式更加多样，学生对于内容的理解更加清晰。未来的网络是包含大量信息的多媒体网络，随着网络技术的发展，带宽不再成为制约多媒体信息的障碍。这样，教师可以将描述作业内容的文本、图像、语言等多媒体数据组合在一起，加入作业库并发布在 Internet 中。学生完成作业的过程同教师发布作业的过程相似，学生的回答也可采用多媒体形式。教师查阅学生提交的作业，批改并提出意见返还给学生。

多媒体作业管理系统是采用智能化作业样本选取技术和作业内容的合理化安排和自动批改技术而研制出的与课件联系紧密的、基于 Internet 的多媒体作业系统。

4. 在线考试系统

作为网络教育的必要组成部分，在线考试系统是网络教学过程中不可缺少的教学环节。通过考试，教师可以对学生的学习进行考核，了解学生的学习效果，为改进教学提供依据。同时，学生可以通过考试了解自己对所学内容的掌握情况，激发自主学习的热情。与传统考试相比，在线考试具有高效、快速的特点，使教师摆脱了搜集资料、选考题、印制考卷、考试、批改试卷、记录分数等繁重的工作。同时，突破了地域和时间的限制，任何人都可以随时随地开始考试，检验自己的知识水平。

5. 教务管理系统

在网络教学过程中，常常要涉及对教学活动过程、学习者和教师的相关信息及行为进行管理和维护，因此，智慧云教学平台中必须包含一个教务管理系统进行教学计划管理、课程设置和课程计划的管理工作，并提供教学内容发布功能。其中，学习者管理部分涵盖学习者注册、学习、考试、成绩等功能；对教师的管理包括教学档案的管理、教师任职资格审查、教师任课及授课管理、教师考核及评价管理，等等。

（五）相关应用系统互操作接口

当前，不少企业、学校、政府机构及软件开发商都有学习和培训方面的应用系统，如培训管理系统、学生管理系统、图书馆管理系统、人力资源管理系统等。另外，商业企业还拥有各种商业应用系统，如 ERP 系统、CRM 系统等。在学习的过程中，不可避免地会涉及网络教育系统与这些系统之间进行信息交换和互操作的问题。因此，必须运用适合的系统集成技术，定义网络教育平台与相关应用系统之间进行数据交换所需的信息结构和统一、灵活地操作调用接口，将网络教育平台与其他应用系统有效地集成起来，达到无缝的连接和互操作，增强网络教育系统的功能。

三、智慧云教学平台的产品

随着网络教育技术和网络教育技术标准的发展，符合网络教育技术标准的智慧云教学平台日益丰富，如 Blackboard、Virtual-U、Moodle、4A 网络教学平台、天空教室等。

（一）Blackboard

Blackboard 在线教学管理平台是目前市场上支持百万级用户的教学平台。Blackboard

平台允许用户选择多种语言系统。当前 Blackboard 平台提供的语言有中文、英文、法文、德文、日文和西班牙文。Blackboard 学习系统的研发工作投入了数千万美元，目前此系统已经发展到第三代。

Blackboard 在线教学管理系统是以课程为中心集成网络教与学的环境。教师可以在平台上开设在线课程，学习者可以自主选择要学习的课程并自主学习课程内容。不同学习者之间以及教师和学习者之间可以根据教、学的需要进行讨论、交流。Blackboard 为教师、学生提供了强大的施教和学习的网上虚拟环境，成为师生沟通的桥梁。平台以课程为核心，每一门课程都具备以下 4 个独立的功能模块：

1. 内容资源管理

教师可以方便地发布、管理和组织教学内容，兼容多种文件格式，包括 Microsoft Word、Excel、PowerPoint、图形、音频、视频等；可以方便地加入第三方的插件、流式媒体等，提高系统的交互性。

2. 在线交流功能

平台同时为用户提供同步（虚拟教室）以及异步（讨论板）交流工具，增强学习效果。

3. 考核管理功能

自测、测验、考试、调查和记分册。

4. 系统管理功能

教务处教师的管理、统计功能。

对于用户的管理，登录平台提供 3 种身份：系统管理员、教师和学生。系统管理员：个性化定制平台界面风格、功能；根据学校的实际情况设定、添加、管理用户；统计并管理整个平台的使用情况；为其他 IT 系统提供服务和接口。教师：管理教学、组织教学内容、编辑课件、在线考试、审批作业、组织在线答疑、统计分析学生学习情况等。学生：选修课程、安排学习计划、查看课程内容、提交作业、参加在线测试、查看学习成绩、协作学习和交流、参与学校社团交流等。

（二）Moodle 课程管理系统

Moodle 是基于建构主义教育理论而开发的课程管理系统，是一个免费开放源代码的软件。Moodle 功能强大、易于使用，近年来发展迅速。Moodle 是 Modular Object-Oriented Dynamic Learning Environment 的缩写，即模块化面向对象的动态学习环境，是一个用来建设基于 Internet 的课程和网站的软件包。Moodle 平台依据建构主义的教学思想，即教育者（教师）和学习者（学生）都是平等的主体，在教学活动中，他们相互协作，并根据自己已有的经验共同建构知识。

Moodle 的主要功能有：课程管理、作业模块、聊天模块、投票模块、论坛模块、测验模块、资源模块、问卷调查模块、互动评价模块等。

（三）4A 网络教学平台

4A 网络教学平台系统是由北京师范大学、上海交通大学等几所高校联合研制的课题成果，包括网络教学系统、网络教学管理系统和教学资源管理系统 3 个部分，主要功能模块包括：课程系统、作业系统、答疑系统、考试系统、评价系统、图书馆（资源管理系统）、师生交互系统和展览馆。其基本出发点是：不仅使网络教学成为教师发布其教学内容的工具，还使其在学生与教师之间、学生与学生之间实现一种充分的沟通与交流，成为一种互动式的平台，即要使任何人（Anyone）在任何时间（Anytime）、任何地点（Anywhere）都能搜索到自己想要的任何事情（Anything）。

1. Anyone

学生不受专业、年级的限制，可以自主选择喜爱的课程。更多不同年龄、不同层次的人都能参与到在线课程的学习中，推动了终身教育体系的构建。

2. Anywhere

突破了地域、学校、教室的限制，学生无论身处何方，连接网络就能进行学习，为远程教育提供了资源和服务。

3. Anytime

学生不用受上下课时间的限制，可以选择合适的时间进行学习，有利于学生自主安排学习进度。

4. Anything

利用网络海量信息的优势，在线课程能提供比传统教学信息量更大、形式更多样的教学服务，如多媒体课件、数字图书馆等。

（四）天空教室

"天空教室网络教学系统"是一个专供大中小学校园网络教学的平台系统。该系统由"天空教室网络教学平台（简称网络教学平台）""天空教室教师离线备课工具"和"天空教室视频授课录制工具" 3 个主体部分构成。"天空教室网络教学平台"包含课程开设、课程设计、学生管理、资源管理、教学活动设计（交流、评价、答疑）、课程统计等模块。

1. 课程开设模块

教师只需填写一个申请表，填写"课程名称""教师姓名""学生人数""学分数"等，就可以向系统管理员提出开设课程的申请。

2. 课程设计模块

课程设计模块允许教师选择在线课程中提供的教学功能，如资源、作业、考试、讨论、答疑、邮件、Blog 等，教师通过选择其中的复选框决定是否需要该功能，也可以任意调整功能模块的位置。

3. 学生管理模块

该功能模块用于管理学生，可以设置学习课程的权限，统计学生的学习次数、在线时间、作业完成、讨论参与情况。

4. 资源管理模块

资源管理用于设置网络学习资源与内容，教师不用编写代码就可以添加资源节点、添加标题、编辑网页内容，还可以直接将外部的文件导入教学平台。

5. 教学活动设计模块

该模块提供了组织交流、布置作业、答疑、在线聊天、邮件、博客等内容，教师可以方便地在各个功能之间切换，以设计教学活动。

6. 课程统计模块

该模块详细列出了课程的总访问量、教师访问量以及资源大小等信息。

四、智慧云教学平台的建设方案

（一）智慧云教学平台的建设目标

数字化教学资源库与网络教学平台是以资源共享为目的，以创建精品资源为核心，面向海量资源处理，集资源分布式存储、资源管理、资源评价、知识管理为一体的资源管理与辅助教学的平台。

网络教学平台以在线课程为最基本的建设/教学/管理单位，而教学资源则是在线课程建设的最基本素材，包括图形图像、视音频、多媒体教案、网络课件等。

数字化教学资源库的建设将本着开放性、共享性、可扩展性和高可靠性的原则，开发校内专业优质教学资源，引进和整合国内外行业的相关教学资源。

（二）智慧云教学平台的特点

①多级存储，实现资源分布式存储、检索信息集中统一管理。
②多角度、多维度资源导航方式，快速检索资源。
③以专业为中心建设资源库，并以专业专题、专业门户展示资源。
④智能化的资源管理，提高资源的利用效率。
⑤平台提供开放 API，服务器端和客户端分离。

（三）平台具备的功能

1. 用户管理

（1）教师用户管理
①部门信息查看、增加、删除、修改。
②教师信息查看、增加、删除、修改。
③授权教师用户管理部门。
（2）学生用户管理
①学院、专业、班级信息查看、增加、删除、修改。

②学生信息查看、增加、删除、修改。
③授权教师用户管理学院、专业、班级和学生。

2. 文档资源管理

①浏览各级子目录和文件，目录跳转、前进、后退、向上。
②目录新建、改名、删除、复制、粘贴。
③文件上传、下载、改名、删除、复制、粘贴。

3. 文档操作权限管理

①授予、取消用户对目录的管理权限。
②授予、取消用户对目录的创建、改名、删除、上传、下载权限。

4. 文档模糊查找

①用户对非结构化数据进行模糊查找。
②用户对结构化数据进行模糊查找。

5. 文档播放、预览

①用户对图片、视频等文档进行播放或预览。
②用户对图片、视频等文档进行播放或预览进行分享。

6. 文档操作日志记录

①用户对文档进行操作记录到数据库。
②用户对文档进行操作记录进行查询。

7. 公告发布

每个班级设置一个群主和多个管理员，群主或管理员可以向班级成员发布公告。

8. 考勤

教师可以对学生进行考勤，并记录迟到、旷课学生。

9. 学生评教

学生可以对上课的教师进行简短评价。

10. 数据统计

各教学部门管理员可以统计学生出勤情况、资源访问量。

11. 单点登录集成

在原有登录认证平台提供接口的情况下，能够与认证平台进行对接。

（四）支持的专业资源素材种类

①职业标准、技术标准、业务流程、作业规范、教学文件等文本。
②企业生产工具、生产对象、生产场景、校内教学条件等图片。
③企业生产过程、学生实训实习、课堂教学等音视频。
④工作原理、工作过程、内部结构等动画。

⑤虚拟企业、虚拟场景、虚拟设备、虚拟实训项目等。
⑥企业案例、企业网站链接等。
⑦数字化教材、教学课件、习题库、试题座等。

(五) 数字化教学资源建设目标

①课程配套资源。每个专业选择6~10门专业基础课和专业课，开发在线课程、标准化课件积件包、测试练习题、教师授课用PPT电子教案、课程教学大纲。

②专业及行业公共资源。专业人才培养方案、本专业的行业标准、岗位技能竞赛方案、综合实训项目、教学教改案例等。

③通用主题素材资源。如专业的行业标准座、实训项目库、教学教改案例库、技能考核试题库、技能竞赛方案库等。

五、智慧云教学平台的技术特性

(一) 服务器端架构和功能

1. 底层文件系统支持

底层文件系统基于NTFS，通过读取系统日志，建立内存数据库记录工作目录中的所有目录和文件信息，监控特定驱动器下目录和文件的变化，实时更新内存数据库。内存数据库对编号、名称、路径等字段均建立索引，查询速度快。

2. 文件查询服务

在与文件系统同步的内存数据库基础上，以Socket方式提供查询接口，为管理系统提供文件查询服务。主要服务包括：根据文件（或目录）路径查询编号；根据文件（或目录）编号查询路径；根据文件（或目录）的所有上级目录编号搜索；根据文件（或目录）名称模糊查询匹配项等。

3. 文档管理服务

文档管理服务主要向客户端提供文档管理基本操作的接口，通信协议采用HTTP，消息格式采用JSON。实现的功能主要包括6个方面。

(1) 文档基本操作

新建、改名、删除、上传、下载、复制、粘贴等。

(2) 用户和组管理

①学生用户和组：学院、专业、班级、学生信息管理。
②教师用户和组：部门、教师信息管理。

可以通过数据导入的方式从Excel中批量导入数据。

(3) 用户（组）对目录的操作权限管理

①操作包括新建、改名、删除、上传、下载、粘贴、授权。
②权限包括允许和拒绝两种，子目录继承父目录权限，拒绝权限优于允许权。

(4) 文档查询

可以根据名称对目录和文件进行模糊查询。

(5) 文档分享

可以分类收藏文档并将文档分享给其他用户。

(6) 日志记录

记录文档访问者信息。

4. 视频播放服务

flv 和 mp4 格式的视频可以在线播放。

5. 文档预览服务

doc（docx）、xls（xlsx）、ppt（pptx）、pdf、txt 等格式的文档可以在线预览。

(二) 客户端架构和功能

1. H5 客户端

以 HTML5 网页形式发布，采用 vue2 + ES6 + weppack 等前端组件化开发技术，能够通过 Ajax 调用服务，实现文档管理、用户和组管理、目录操作权限管理、视频播放、文档预览等功能，可以跨平台，并能适应手机、平板电脑客户端。

2. 客户端功能扩展

由于浏览器权限受限，部分功能（如大文件分块下载，驱动器映射等）通过扩展程序实现。扩展程序用 C#实现，能够适应各版本的 Windows 系统，并提供 WebSocket 接口供浏览器访问。

第四节 交互式电子白板系统

一、交互式电子白板概述

交互式电子白板（Interactive Whiteboard）又称为交互白板、互动式电子白板、互动白板或电子白板等，它是电子感应白板（硬件）与白板操作系统（软件）的集成，它融合了计算机技术、微电子技术与电子通信技术，成为计算机的一种输入输出设备，成为人（用户）与计算机进行交互的智能平台。也可以说，交互白板是一个具有正常黑板尺寸、在计算机软硬件支持下工作的，既具有普通白板和联网多媒体计算机功能，又可以实现普通白板功能与计算机功能、软硬件功能，以及人机与人际多重交互的电子感应屏板。

交互式电子白板由计算机、投影机和交互白板 3 个部分构成，如图 6-2 所示。交互式电子白板通过 USB 接口连接到计算机，并利用投影机将计算机上的显示内容投影到电子白板上，在专门的应用程序的支持下，可以构造一个大屏幕、交互式的协作会议或教学环境，实现无纸化会议及教学。

电子白板相当于计算机的显示器，白板内置的表面光波定位、红外定位等设备相当于

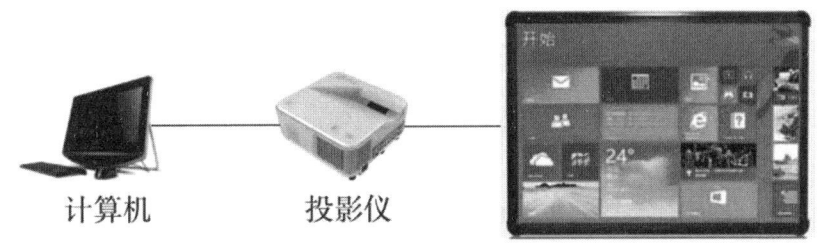

图6-2 交互式电子白板系统的组成

计算机的鼠标,通过投影机将计算机的显示内容投射到电子白板上。当使用者直接在电子白板上操作或书写时,定位设备通过相关元件进行接收计算反馈到计算机中,并迅速通过投影机投射到电子白板上,从而实现了交互式多功能电子白板的一切操作。

电子白板种类较多,有电磁感应、红外定位、表面光波定位等。根据目前市场的检验,采用钢板基材加搪瓷表面以及表面光波定位的电子白板更为实用,因为其抗尖锐物撞击和划伤能力较强,可以使用水彩笔直接进行书写,具备书写后易于擦除,投影机投影图像到搪瓷白板上亮度均匀,无反光,无眩晕。这样的电子白板具备互动功能,也具有传统黑板的书写功能,适用性更强。利用表面光波技术定位的触控功能,形成一只模拟的鼠标,可以用白板笔或手指点击白板即模拟鼠标左键,长按白板模拟鼠标右键。讲解人可以随时轻触功能键,而无须操作键盘或鼠标,只需通过用点击白板工作窗口上的菜单栏命令或图标,即可轻松实现上述操作功能,或是直接操作计算机打开任何计算机程序,真正做到"一触即发"。

交互式电子白板是一种先进的教育或会议辅助人机交互设备。它可以配合投影机、计算机等工具,实现无尘书写、随意书写、远程交流等功能。从硬件原理上,交互式电子白板融合了大屏幕显示技术、精确定位测试技术等。有多种技术可以实现电子白板的精确定位,具有代表性的是电磁感应、红外线、电阻、超声波、CCD等技术。

二、交互式电子白板的应用环境

交互式电子白板可以应用于普通教室、多媒体教室以及各种会议室和直播教室中,它常用的操作功能主要有翻页、退出、标注笔、橡皮擦、全屏清除、遮屏显示、重点显示、屏幕快照、虚拟键盘、笔迹保存等。这些功能主要通过使用多媒体电子白板触控功能,结合配套软件的使用来实现。用户只要能够熟练操作个人计算机,就会发现使用交互式电子白板也同样简单。

(一)普通教室环境

环境配置:只配置或不配置计算机,如图6-3所示。

在独立使用时(未连接计算机和投影机),交互式电子白板是一块易写易擦,耐磨损的书写加投影两用白板。当交互式电子白板和教师的笔记本电脑连接(尚未连接投影机)

图6-3 普通教室环境配置

后,学生无须花费宝贵的上课时间来记录冗长的笔记,只需集中注意力听教师讲课——因为教师在白板上的所有书写内容都已经即时存入了笔记本电脑中。笔记和讲课要点可由教师在课后以磁盘(或电子邮件,或打印稿)形式分发给学生。学生可以通过家中(或其他)的计算机来全部或部分地复习上课内容。

(二) 多媒体教室环境

配置环境:投影机、音响设备、计算机、无线话筒。教师和学生可以直接通过电子白板,利用计算机和网络进行交流。利用交互白板的交互功能,可以实现随时打印文件、随时保存文件、随时发送电子邮件等功能。

教师可以使用各种计算机教学软件或自备授课内容来进行不同科目的授课。将电子白板连接到 PC 上,利用投影机将 PC 上的内容投影到电子白板屏幕上,在专门的应用程序的支持下,可以构造一个大屏幕、交互式的协作会议或教学环境。利用特定的定位笔代替鼠标在白板上进行操作,可以运行任何应用程序,对文件进行编辑、注释、保存等这些在计算机上利用键盘及鼠标就可以实现的操作。教师使用无线话筒,实现教室漫游,增强学生交互,使用摄像头,可以完成远程教学需求。管理者使用网络中控可以远程统一管理电子白板、投影仪、计算机等多媒体教学设备。

(三) 会议室、直播室环境

交互式白板具有强大的网络通信功能,可以与会议软件一起使用,如 V2 等通过网络即可与其他办公室、会议室、课室进行交流,不管它们是否在同一个建筑物、同一个城市中,还是在世界各地。

交互白板具有在网络上实现应用共享、文件传送、白板等功能。通过其软件包还可以加标注,这些功能特别适用于远程教学、远程讨论会商。使用 HTML 编辑器能将交互式白板图形文件变为 Web 页面。交互式白板解决了远程教学中实时文字和声像传输、接收、显示、存储等难题。

三、交互式电子白板的应用模式

（一）课堂互动探究学习

交互式电子白板适用于课堂中的探究学习。教师通过交互式电子白板构建学习情境，通过交互式电子白板更为清晰地呈现学习任务与探究目标，通过交互式电子白板的特有功能使学习内容与学习任务不断地细化与深入。同时，学生通过交互式电子白板提供的学习平台，在协作沟通的基础上完成学习的探究活动。

（二）课堂互动协作学习

交互式电子白板与传统的课堂结合，将更好地构建课堂协作环境。交互式电子白板给予教学内容多方位的展示，引发学生的积极参与，更好地促进学生与学生、教师与学生之间的沟通与协作。交互式电子白板能成为教师在课堂上展示学习任务的工具，也能成为小组协作的支持工具与展示工具。如教师通过交互式白板提出协作任务与协作情境，学生通过交互式电子白板完成协作任务，交互式白板记录小组的协作过程，并通过交互式电子白板展示协作学习结果等。

（三）课堂互动实验平台

交互式电子白板应用于传统的实验教学环境中，将实验教学过程中的教师、学生、实验器材、实验过程紧密结合为一体，共同构成一个师生互动的教学应用平台。教师利用摄像机记录实验过程，通过交互白板向学生展示；通过交互白板的图片放大缩小功能突出实验过程中实验品的特点与重要过程，调用计算机中以往的实验记录进行对比和展示；根据交互白板上显示的实验过程向学生提问，学生可以利用交互式白板进行问题的解决与分析，同时展示给课堂的其他同学，使他们参与到实验的过程中；教师可以把实验的过程进行记录，并且通过交互白板对实验过程中记录的要点进行回放与反思。

（四）多媒体会议交流平台

交互式电子白板可以与传统会议室中的计算机、投影设备共同构建高效的多媒体会议讨论沟通平台。在会议进行过程中，交互式电子白板不仅可以通过互动的屏幕展现已准备好的各种多媒体材料，还可以利用交互式电子白板的配套记录软件，对会议中讨论的主要观点与思想进行及时的记录与整理，有利于头脑风暴式会议的开展，能协助会议组织者及时归纳总结会议的讨论结果与主要内容。该应用平台不仅能够有效地烘托会议的气氛，同时有利于会议组织者对会议进程与会议内容的控制与把握。

第七章 信息化环境下的高校英语教学改革探索

第一节 信息化环境下的高校英语听力与口语教学的改革

听力与口语是重要的输入与输出技能,是人们接收和交流信息的重要交际形式,所以听力与口语一直都是高校英语教学的重要内容。对于大学生而言,这两项技能的培养不仅关乎学生语言学习的实际效果,并且对其日后的听力理解和口语交际也有着至关重要的影响,甚至会影响到大学生的前途和未来发展。然而,就目前来看,高校英语听力和口语教学的现状还不是太尽如人意,需要在对其现实情况进行分析的基础上进行相应的改革。

一、高校英语听力教学的改革

听力教学是高校英语教学的重要组成部分,并在高校英语教学中占据着十分重要的地位。尽管听力属于语言输入的一部分,但是听力能力的培养和习得并非一蹴而就的。学生只有有了扎实的语言基础知识功底,才能对听力材料中的信息进行有效的把握。然而,由于大学生语音知识、词汇知识以及语法知识的欠缺或听力方法不当,使得英语听力一度成为困扰很多大学生的问题之一。

(一) 高校英语听力教学的内容

教学内容是英语听力教学的基础,是学生学习的重点,也是教师开展教学的基础。高校英语听力教学的内容主要包含以下几个方面:

1. 听力知识

听力知识包括很多方面,如语音知识、语用知识、策略知识、文化知识等。

语音知识不仅是语音教学的内容,还是听力教学的内容。熟练掌握英语的发音、重读、连读、意群和语调等语音知识有助于提高学生的语音识别能力和对语音的反应能力。因此,教师在听力教学中还要加强对学生的语音训练,如对听音、意群、重读的训练等,以使学生熟悉英语的表达习惯、节奏,适应英语语流,从而为学生的听力奠定基础。

听力材料中常涉及一些有关言谈交际的话题和材料,并且会话含义在交际中是一种普遍的现象,要理解这方面的听力材料,就需要借助相应的语用知识,因此语用知识也是英语听力教学的重要内容。

策略知识有助于学生根据听力材料和听力任务的不同选择合适的听力策略,提高听的效果，所以听力策略也是听力教学的重要内容。

因缺乏相应的文化背景知识，学生的听力活动常会受阻，因此文化知识也应成为英语听力教学的重要内容。

2. 听力技巧

听力技巧是英语听力过程中必须具备的一项内容，因此是听力教学重要的一项内容。具体来说，在听力教学中，教师要向学生传授以下听力技巧：

（1）辨音能力

在听力理解的过程中，学生还需要具备基本的辨音能力。例如，辨别音位、语调、重读音节等。

（2）交际信息辨别能力

听力材料呈现出明显的交际性，因为听力材料大多是由交际性语言组成的，因此学生需要掌握基本的交际信息辨别能力，如话题起始语、话题转折语、话题终止语等。

（3）大意理解能力

这项听力技能的教学内容主要是要求学生能够及时抓住交际者的意图等。

（4）对细节的把控能力

听力活动不仅需要学生掌握主旨大意，也需要学生掌握足量的细节信息，这些细节信息是听力理解的基础。所以，对细节的把控能力也是学生应掌握的技能。

（5）推理判断能力

推理判断能力也是学生必备的技能之一，因为听力材料中的交际者是根据一定的目的进行交际的，学生需要依据推理判断能力去揣摩说话人的意图，进而保障听力活动的顺利进行。

（6）词义猜测能力

具备词义猜测能力是一个合格的听者的必要条件，常用的词义猜测方式有根据上下文判断、借助整体语境、搜寻已有信息等。

（7）预测能力

预测能力指的是根据一定的语境信息以及已有知识，来预测下文语言话题的发展与转向。

（8）记笔记的能力

听力活动具有时间短、不可重复的特点，而且学生的记忆能力是有限的，不可能在短时间内记住所有的内容，这就需要学生具备一定的快速记笔记的能力，以辅助记忆更好地完成听力任务。

3. 听力理解

听力理解也是高校英语听力教学的重要内容之一。培养学生的听力理解能力实际上就是培养学生对句子和语篇的理解能力，使学生的理解由"字面"到"隐含"再到"应用"。听力理解是一个循序渐进的过程，必须要经历四个环节，即辨认、分析、重组、评价与应用，通过这一过程，学生的听力能力才能逐步提高。

辨认主要涉及语音辨认、信息辨认、符号辨认几个方面。教师可以通过正误辨认、匹配、勾画等具体方式训练和检验学生的辨别能力。

分析要求学生具备对听到的信息进行分析并转化到图、表中的能力。分析要求学生可以在语流中辨别出短语或句型，对谈话内容有大致的理解。

重组要求学生用自己的语言将获得的信息重新组合，通过口头或笔头方式表达出来。

4. 语感

英语语言学习讲究良好的语感，也就是对英语的直接感知能力。良好的语感有助于学生即使在语法有所欠缺的条件下依然能够快速而正确地做出判断，所以高校英语听力教学中也应有意识地培养学生的语感。

（二）高校英语听力教学的原则

高校英语听力教学的开展应遵循一定的原则，这样才能使教学更加有效。具体而言，高校英语听力教学应该遵循以下几项原则：

1. 循序渐进原则

任何学科的学习都不是一蹴而就的，都需要经过一个循序渐进的过程，英语听力学习也不例外。这里的循序渐进是指英语听力教学要由简到繁、由易到难地展开。这一原则在听力材料的选择上发挥着重要的作用。在选择听力材料时，要注意材料难度的阶梯性，应由简单逐步向复杂过渡。在听力教学初期，教师应选择那些吐字清晰、语速较慢的材料，同时兼顾材料的真实性和多样性，教师可选择一些新闻、故事以及一些社会热点话题等，以培养学生的学习兴趣。当听力教学逐步加深之后，教师可以根据实际情况增加材料的难度，以满足学生的求知欲望，提高学生的听力水平。

2. 激发兴趣原则

兴趣对于学习的重要性是不言而喻的，它是确保学生听力学习高效进行的基础。在开展英语听力教学之前，教师应对学生的兴趣所在有所了解，即了解学生喜欢什么样的听力材料、喜欢什么样的听力活动等，并据此采用相应的教学方法来激发学生的学习兴趣，进而有效地培养学生的听力能力。

3. 选材真实原则

英语听力课堂教学的目的不是为了让学生应付听力考试，而是培养学生的听力能力，使学生能够有效地进行跨文化交际，能够在真实的情境中运用语言，因此听力材料的选择要有真实性。例如，教师可以选取一段完整的广播节目或者选取一段英语电影片段等让学生听，这种真实的听力材料能让学生接触和感受地道的英语表达，领悟英语语言与文化特点，培养英语语感，进而提高英语听力水平。此外，听力材料的选择应注意难度适宜，既不能太简单，也不能太难。如果听力材料过于简单，会使学生产生轻视心理，不利于学生听力水平的提高；如果所选择的材料过难，则会给学生带来心理负担。

4. 分析性地听与综合性地听相结合原则

分析性地听是指在听力进行时，使学生将注意力集中在对材料中的细节部分的理解和记忆上。在听的过程中注重细节分析，逐词逐句地将所听到的内容进行分析，这是听力教学的基础训练。而综合性地听是指在听的过程中将重点放在材料整体的把握上，也就是在听力基本训练基础上所进行的整体的听的练习。综合性地听主要是对材料内容有个整体印象和理解，这种方法主要针对的是听力题中对材料主旨的理解、对整体思想的分析等。在听力训练中的听力题既包括材料的整体理解，又包括细节分析，对此在听力教学中教师应将分析性地听与综合性地听结合起来，以有效提高学生的细节分析能力和整体理解能力。

5. 与说、读、写相结合原则

听、说、读、写这四项基本技能是相辅相成、相互促进的关系。因此，在英语听力教学中，应将这四项基本技能结合起来进行教学。

听与说不可分割，在交际过程中，一个人听的过程，实际上就是另一个人说的过程，所以在教学中可将听与说结合起来进行训练。例如，利用听力材料中的语言来完成口语任务，可以有效培养学生的口语交际能力；而朗读、模仿使用和复述听力材料，并背诵一些优秀的文化，可有效积累语言素材，还能培养良好的语感，良好的语感又能进一步提高记忆和听力理解能力。此外，根据所听材料进行角色扮演、展开情景对话等都是以说促听的有效方法。

将听与读结合起来进行教学，不仅能增强学生的语感，还有助于学生将单词的音、形、义三者统一起来，有效地减少判断误差的发生，对于学生听力的培养有积极显著的促进作用。此外，经常采用边听边读的方式，还能加深对文章的理解，提高对语言的反应速度，不再习惯性地采用汉语的思维来理解英语。

听与写相结合的最佳形式就是听写练习，如将对话改写成短文等。听与写结合不仅能促进学生语言能力的培养，还能提高学生的分析、理解和归纳能力，这对提高学生的语言敏感性和提高学生的听力水平十分有利。

（三）信息化时代下高校英语听力教学的方法

高校英语听力教学中，教师应根据学生和教学实际情况创新教学方法，以提高学生的英语听力水平，培养学生的自主学习能力，提高英语听力教学的效果。具体而言，在信息化背景下，高校英语教师可采用以下方法开展教学：

1. 多媒体教学法

多媒体设备将语言、画面、声音三种媒介结合到一起，是当前十分普及的一种教学设备。学生在使用过程中可以真实地看到画面，听到地道的语言，可谓是视觉与听觉的完美结合。多媒体教学法为学生创设了真实的外语学习环境，让他们在学习过程中能够轻松自如地学习。因此，教师展开英语听力教学时可对多媒体进行充分利用。

近年来，在信息时代发展背景下，慕课教学作为一种在线教学与学习方式逐渐得到越来越广泛的应用。所谓慕课，即大型开放式网络课程（massive open online courses, MOOC），它并不是网络资源的简单堆砌，而是以主题的方式对教学资源进行的科学呈现，在英语听力教学中主要涉及以下几种形式：

(1) 展开板块学习方式

为适应学生的不同听力练习需求，慕课教学将听力学习切分为多个板块，如询问咨询听力学习板块、基本家常用语板块、专业英语学习板块等。为满足不同专业学生的需求，专业英语学习板块还可进一步切分为旅游专业英语听力训练板块、计算机专业英语听力训练板块、企业管理英语听力板块等。这样的方式可大大提升听力训练的针对性与实效性。

(2) 为学生的听力练习提供平台

慕课教学背景使海量资源能够以共享方式提供给学生，学生们只需登录就可以进行听力学习。需要特别说明的是，慕课平台的资源具有多元化、及时性的特点，学生在提高听力能力的同时，还可开阔眼界、丰富知识、拓展思维。

(3) 仿真对话教学

慕课视频教学由国外的交流者或者专业的英语教师进行英语听力对话训练，教师对此提出问题，并给学生们留出思考时间，这就可以有效增强学生对听力仿真训练模式的直观感受，并在由提问者与回答者构成的模拟现实情景中完成对话练习，提升听力学习效果。

2. 体裁教学法

近年来，越来越多的教师和学者开始关注体裁教学策略，并将其应用到高校英语听力教学中。具体来说，体裁教学策略在高校英语听力教学中的运用主要分为四个步骤：体裁分析、小组讨论、独立分析以及模仿使用。

(1) 体裁分析

采用体裁教学法开展教学，首先要对听力材料进行体裁分析，包括语言方面的分析和文化方面的分析。首先，语言方面的分析包括分析体裁的图式结构，目的是让学生对某类文章的要点以及开展方式有所了解。文化方面的分析是指对听力材料的文化背景知识进行分析，包括听力材料的社会历史、风俗习惯等背景知识，以便学生对背景知识以及文化差异有所了解。

(2) 小组讨论

在本环节中，教师可将学生分为若干小组，播放同一题材的材料，然后让学生在小组中讨论这些材料的结构、语言特点等。其主要目的在于增加学生的参与程度，学生只有参与到活动中来，才能积极主动地进行思考、学习，从而对语篇形成一个深入的理解。

(3) 独立分析

当学生对语篇体裁有所了解之后，教师可开展独立分析活动，即向学生播放某一体裁的典型范文，让学生模仿教师在体裁分析中所用的方法对这一范文进行分析，即从语言和文化两个方面进行分析。独立分析打破了教师垄断课堂的局面，学生具有自主和独立思考的机会。

(4) 模仿使用

学生通过自主分析掌握了材料的体裁特征后，教师可根据交际目的，选择社会公认的模式，让学生使用英语进行有效的交际，使学生在实际运用中牢牢掌握所学体裁特征，学以致用。

3. 任务型教学法

教师可采用任务型教学法开展听力教学。任务型听力教学是让学生通过完成真实的听力任务来培养学生的听力理解能力，在完成任务的过程中，可充分发挥学生的认知能力，使学生在积极参与、互动、合作的活动中发展自己的听力能力，同时培养自身的自主学习能力、合作意义和探索精神。任务型听力教学强调学习任务的真实性，具体包含以下三个阶段：

（1）听前任务阶段

听前任务阶段的主要任务是做准备，在这一阶段教师要帮助学生激活已有的与听力材料相关的各种知识，并根据听力材料的内容适当地给学生补充背景知识，同时激发学生的学习动机。背景知识具体包含两方面内容，一是文化背景知识，二是形式背景知识。前者指的是对不同国家社会与文化的了解，后者指的是对文章文体、类型、组织结构等语言知识的了解。在听前帮助学生回忆已有知识，减低了学生听力理解的难度，使学生将旧的知识和新的知识结合在一起，使学生在完成任务的过程中获得成就感。

（2）听时任务阶段

听时任务阶段也就是听力实践阶段，主要是训练学生在适应语音、语速、语调的基础上，获悉文章大意、捕捉文章主要信息的能力，保证学生听的有效性。在这一阶段，教师可以设计一些具体任务。例如，教师可以设计一些细节问题，让学生重复听录音之后口头回答；或是一些文章中没有具体答案的问题，这样的问题有助于学生通过听前的图式建构和听中的信息获取积累背景知识，从而在讨论中有话可说。此外，教师也可以设计一些其他形式的口语练习，激发学生参与的积极性。

（3）听后任务阶段

听后任务阶段是结合学生听力任务展示所反映的问题进行词汇、语法以及听力策略的专项训练。听后活动的主要任务不仅仅是检查答案，还应该查找学生存在的问题，针对问题进行相关指导。此外，由于听力材料一般都会包含一些运用语言的良好例证，如建议、邀请、拒绝、道歉等。在听力实践后，教师可以让学生回忆这些表达方法，学习使用它们。

4. 文化教学法

听力与文化有着密切的关系，而且深受文化的影响，所以在高校英语听力课堂教学中教师应有意识地向学生灌输文化知识，将语言教学与文化教学相融合，提高学生的文化意识，培养学生的听力能力和跨文化交际能力。具体来讲，教师可依据具体的教学目标和原则，合理采用以下几种教学方法开展听力教学：

（1）通过词汇导入

词汇是语言的基本要素，并且蕴含着风格的文化内涵，所以要了解西方文化，首先要从词汇开始。而且，掌握大量的词汇也是保证听力顺利进行的基础，因为如果连基本的词汇都不知道，那么听力也不可能往下进行了。要想提高学生的听力水平，首先要从词汇抓起，在扩大学生词汇量的同时，也要加深学生对词汇内涵的了解，丰富学生的文化知识。

（2）通过习语导入

习语是人类智慧的结晶，是语言的精华，蕴含着丰富的文化含义。在日常交际过程中，西方人经常会用到各种习语，如果不了解习语的文化含义，就很难理解话语的含义。例如，"I'd like Scotch on the rocks"，如果不了解其内涵，很容易按字面意思将其理解为"我喜欢在岩石上的苏格兰人"。实际上，on the rocks 是一个成语，其含义是"触到暗礁，有灾祸"，其引申义为"穷困、破产"。

所以，在教学过程中，教师可以有意识地向学生输入一些英语习语，以充实学生的文化知识，为学生的听力奠定基础。

（3）通过习俗导入

话语交际的涉及面非常广，会涉及生活的各个方面，所以在培养学生听力能力的过程中，除了要学生掌握基本的语言知识、交际功能、习语文化，还要了解一些基本的习俗文化，如打招呼、称呼、感谢、赞扬、谦虚等，了解并掌握了这些对听力能力的提高具有重要的作用。在具体的教学过程中，教师可以设计情境对话或者让学生进行角色扮演，以使学生真正置身于英语环境中，让他们感受英汉文化之间的差异，听取地道的英语表达，进而提高他们的英语听力能力。

（4）通过网络多媒体导入

随着科学技术的快速发展，教学手段逐渐高科技化，多媒体网络设备已普遍运用于高校英语教学。多媒体将图像与声音结合在一起，具有形象、生动、直观的特点，能够为学生营造一个生动逼真的学习环境，对于激发学生的积极性、活跃学生思维具有重要意义，而且能更加有效地传递信息。因此，在听力课堂教学中，教师应通过多媒体网络设备向学生输入英语文化知识，教师可以利用媒体设备，如电影、电视幻灯片等引导学生广泛进行听力练习。此外，网络资源非常丰富，而且具有不受时间和空间限制的特点。教师可以引导学生通过网络接触到更多的地道的听力资源，这不仅能有效地提高学生的听力水平，也能激发学生的学习兴趣，培养学生的自主学习能力。

（5）通过课外活动导入

在我国，课堂教学是培养学生听力技能、教授学生文化知识的主要场所，但毕竟课堂时间是有限的，学生很难在有限的时间里学习全面的文化知识、掌握扎实的听力能力，因此，课外活动就成了学生学习听力知识、补充文化内容、培养听力能力的重要方式。课外活动可以丰富学生的课余生活，更能提高学生的人文修养。具体而言，可通过以下方式来丰富学生的文化知识，提高学生的听力能力。

教师可引导和鼓励学生在课外多阅读一些英文书籍或报刊，以使学生在阅读的过程中感受和了解英语国家的文化风俗。具体地教师可以为学生列出一些书单，这些书单要反映西方的文化，进而要求学生在课后完成阅读并书写读书笔记。

教师可有针对性地开展一些选修课与讲座，向学生系统地介绍一些西方文化，同时兼顾听力能力的训练，使学生的听力学习与文化导入相结合。

二、高校英语口语教学的改革

口语是人类交流信息和表达思想的重要方式之一,也是学生学习的重要能力。随着社会对英语口语人才需求的加大,高校英语教学对口语教学越来越重视。但总体来看,我国大学生的英语口语水平一直较低,学了多年英语仍然不能流利地与他人进行交流。因此,为了提高我国学生的英语口语表达能力,高校英语口语教学应积极进行改革。教师在教学中要选用多样化的教学方法以激发学生的学习兴趣,提高学生的学习能力,同时学生也应积极开展自主学习,调动学习口语的内在动力。

(一) 高校英语口语教学的内容

英语口语课堂教学是以培养学生口头交际能力为目的的教学,其教学内容包含语音、词汇、语法、会话技巧、文化知识等。

1. 语音

语音是英语口语学习的基础,无论是发音有误还是语调发生变化,都可能引起理解困难甚至是理解错误,因此英语口语教学的内容首先就是正确的发音和语调。具体来讲,英语口语教学中的语音主要包括音节、重读、弱读、连读、意群、停顿、语调等。

2. 词汇

语言能力的培养是交际能力培养中至关重要的一环,而词汇则是使交际得以进行的语言能力的核心。口语表达是一种创造性技能,在合乎交际礼仪的交流框架构建起来后,整个交流的空间就有赖于词语作为文化和思想的载体来填充。在英语教学中,许多学生对单词的所谓"掌握"只是一般性的识记中文释义和会拼写,却不能脱口而出地使用词语造出句子。也就是说,语言交际框架的最基础阶段和层次的问题没有得到解决,这种情况下学生的口头表达能力也很难得到提高。

因此,学生口语能力差的根本原因之一是词汇掌握程度差。从这个意义上说,口语教学的内容离不开词汇教学,且词汇教学应该交际化。要实现词汇教学的交际化,口语教学须从语音,从单词的音、形、义的练习以及词的搭配、造句入手,扩大学生的积极词汇,这是提高学生口语能力的有效途径,也是提高学生口语能力的前提和关键。

3. 语法

语法是语言运用的基本法则,是词汇组成句子的重要规则,要想实现沟通的目的必须要构建出符合语法规则的句子,只有句子符合语法规则才可以被听者理解。所以,语法也是高校英语口语教学的重要内容。

有的教师和学生把词汇教学、语法教学与口语教学对立起来,这是口语教学中的一个严重认识误区。事实上,词汇和语法都对学生的口语技能起着至关重要的作用。词汇是表达的基础,语法是表达的规范,离开词汇和语法英语口语也就无法表达。

4. 会话技巧

为了能够使用英语得体地进行语言交际活动,学生在学习英语口语时必须学习、掌握一些会话技巧。话题转换技巧对会话的成功起着至关重要的作用。对于本族语者而言，话题转换很容易而且很自然就可以学会，但是对于二语学习者而言却并非易事。无论是第一语言的口语学习还是第二语言的口语学习，都必须学习关于交际的知识和互动的技能。

5. 文化知识

有效的交际不仅需要学生准确地表达语言，还需要学生得体地表达语言，所以学生除了要掌握扎实的语言知识外，还要具备一定的文化知识，这样学生在口语交际过程中才能使语言表达符合相应的文化氛围和语言环境。因此，文化知识也是高校英语口语教学中不可或缺的内容。

（二）高校英语口语教学的原则

英语口语课堂教学的开展应根据学生的具体情况遵循相应的教学原则，这样才能使口语教学更加有效和有序地进行。具体来讲，英语口语课堂教学可以遵循以下几项原则：

1. 循序渐进原则

在高校英语口语教学中首先应遵循循序渐进原则。所谓遵循循序渐进原则，是指在口语教学中要由浅入深，由易到难，由机械模仿到自由运用，循序渐进地展开。例如，有些学生在说英语时发音不标准，此时教师可针对不同学生的语音特点和学生的发音困难，对其加以引导，教师还要鼓励学生开口说英语，对语音、语调和语法的正确性有一定的要求，但要逐步提高。此外，教师在设定具体的教学目标时也应循序渐进、合理安排，不能太低，也不能太高，太低会让学生失去兴趣，没有挑战性，太高又会使学生在开口时产生畏难情绪。总之，教师要把握好度，循序渐进地开展口语教学。

2. 先听后说原则

听是说的前提和保障，因此英语口语课堂教学的开展就要按照这一规律，遵循先听后说原则，即以听为基础，通过听来促进说，从而提高学生的口语表达能力。在交际过程中，听和说相辅相成，在听英语的基础上练习说英语，才能保证后者的训练顺利进行。通过听，学生可以获取大量的知识信息，接触到大量的词汇、语法和句子等，进而产生表达思想的强烈愿望。当储备了大量的语言知识后，才能开口说，才能进行真正意义上的会话。对此，在英语口语教学中，教师应引导学生进行大量的听力活动，使学生储备大量的语言知识，进而提高学生的口语能力。

3. 多样化原则

在口语教学中遵循多样化原则可以有效激发学生的学习兴趣和积极性。所谓多样化原则，是指教师在教学中采用多样化的教学方法和手段开展口语教学。在具体的口语教学中，教师应根据教学目标和教学内容，采用不同的教学方法，如设计情景对话、唱英语歌曲等，为学生创造更多交流实践的机会。同时，教师还可以充分利用学校的教学设备，如录音机、多媒体，让学生通过观看图片、画面以及听原味的英语，使学生接触到地道的英语，进而有效地培养学生的口语能力。多样化的教学方法和手段的运用不仅可以调动学生的学习动力，而且能显著提高教学的效果和效率。

4. 课堂教学与课外活动相结合原则

在我国，课堂教学一直都是学生学习英语的重要途径，很多教师也将课堂作为培养学生口语能力的主要场所。但课堂教学时间毕竟是有限的，在有限的时间内学生不可能充分进行口语练习。但在大学阶段，学生有充足的课余时间，课外活动是课堂教学的延伸和补充，教师可以充分利用课外活动，为学生提供条件，指导学生通过不同的方式来操练自己的口语能力，如组织英语角、英语演讲比赛等，让学生在课外活动中积极复习、巩固课堂所学知识，并激发学生说英语的兴趣，进而有效提高学生的口语交际能力。

5. 科学纠错原则

在口语学习过程中，学生会出现各种各样的错误，而这些错误的出现有时也是不可避免的。有些教师会匆忙打断学生的交流给他们纠错，这样的做法是不可取的，这样不仅会打乱学生的思路，还会挫伤学生的自信心，增加学生的恐惧心理，进而失去说的勇气。因此，教师应在学生谈话之后，采用一定的纠错策略，对不同学生犯的不同的错误进行区别对待，根据不同场合及不同性质的错误进行分别的处理。这样既不会损伤学生的信心，还能使学生改正自己的错误，提高自己的口语能力。

（三）信息化时代下高校英语口语教学的方法

对高校英语口语教学方法进行改革，并灵活、有效地运用多样化的教学方法，对于解决教学中存在的问题、培养学生的口语能力、提高口语教学的效率至关重要。在信息化时代下，教师可以采用以下几种方法开展口语教学：

1. 交际教学法

英语口语教学的主要目的就是培养学生用英语进行交际的能力，而交际教学策略正是以此为导向，重点培养学生的交际能力。交际教学法视教学过程为交际过程，注重学生语言的功能，认为教学内容应以语言功能为主，强调让学生在真实情景中展开交际活动，从而提升表达能力。通常，交际教学法包含以下几种活动形式：

（1）呈现活动

呈现活动是交际活动中最为简单的一种，但对一节课的成功却起着至关重要的作用。呈现活动要求教师创设一种意思清晰明了的情景，让学生在这种情景中自然地说出新的语言。同时，语言项目呈现的方式要随情景、时间、场合以及内容的不同而变化，这样才能使学生有身临其境之感，才能使学生对语言材料的含义有更深的了解。在呈现活动中，教师可利用图片、挂图、投影仪、多媒体等形式呈现交际情景，吸引学生的注意力，然后要求学生根据图片和画面等展开叙述，以锻炼学生的口语表达能力。

（2）创设情景

学习英语口语的最终目的就是为了交际，即应付实际生活中可能遇到的交际活动。因此，英语口语教学活动必须贴近学生的实际生活，使其能在真实的交际情景中掌握交际的要领。这就要求教师在英语口语教学中要创设各种真实自然的情景，变抽象的语言教学为情境化、形象化、具体化的教学，营造出轻松愉快的课堂氛围，激发学生表达的欲望。总之，创设情景不仅有利于提高学生口头表达的欲望，而且能提高学生口语学习的效率。下面介绍两种创设情景的方式：

①角色扮演。角色扮演是能有效调动学生学习积极性的重要教学手段，它简便易行，且有效避免了机械、重复、单调的练习，能有效锻炼学生的口语表达能力，深受学生喜爱。在角色表演中，教师要为学生提供一个真实情景，并给出情景中的人物角色，让学生扮演角色进行交际。角色扮演能够给学生提供在不同场景里以不同的社会身份交际的机会，这样可使学生全身心地投入到活动中。

角色扮演中的学生是活动的主要参与者，其可以自行分配角色预先排练，然后在全班同学面前表演，而教师只在必要时进行适时指导，尽量不要干预其中。表演结束后，教师要对学生的表演情况进行评价，尽量多表扬和鼓励学生，同时恰当地指出表演和口语表达上的不足。

②配音。除角色扮演之外，配音也是一种非常有效的情景创设方式，其操作方式简单，而且灵活多样。教师既可以直接将视频材料中原来的声音消除，让学生根据画面场景自由发挥想象并配音，又可以要求学生先听一遍原声对白，讲解完语言点后再播放两遍让学生背诵台词，然后消除视频声音让学生对照画面回忆台词配音。配音活动能有效激发学生的参与兴趣，而且能引发学生主动思考、积极表达，通过这一活动，学生的口语能力能在无形中得到提高。

（3）发现并解决问题

在口语学习过程中，学生总会遇到各种不同的问题，因此解决问题就成了口语中一项重要的活动，即要求学生依据指示去发现和解决问题。在英语口语教学中，教师可随时保持和学生之间的交流，学生可以边交流边发现自己在表达时的困难、错误。口语能力较差的学生可以通过教师的指导发现和解决问题，口语能力较强的学生则可通过自己的努力解决问题。交流的时间没有限制，可在课前、课中，也可在课后。通过这一活动，学生不仅会积极主动地探索和发现问题，还会努力地寻求解决问题的答案，进而学生就会从被动的接受者逐渐转变为积极的探索者。

2. 影视教学法

网络技术的进步使高校英语口语教学过程中应用影视教学法成为可能。英语原版影视具有强烈的视觉冲击力，文化性与故事性强，能够大大降低学生的学习焦虑，并从视、听、说等方面将学生的积极性与注意力调动起来，提高其认知能力与理解能力，达到寓教于乐、陶冶情操、拓展思维的效果。因此，教师可将影视教学法在提高学生英语口语能力方面的作用充分发挥出来。

一般来说，高校英语口语教学中采取影视教学法可从以下几个方面入手：

第一，教师在选择影视资料时，应以不同的教学目标、学生的现有英语水平以及影视资料的难度等作为主要依据，要使所选择的影视资料既有利于既定教学目标的实现，又与学生的英语水平相适应；既不会过于简单，又不会难度过大。此外，影视资料的内容要体现英语国家的文化特征，以便帮助学生拓宽视野、拓宽思路。

第二，教师应在课前对影视资料进行适当剪辑，并据此来设计相应的口语练习活动。

此外，为了有效调动学生的学习热情，将学生的特长发挥出来，从而达到满意的教学效果，教师在课前可将一些准备工作交给有能力的学生，如安排学生辨别语音语调，查找、核对影视资料中的生词熟语或者编辑视频资料。

3. 移动技术教学法

移动通信技术不仅为人们提供了一种丰富、生动且不受时空限制的信息交流方式，其在语言学习方面的提高学习效率、丰富学习交互、扩展学习时间等优势也逐渐显现。因此，越来越多的学者开始关注如何将移动技术与高校英语教学特别是口语教学进行有机结合，并从多个角度对这种新的教学方法进行界定。

（1）课前自学

在课前，教师对本单元的文化语境、相关知识点进行综合考虑，并据此制作长度适中的音频或视频短片，通过播客传递给学生。学生通过移动设备取得音频或视频文件后，可根据自己的实际情况安排选择适当的时间、地点进行自主学习。在这一过程中，学生应完成相应的选择题或录音形式的口语作答，这有利于教师了解他们的学习情况。此外，课前的活动还能引导学生激活已有的背景知识并事先进行充分的口语练习，有效降低焦虑、自卑、害羞等带来的负面影响。

（2）教师讲解

由于学生已经在课前对相关内容进行了自主学习，对知识点已有所熟悉，因此老师的讲解主要集中在一些重要的词汇、句式与语法项目上，讲解过程也不会像传统课堂那样枯燥。教师可在讲解过程中再次为学生播放音频或视频资料，从而使学生将所讲知识与语言材料结合起来进行理解。一般来说，教师可采取以下三个步骤：教师先讲，学生后练；教师先做示范，学生及时领会；教师提问，学生回答。在这三个步骤中，学生得以进行大量的口语训练活动，从而深化对材料的认知程度。

（3）课堂互动

课堂互动可采取生生互动、师生互动等形式，旨在引导学生在具体语境中对语言进行灵活运用。需要注意的是，教师在设计互动活动时应坚持由易到难、由浅入深的原则，将机械性练习与灵活性练习、创造性练习与半机械性练习、高难度练习与可接受性练习相结合。课堂互动能创造愉快、轻松的学习氛围，为每个学生提供参与机会，有效弥补大班上课的缺点，使一些害怕开口的学生也敢于进行英语交流。需要特别说明的是，学生在参与互动活动的过程中，可以随时通过移动设备来查找相关信息，使移动技术真正成为口语教学的得力助手。

（4）课后的移动式合作学习

课堂教学时间往往是有限的，只能引导学生对新知识进行初级的认知与练习。要想在真实情境中对语言进行更深层次的运用，则必须依靠课后的时间。教师可以本单元的主要内容与知识点为依据，为学生安排开放式的真实任务，以此来引导学生通过合作方式进行口语交际，使他们在探索语言运用方式的过程中扩展新知，并在发现问题、分析问题、解决问题的过程中培养创新思维。

为保证每个学生可以顺利完成任务并在任务的完成过程中有所收获，教师可以学生的课堂表现为依据来进行分组。具体来说，教师可用短信的方式来通知学生分组情况与具体任务，使他们的合作学习得以顺利开展。学生在完成任务时可充分利用移动技术进行沟通，使生生之间、师生之间保持信息的通畅。学生可将自己的任务上传给教师，教师则可在阅览后进行及时回复并给出适当建议。

4. 微信教学法

微信软件是一款支持多人语音对讲与图片、文字、视频传输的即时通信软件。这款软件的便捷操作与强大功能不仅吸引了众多用户，也引起了英语教育工作者的关注，以微信为平台来开展英语教学特别是英语口语教学成为很多人的关注焦点。

教师可通过微信与学生进行一对一交流，此外，教师与学生之间还可建立多对多群交流，教师也可以参与学生群的活动。微信提供的语音支持为师生之间的交流提供了便利，极大地缩短了沟通时间，提高了沟通效率。通过微信进行交流，避免了课堂气氛带来的紧张情绪，有利于激发学生的学习热情，使学生能够以一种相对轻松的心态来参与英语学习活动。此外，教师可以通过微信来建立外语视、听、说教学的公众号，以一对多的方式向学生发送以图片、文字、音频、视频等形式呈现的英语材料，安排口语任务。学生接受资料与任务后就可根据自己的时间自行安排学习，在遇到问题时也可随时跟老师、同学交流，并在任务完成后进行上传。为了帮助一些能力较强的学生继续进步，教师还可为学生推荐一些较好的英语学习微信公众平台，以便他们在课下自行练习。

具体来说，以微信为平台来开展英语口语教学应注意以下几个方面的问题：

首先，教师对学习材料的选取应坚持循序渐进的原则，即按照由易到难的顺序。这是因为，大部分学生的英语口语能力都较差，如果刚开始就选择有一定难度的材料，会使他们望而却步。相反，选择一些难度适中的材料，让他们能够听得懂、有话说，对他们克服练习中的害羞、紧张、焦虑情绪十分有利，从而树立信心，坚持练习，为后续的能力提升奠定基础。

其次，教师通过微信公众平台发送资料时可进行合理选择，应多发送一些短小精悍、设计精巧、主题鲜明、相关度高的资料。

再次，教师应对微信群的人数进行合理控制。一般来说，一个微信群的人数应控制在15人以内。如果班级人数众多，则可根据学生的爱好与水平进行分组或分层。

最后，教师应对微信群的讨论内容进行监控，应使讨论围绕英语口语话题展开，防止学生讨论与英语学习无关的内容。

第二节 信息化环境下的高校英语阅读与写作教学的改革

阅读是语言学习的一个最重要的环节，是语言使用最重要的技能，同时也是人们获取信息的一种最重要的途径。写作是学生表达思想的方式，也是一种高度复杂的思维过程。英语阅读教学和写作教学是我国英语教学的重要组成部分，一直以来都备受重视。

一、高校英语阅读教学的改革

（一）高校英语阅读教学的内容

高校英语阅读教学的任务是培养学生的各种阅读技能，通常包含以下几个方面的内容：①辨认单词；②猜测陌生词语；③理解句子之间的关系；④理解句子及言语的交际意义；⑤辨认语篇指示词语；⑥通过衔接词理解文字各部分之间的意义关系；⑦从支撑细节中理解主题；⑧将信息图表化；⑨确定文章语篇的主要观点或主要信息；⑩总结文章的主要信息；⑪培养基本的推理技巧；⑫培养跳读技巧。

（二）高校英语阅读教学的原则

1. 循序渐进原则

学生阅读水平的提高是一个循序渐进的过程。而阅读教学目标的达成是一个合理总体规划和长远规划的过程，也不可能立马达成。因此，在阅读教学过程中，教师应遵循循序渐进原则，对阅读材料的选择、阅读方法的选择、任务的完成等进行细致周密的考虑，并引导学生寻求最适合自己的学习方法，扎扎实实地学习，最终完成阅读任务，提高阅读水平。

2. 层层设问原则

提问是课堂教学的必然环节。需要指出的是，提问也应讲究一定的原则和策略，不能盲目发问，否则就会影响提问的初衷。层层设问原则要求教师提出的问题必须具有一定的层次性，即问题应由易到难、由浅入深，使学生通过回答简单的问题获得自信，在回答较难的问题时更愿意开动脑筋、积极思考，挑战自我，获得成功。如此一来，学生便可在教师的引导下逐步提高阅读理解的能力。

3. 因材施教原则

在教学过程中遵循因材施教原则，是指教师要根据学生的个体差异，采用不同的教学方式，力争使每位学生都能相应地发展阅读技能。例如，有些学生基础较好，有着浓厚的学习兴趣，基本的阅读根本不能满足他们的阅读欲望，针对这样的学生，为满足其阅读的欲望，教师可布置一些具有挑战性的阅读任务或向其推荐一些名著等。而有的学生阅读基础较差，由于自己较差的成绩而失去信心，自暴自弃，对于这样的学生，教师应在教学过程中不断鼓励和表扬他们，以使他们重新建立信心，同时给他们布置一些难度较小的阅读任务，然后逐步增加难度，使他们不断进步。总而言之，教师要关注每位学生的特点并根据学生的特点采用不同的教学手段，以显著提高教学效果。

4. 流畅与准确并举原则

在英语阅读教学中有一种普遍的现象，有的学生明明具备完善的英语知识系统和技能，然而在阅读的流畅度方面却表现得不如人意。这是因为他们过于注重阅读的准确性，却忽视了阅读的流畅度。准确度和流畅度是阅读教学中较为鲜明的矛盾，然而教师一定要找到解决这对矛盾的对策，才能达成教学目标。

高校英语教师要在准确度和流畅度二者之间找到一个平衡点，帮助学生在这两方面有着同样的提升。实际上，提高学生的阅读速度，其目的就在于提高其阅读的流畅度。在阅读中，教师要指导学生有意识地摆脱词汇识别目标的束缚，从而将大部分的精力放在阅读材料的内容和意义上。另外，"反复阅读"是提高阅读速度的有效途径。教师指导学生通过反复阅读一篇文章，就会惊喜地发现学生阅读的准确度和流畅度都在不断提升。并且，对于同样一篇阅读材料，快速读两遍比慢读一遍容易取得更好的效果。

5. 综合性原则

阅读方式可以分为三种：精读、泛读和快读。其中，精读是高质量的阅读，注重阅读的准确性。精读能够帮助学生巩固和拓展词汇、语法以及语篇知识，提高分析性阅读的能力；泛读比较注重阅读的流利程度以及阅读量，它能够培养学生的语感，使学生更接近真实的英语语言材料；快读比较重视阅读的速度，对阅读技巧的要求更高，否则将无法满足速度要求。总体来说，精读、泛读和快读三者之间是相互联系、相互配合的。精读是泛读的基础，泛读是快读的基础，快读能够使精读更深刻、使泛读更广泛，三者相辅相成，缺一不可。

就目前国内的高校英语阅读教学现状而言，普遍存在重精读、慢读，轻泛读和快读的问题。这种现象一方面导致学生阅读量不足、阅读速度慢、阅读质量差的问题；另一方面，语言输入不足还直接影响了学生阅读能力提高的进度，并最终影响学生总体语言水平的提高。对此，英语阅读课堂教学应坚持综合性原则，将精读、泛读、快读结合起来，不仅要重视精读教学，还应注意培养学生的泛读和快读能力，做到"精、泛、快"三者相结合，全面提升学生的阅读水平。

（三）信息化时代下高校英语阅读教学的方法

1. 提问教学法

在使用提问法时，教师应以阅读材料和教学目标为依据，通过灵活的提问方式将整体教学策略细化到段落和章节中。需要注意的是，提问时应把握好问题的频率和难度，不能一上来就提问很难的问题，也不能频繁提问。

一般来说，提问包括以下几种类型：

①需要表层理解的问题，即提问能够在材料中直接找到答案的问题。

②需要深层理解的问题，即要求学生能够以另一种形式对材料中的信息进行组织或解释。

③需要评价性理解的问题，即要求学生根据材料内容做出正确判断。

④需要推理性理解的问题，即要求学生通过对材料隐含意思的认真思考而做出正确的推理。

⑤需要个人理解的问题，即提问学生自己对于材料内容的理解和反应。

2. 技巧教学法

学生在阅读过程中难免会遇到各种问题，只有灵活采用各种阅读技巧才能保证阅读活动的顺利进行。因此，教师在阅读教学过程中应注意向学生传授各种阅读技巧，具体来说主要涉及阅读前的准备技巧、阅读中的技巧以及阅读后的技巧。

（1）阅读前的技巧

①语法以旧引新。语法知识对学生阅读具有重要的影响作用，只有语法知识掌握得扎实了，学生在阅读过程中才会通畅顺利，从而准确理解文意。一般来说，课文中的语法知识一般会同时出现在几个单元中，据此教师可以不断地、重复地提及重复出现或之前已经学过的语法，以帮助学生巩固知识、增强记忆。需要注意的一点是，由于学习难度的自然规律，即难度是不断增强的，因此教师可以通过旧的语法知识引出新的语法知识，同时在学习新语法知识的时候也复习旧的语法知识。

②了解文化背景。学生在阅读文章时不仅是学习里面的语言知识，也是对文章涉及时代文化知识的了解和学习，这种学习从某种程度上来说比学习语言知识本身更加重要，因为学生只有充分了解文化背景，才能真正顺利、有效地实现沟通。因此，教师在阅读教学前，应向学生介绍一些与文章相关的社会文化背景知识，这不仅能使学生更好地了解阅读的内容，还能使学生学习到异域文化知识，激发其阅读兴趣。

③预测情节。情节预测对阅读的顺利完成也有重要帮助，具体来说预测文章情节不仅可以巩固学生对已有知识的掌握，还可以培养学生的逻辑推理能力，为学生准确把握文章的主旨大意提供有力帮助。教师可以在课前让学生根据题目或一些关键词大胆想象、合理预测，从而激发学生的好奇心，引发学生阅读的积极性。

（2）阅读中的技巧

阅读中的教学是整个阅读教学中最重要的环节，学生在阅读过程中会用到一些阅读策略，教师应该及时向学生传授这些策略，以便提高学生的阅读速度。具体来说，学生在阅读中用到的技巧主要包括以下这些：

①略读。略读的目的主要是通过对文章大致内容的阅读尽快了解文章的大意。通常来说，略读只需选读每段的首、尾句，有时只要指出段落的主题句，抓住阐述主题的主要事实或细节即可。

②扫读。扫读不要求学生仔细阅读整篇文章，只需从上至下迅速搜索所需内容即可。这种寻找文章中的特定信息或特定词组的方法，可以有效提高阅读的速度和效率。在扫读过程中，学生可以忽略那些与题目无关的信息，积极寻找那些与题目要求相关的信息。

③跳读。跳读可以帮助我们快速进行语言信息的比较、筛选，而且对语言敏感度以及信息捕捉能力也有很好的促进作用。跳读多用于阅读目的比较明确时，学生只需要针对阅读目的在正文中进行相应的查找和阅读即可，其他信息可以跳过不看。例如，如果想知道在什么地点发生了何事，学生可以格外关注文章中关于方位和事情经过的内容。又如，学生在做阅读理解题时，可以根据问题提供的线索，再回到文中去，明确到哪里去寻找所需的相关信息。

④信息转换。为了把文章中的信息保留在记忆中，可以进行信息转换，从而加深印象。在阅读教学中常使用的转换方式有以下一些方式：表格、地图、图画、树形图、循环图、流程图、条形统计图、添加小标题、圆形分格统计图表。

⑤寻找主题句。理解文章的关键是确定文章的主题思想，而要想确定主题思想，首先要确定主题句。主题句往往是文章大意的概括，句子结构较为简单。主题句的位置非常灵活，一般有三种情况：位于段落开头、位于段落中间、位于段落结尾。

英语的表达习惯是一般先给出观点和想法，然后再对观点进行具体阐述。因此，主题句一般位于段首。主题句有时也会位于段落的中间，此时段首的句子一般是对主题的铺垫，而主题句之后的段落则是对主题的进一步阐述。有时候，主题句也会位于段尾，文章的开头部分作者是对细节问题的描写，并逐层概括出文章的主题。但是在某些文章中，尤其是多段文章中，无论是段首、段尾还是段中，我们很难找到明显的主题句，实际上这类文章的主题句是融入了段落之中，需要学生仔细捕捉文章细节，概括文章大意。

⑥推理判断。阅读少不了推理判断活动，因为不是所有所需信息都能从文章字面上看出来。可见，推理判断对学生的要求较高，它是一种深层阅读要求，学生应以理解全文为基础，以各个信息为出发点，对文章逐层进行分析，最后准确地推断、总结出文章的中心思想。推理判断主要有直接推理判断和间接推理判断两种。直接推理判断相对简单，它要求学生大致了解文章的意思，并根据所提供的信息合理地推断文章的结论。间接推理判断则比较复杂，学生要自己观察、推理，根据文章的深层内涵推测作者的态度和文章的主题等。

（3）阅读后的技巧

在英语阅读教学中，阅读后的阶段也是一个重要环节。很多教师在阅读的时候认为阅读教学已经结束，对阅读后的教学没有给予足够的重视，这是不可取的。实际上，阅读后的环节也是对知识的巩固过程，教师应及时设计一些与课文内容有关的活动，为学生提供能充分发挥其创造力和想象力的机会，让他们自如地表达读后的感受。概括来说，阅读后的教学方法主要有以下几种：

①复述。其前提是学生对阅读材料有了一个大致的了解并清除了生词障碍。教师可以让学生根据图片和关键词来复述阅读材料的大致内容。

②转述。它针对的主要是对话性质的语篇。教师可以引导学生使用第三人称将对话性的语篇转述为描述性的语篇。

③填空。它是指学生在阅读完某篇文章之后，教师将文章的大体内容写出来，并在关键信息或细节部分留出空白让学生填补。学生在填写这些内容时，既可以巩固阅读的内容，又可以提高自己的语言组织能力。需要注意的是，教师要保证所留空的答案最好是可以用不同词和短语来填写的，进而有效提高学生的知识运用能力。

④写作。这里的写作是指阅读材料的续写和仿写，因此对学生的水平要求较高。具体做法是，教师可让学生根据课文内容写作文章的摘要，如果课文是叙述性的文章，教师可以安排学生续写文章，以培养学生的发散思维，扩大学生的想象力。

3. 交互式任务教学法

交互式任务教学法是指英语阅读教学中通过让学生完成一项具有挑战性的任务来增加师生、生生以及学生和阅读材料之间的互动，从而调动学生参与的积极性，促使学生积极思考、交流意见、扩展思维，在提高学生学习兴趣的同时，加深对语篇材料的深入理解，从而产生一种成就感和满足感,最终提高学生的阅读能力。

交互式任务型阅读教学模式主要从教和学两个方面着手。从教这一角度来看,教学方法与教学内容是教师应考虑的方面;从学这一角度出发,如何满足学生的情感需求和提高学生的学习兴趣是教师应考虑的内容。

二、高校英语写作教学的改革

(一)高校英语写作教学的内容

1. 结构

确定文章的结构是开展写作的前提,对文章整体表达影响深远。

(1)谋篇布局

谋篇布局是写作的必要前提,写作者可以根据写作目的选择适当的扩展模式。从篇章结构上看,结构是:引段—支撑段—结论段。而从段落的结构上看,结构则是:主题句—扩展句—结论句。不同题材、体裁的文章,有着不同的布局方式。例如,在议论性文章中,主题句主要用于陈述作者认为正确的观点,扩展句是以说明的顺序扩展细节阐述原因,而结论句则重点用来总结或重述论点。在说明性文章中,主题句主要用来介绍主题,扩展句用来以时间、重要性等顺序扩展细节说明主题,而结论句则是重述主题、描述细节。

(2)完整统一

所谓完整统一是指文章的所有细节如事实、例子、原因等都必须围绕主题展开,做到内容切题,与主题不相关的句子必须删除,同时要保证文章段落的完整性。

(3)和谐连贯

段落中句子的顺序和思路的安排都要具有逻辑性,句子与句子之间要有机地联系在一起,内容需要一环紧扣一环,流畅地展开,使段落成为一个和谐连贯的整体。运用正确且连贯的词或词组,可以把句子与句子有机地联系起来,使行文更加流畅,并能引导读者跟着作者的思路去思考问题。对于过渡语的使用一般可以进行"短文填空"的专项训练。需要指出的是,过渡词语不可不用,也不可滥用,需要确保结构流畅、简洁,避免冗长、累赘的描述。

2. 句式和选词

英语中比较常见的句型有强调、倒装、省略等,并且每种句式都有着各自不同的变形,所以这就需要学生进行大量的练习。在写作教学中,教师应该采用"示范"和"讨论"的方式,帮助学生掌握正确的表达方式,增强他们对句式的认知。

选词通常都与个人的喜好有关,所以它也是个人风格的体现。但由于选词也是作者与读者之间的交流方式之一,所以选词还要考虑语域的因素,比如正式用词与非正式用词的选择、褒义词与贬义词的选择等,此外还应考虑角色及读者对象的因素。

3. 拼写和符号

拼写和符号属于学生的基础知识范畴，它主要考查学生单词的拼写和标点符号的正确与否。尽管拼写和符号都是细节方面的问题，但仍不可被英语写作教学所忽视。

（二）高校英语写作教学的原则

1. 以学生为主体原则

以学生为主体原则就是在写作教学开展的过程中，以学生为中心，尊重学生的主体性。但要想使学生真正成为学习的主体，首先要激发学生的兴趣，提高学生的主动性。使学生成为学习主体的方式有很多种，其中小组讨论就是提高学生主动性的一种有效方式。另外，教师是否组织、如何组织学生进行小组讨论以及如何对学生的作文做出反馈是写作教学能否成功的关键。教师在小组讨论时可采用多种方式，可采用提问的方式，也可采用卷入式，如让学生集体回答、让学生读出黑板上的问题等，还可采用学生互助式。总体而言，就是教师在写作教学中要积极调动学生的自主性，引导学生参与其中。

2. 层进原则

层进原则是指英语写作教学要由浅入深、由易到难、循序渐进开展，因为学生英语写作能力的提高并不是一蹴而就的，而是有一个逐步提高的过程。也就是说，学生要想提高写作能力，首先要从单词、句子的写作抓起，逐步向语篇过渡。在英语写作中，词是最小的单位，词按照一定的规则排列就组成了句子，人们通过句子传递信息、交流思想。当句子按照逻辑相关性的系统排列时就形成了语篇。所以，针对训练活动而言，所采用的训练也要遵循由易到难的原则。

3. 多样化原则

遵循多样化的教学原则需要做到以下两点：

（1）表达手段的多样化

英语的表达手段十分丰富，同一意义可以使用不同的句型来表达。在写作教学过程中，教师指导学生写作的重要途径是引导学生学习使用不同的句型结构来表达同一意思，这不仅可以弥补学生在语言知识上的不足，而且能启迪学生的思维，从而把知识变成技能，灵活运用语言。

（2）写作文体与训练形式的多样化

从形式上看，可以用口头作文，也可以续写故事；可以写提纲训练谋篇布局，也可以写扩展段训练发散思维。此外，还可以让学生进行扩写、改写、缩写、仿写、情景作文等练习，让学生逐步掌握写作的技巧。具体来说，扩写有助于培养学生的想象力，但要求学生想象合理，做到符合原意、符合实际的要求。对于改写，可以指导学生将教材中的对话进行改写，这不仅有助于学生研读原文，更有助于学生把握文章的中心思想。当进行缩写练习时，可按照关键词—思考—讨论—复述—动笔这样的思路将课文中的关键词串连起来，然后写出本课的主题或中心思想。而在仿写练习时，可以让学生先仔细观察再临摹，然后自主写作，进而到熟练。情景作文有助于培养学生的综合能力，它要求学生把平时所学的知识点滴积累，提炼并转化为带有感情色彩的优美的文字语言。可见，每种练习形式都各有其优点，只有多做这方面的练习，才能真正提高学生的写作水平。

4. 重视写前准备原则

写作前有必要进行调研、搜集资料、积累材料、酝酿论点及分析问题等活动。积累写作素材既是重要的写作准备活动，也是培养写作能力的重要手段。为了让学生积累更多的写作素材，以便更好地培养学生的写作能力，教师要鼓励学生在阅读范文的基础上对一些段落、句子、词块等进行背诵。背诵输入有助于克服英语写作中的负迁移，产出地道的英语表达方式。地道的英语是通过一些固定而优美的句型和英语的习惯说法来表达的。学生之间的讨论在写作过程中也具有十分突出的作用。通过讨论，学生可以获得写作的素材。头脑风暴、对话题的讨论、构思等写前活动不仅可以减轻学生的写作负担，而且可以培养学生的写作元认知策略以及学生对写作的积极情感。

5. 综合性原则

综合性原则也就是与听、说、读相结合的原则，因为写作并不是孤立存在的。英语学习是一个系统的过程，写作只是英语教学的一部分。虽然听、说、读、写各有自己的特点，但在本质上它们之间是相互依赖、相互促进的关系。具体来说，说可以为写奠定基础，而写则是说的发展；把听作为输入的方式来获取写的内容，以写来反映听的结果；通过阅读范文，学生可以获取一系列的写作资源，如语言、观点、篇章结构等资源，这些通过阅读获得的写作资源在一定程度上会减轻学生的写作负担。

（三）信息化时代下高校英语写作教学的方法

1. 小组合作教学法

小组合作教学法是起源于20世纪70年代的一种新的教学方法。它通过异质小组的形式和小组成员间的合作来激发学生学习的积极性和自主性，从而达成小组目标。这种教学方法极大地体现了学生在英语教学中的主体地位，使学生变被动为主动，无形中也加强了积极的情感因素对学习的促进作用，以提高教学效果。具体到高校英语写作教学中来，小组合作教学就是通过小组合作的形式进行写作教学。这种教学方法不仅可以锻炼学生的独立写作能力，还能培养学生的合作精神以及发现、分析、解决问题的能力。小组合作教学的具体实施情况如下：

（1）小组讨论构思

这一阶段的主要任务是安排学生分组讨论并要求学生对文章进行构思。在讨论之前，教师要仔细分析学生的个性差异、成绩水平、写作能力等，并据此将性别、性格和能力不同的学生组合在一起，使小组内的成员相互补充。分组后选出各组组长，由组长组织成员对文章结构、中心思想等进行讨论，在讨论的基础上列出写作提纲。教师在这一阶段的主要任务是设置一些问题，引导学生持续讨论。

（2）学生独立写作

这一阶段的重点是学生独立完成写作任务，所以独立性是这一阶段的突出特点。学生在写作中遇到问题时可以借助字典等工具自己解决,当遇到一些自己不能解决的问题时可向小组成员或教师请求帮助。学生独立写作的过程仍然是建立在小组讨论基础之上的。

(3) 同伴互阅

在完成初稿后,小组内部成员之间可以交换作业,相互批改。教师在这一环节中主要是对学生的批改进行指导,教学生如何改文章的主题、结构,互改的策略与技巧以及文章的连贯性和语法结构。同伴互阅不仅可以使学生明白写作的重点,还能培养学生发现、分析问题的能力。

(4) 独立修改

在小组成员互评后,学生要对评阅的结果进行思考,然后结合互评结果,对自己的文章进行全面修改。在进行修改时,对于同伴提出的建议学生可以自主决定是否采纳。

(5) 教师评阅

在上述任务完成后,教师要对所有的文章进行评阅,并从中挑选出一两篇有代表性的文章向大家展示,让学生讨论文章的优点、文章对大家的启发以及文章应改进的地方。

2. 技巧教学法

写作与其他技能的学习一样并不是盲目进行的,掌握一些实用技巧有助于帮助学生更快、更好地完成写作任务。

(1) 思绪成串式

这种选题构思的技巧是指将主题写在纸中间一个圆圈里,想到与主题相关的关键词就写下来,画个圈。然后对所有的相关观点进行归纳总结,最后确定写作思路。思绪成串式也是拓展写作思路的一种有效的方法。

(2) 自由写作式

这种构思技巧是指在看到文章题目之后,开始对题目进行思考,并将脑海中出现的所有观点都记录下来,记录完之后再返回来阅读所记录的内容,从中选取对写作有用的信息,其余的信息则可删除。这种构思方式不受限制,思路可以完全打开,而且写作的框架也会随思路的扩展而形成。

(3) 五官启发式

这种构思技巧是指从看到的、听到的、闻到的、尝到的、触摸到的几方面去思考和搜寻与主题相关的信息。但在写作中,这几个方面没有必要都涉及,可根据具体情况进行选择。

3. 体裁教学法

所谓体裁教学法,就是在写作教学过程中对体裁分析理论进行充分运用,围绕语篇结构开展教学活动。教师运用体裁教学法,可引导学生对不同体裁文章的语言特点、篇章结构、交际目的等形成更加深刻的理解,从而在脑海中形成图式。在此基础上,当学生以后需要完成这类体裁的写作时,就能根据对应的图式结构,写出一篇符合该体裁结构、语言特点的文章。也正因为如此,在议论文、记叙文、说明文等不同类型文章的写作教学中常常采用体裁教学法。

4. 任务教学法

任务教学法是指在课堂教学中通过学生和教师共同完成某些任务，使二语学习者自然地学习、习得语言，扩展目标语体系和促进外语学习进步。任务教学法的产生为学生在现有的母语与目标语之间构建了一座桥梁，为学生提供了共同学习的机会，充分调动了学生使用语言、创造语言的能力。写作教学中，任务教学法的实施可以分为以下三个阶段：

（1）写前任务阶段

本阶段，教师应根据教学的任务、学生的学习需求设定具有实际意义和目标的写作主题和任务，如记叙文、描写文、议论文、说明文、通知、摘要、简历、书信等。选择好任务，并要强调其重要性。然后教师可给学生提供几篇范文，并对范文的语言形式及结构进行简要的分析，引起学生的注意。

（2）合作写作阶段

合作写作是指师生之间、生生之间的合作创作。本阶段的写作教学要求学生能根据上一阶段中教师的提示和范文示例，在规定的时间之内完成初稿的撰写。首先，教师对学生进行分组，引导学生收集有关某一主题的素材，检索特定体裁的写作信息与观点。其次，学生根据所得信息规划写作结构，拟定提纲后开始初步写作。在此过程中，学生可采用多种方式开展合作写作，如先分工再结合的方式、共同探讨题目共同写作的方式等。在整个过程当中，教师主要对学生的合作写作进行观察、监督，引导学生正确地合作与写作。

（3）修改编辑阶段

在完成初稿之后，教师可从每组中选出一位代表汇报写作成果。这时，教师主要承担听众、分析师和导师的作用，听取学生的汇报，并提出评价标准。然后，依据评价标准评价学生的成果，还可以让学生之间进行互评，然后让学生修改初稿，完成二稿写作。如此一来，不仅可以提高学生的评估能力，还能够增强学生的读者意识，以一个旁观者的身份来审视同伴的写作，从中吸取经验、观照自己，在自己的写作中避免类似的错误发生。

5. 多媒体教学法

多媒体和网络具有资源丰富、情景真实、灵活自如、不受时空限制的特点，通过多媒体和网络，学生可以接触到地道的英语，从更广的范围内了解英语文化以及英语文化与汉语文化的不同，还可以激发学生学习的兴趣，培养学生自主学习的能力。

鉴于多媒体的优势，在英语写作教学中，教师可充分利用多媒体和网络开展教学。例如，在授课之前，教师可以在网络上搜集一些与本课有关的文化背景知识，在课上通过多媒体向学生展示，这样不仅能调动学生学习的积极性，使学生积极地学习课文知识，还能使学生了解更多与课文相关的其他文化背景知识；不仅能开阔学生的视野，还能培养学生的英语思维，使学生写出地道的英语文章。

第三节　信息化环境下的高校英语翻译与文化教学的改革

翻译简单来说是两种语言之间的转换活动，但是这一转换活动非常复杂，涉及许多不可忽视的重要因素。在我国，翻译教学是培养翻译人才的重要途径，备受重视。随着英语教学改革不断地推进，人们也逐渐意识到文化教学在英语教学中的重要地位，可以说学习语言就是学习文化。

一、高校英语翻译教学的改革

（一）高校英语翻译教学的内容

1. 翻译基础理论

学习翻译基础理论帮助学生从宏观上把握和决定组织译文的思路。组织译文的思路正确了，即使有一些小的错误，学生再改动起来也比较方便；如果思路不正确，整个译文就要推翻，重新组织。

2. 翻译技巧

翻译技巧就是为了保持译文的通顺，在内容大致不变的前提下，对原文的表现方式和表现角度进行改写的方法。常用的翻译技巧有调整语序、转换词性、正译与反译、增补与省略、主动与被动、句子语用功能的再现等。

3. 英汉语言对比

英汉语言对比不仅要在语言层面的语义、词法、句法、文体篇章上进行比较，掌握其异同，还要在文化层面、思维层面进行英汉对比，以便在传译过程中完整、准确、恰当地传达出原文的信息。

4. 翻译实践

翻译实践实际上就是讲授如何更好地翻译，特别是如何在翻译理论的指导下进行翻译。因此，如何科学、合理地构筑翻译学的理论体系，并尽快将其运用到翻译教学中，也是翻译学研究的重要课题之一。

（二）高校英语翻译教学的原则

1. 以学生为中心原则

在英语教学过程中，学生永远是学习的主体，教师只是起指导作用。翻译教学也不例外，学生学习翻译的过程并不是从教师那里习得知识，而是通过从实践中积累经验、建构自己的专业知识的过程，教师在其中只是发挥着指导与协调的作用。因此，翻译教学必须以学生为中心，充分考虑并发挥学生的主观能动性、创造性和积极性，充分协调学生、翻译教学和市场需求之间的关系，力求培养出对知识能够活学活用，并能顺应、满足社会需求的高素质的翻译人才。以学生为中心的翻译教学要求教师做到以下几点：

（1）积极转换自身角色

教师要以学生的需要为翻译教学的总体方向，训练学生建立翻译所需的知识系统和双语思维能力。教师要认识到自身并不是学生获取知识的唯一源泉，教师的主要作用在于帮助学生学会学习并能自主解决学习过程中遇到的各种问题。总之，教师要时刻意识到自身的角色，要以一个协调者与指导者的身份进行教学，而不应充当知识的唯一传授者，更不以知识的权威者而自居。

（2）培养学生良好的发散性思维

翻译活动具有很强的实践性和创造性，对于同一文本，特别是文学文体的语篇，不应要求学生的理解和翻译与教师的译文或参考译文一模一样，从而限制学生的思维。相反，教师要鼓励学生在遵循翻译基本原则的基础上，大胆追求自己的翻译风格。

（3）培养学生的团结合作精神

当今社会是一个信息时代，翻译活动也越来越呈现出复杂性，这些因素使得翻译活动有时不可能由一个人单独完成，而是越来越成为相互合作的事业。为了培养学生互帮互助、团结合作的精神，在翻译教学中教师可有意选用一些长文章，将其分成几个部分，然后将学生分成小组，让小组学生每人做一部分，但最后出来的完整文本在专有名词、行文风格、结构体式等方面应该看起来是协调一致的。由于在这个过程中学生不能自顾自地进行翻译，必须和小组的其他成员协商和讨论以达到翻译要求，因此在无形中就培养了他们的合作意识。

（4）灵活安排各项教学活动

①课内外相互配合。翻译是一项实践活动，翻译教学的任何阶段都不可忽视实践环节，翻译课程安排应以实践活动为主。当然，如果没有正确的理论指导，实践活动也就不能有效地进行。为了解决课堂时间有限和学生不太愿意太多地听教师讲解的问题，教师可以让学生自己阅读理论。一个有效的办法是开列阅读书单，如教师可以开出翻译简史、翻译理论与技巧、中英语言与文化对比等方面书籍的书单，让学生在一定的时间内自学，然后进行课堂抽查或做读书报告等，使他们学会用普遍的原理来解决实际问题，并在教师的指导下，将实际问题与理论融会贯通。

②有效利用网络和媒体。电视、收音机、网络和报纸等媒体可以为学生提供丰富多彩且即时的源语文本材料和目标语平行文本材料，教师可以通过让学生在网络和媒体上寻找平行文本的方法，培养其解决翻译过程中遇到的表达问题的能力。同时，也可以让学生通过博客或邮件"发表"自己的翻译练习，发给教师和其他同学，请他们提出反馈意见，这既可以发现自身的翻译问题，改进翻译水平，也可以增强师生互动和生生互动，营造更好的学习氛围。

③有效利用生活环境。随着国际交际的不断深入，在许多大城市和风景名胜区都有英语的公示语、景点介绍等。教师可以让学生去这些地方，多体会一下英汉语表达的不同，这对培养他们的英汉对比能力很有帮助。此外，有不少公示语和景点介绍存在很多问题，教师可以适时地让学生进行纠错练习，并在实践中训练他们的翻译水平。

④开设各种讲座。学校和教师可以请有实践经验的翻译专家"现身说法"，传授经验。课外开设专家讲座，一是可以让学生有学习的榜样，二是学生可以学习好的工作方法和经验，三是学生可以借此了解翻译的前沿信息和实际情况，向做一名合格的译者的方向努力。

2. 循序渐进原则

做任何事情都不能一蹴而就、急于求成，何况翻译本身就是一个复杂的双语间转换过程，翻译教学更应遵循循序渐进原则。因此，翻译教学应当从词汇到句子、再到篇章有序进行，选择语篇练习翻译时也应该是遵循先易后难的顺序。

总之，在翻译教学中只有遵循循序渐进的原则才能逐步调动学生的学习兴趣与自主性从而逐步增强学生学习英语的自信心，并促进学生综合能力的提高。

3. 题材丰富原则

当今社会需要的是实用型、综合型的翻译人才。因此，为了适应社会各方面对翻译人才的需求，翻译练习的材料应该多样化和系统化。例如，翻译的文体应该涵盖应用文体、新闻文体、广告文体、法律文体、文学文体等。每一种文体练习一段时间，直到学生能基本做到触类旁通，然后进行另一种文体的训练。教师还要对每一种中英文文体的功能和特点进行介绍，以便让学生了解并在练习中加以体现。此外，文体翻译练习并不是单一进行的，可以将翻译中常见的问题与各文体的练习结合起来。例如，某类翻译问题在某种文体练习中出现得比较多，在其他文体中则出现得较少，教师就要及时解决这些问题，将问题的解决与文体语篇的练习结合起来。

4. 培养翻译能力与翻译批评能力相结合原则

教师在培养学生翻译能力的同时，要注意提高学生的翻译批评能力。翻译任务完成后，教师可以安排学生之间互相点评，既要点评优点，也要批评缺点，还可以对错误的地方进行修正。这样做既有利于学习他人的长处，同时也可以让学生对自己译作的优劣心知肚明，以及时发现并改正自己译作中的错误，避免以后再犯。

5. 关注文化原则

语言是文化的重要组成部分，翻译活动也离不开对语言因素和文化因素的关注，它要求学生必须了解不同语言国家的思维习惯、风土人情、生活方式、表达习惯等。所以，在翻译教学中，教师要时刻谨记文化原则，将学生置于跨文化交际的语境之下，注意培养学生的跨文化信息转换的能力。

6. 教书育人相结合原则

翻译教学不仅仅是技能的传授，还涉及丰富的人文和科技知识的传授与学习。但是，学生不会满足于教师干巴巴的道德说教和审美说教。因此，如果能将翻译技能教育和学生的人格提升融入学习中，可获得一举两得的效果。对此，教师应该了解学生的心理、喜好和需要，在满足他们对知识的渴望的同时，也要满足他们精神上的需求。只有将知识技能的传授融入他们自身的发展之中，他们才会乐于学习，在学习中健康地成长。因此，对翻译教学中的例句和练习的选择要有讲究、有品位。

（三）信息化时代下高校英语翻译教学的方法

1. 语境法

语境简单来说也就是言语的环境，包括言语的微观环境和宏观环境。微观环境将词的意义定位在特定的义项上，主要指词的含义搭配和语义组合。宏观环境则使意义更为确切与固定，包括场合、话题、对象等。在翻译的过程中，译者除了运用自身所具备的语言知识获取句子的意义之外，还需要充分地将微观语境和宏观语境二者结合起来进行分析，从而确定话语的真实意义，在此基础上确定相应的译文形式，将原文的意义准确地表达出来。

可见，翻译中的理解和表达都是在具体的语境中进行的，语义的确定、选词造句、篇章结构以及语体形式均离不开语境。因此，语境是确保翻译准确的关键，对成功地进行翻译起着非常重要的作用。在实际的翻译实践中，教师需要对学生的翻译进行一定的指导，让学生在理解原文的基础上，结合一定的语境，确保译文表达符合原文信息的真实内涵，将原文的真实意义准确地传递出来。

2. 推理法

推理就是从假设或者已知的事实中推断出结论的过程。推理在参与其他的认知活动过程中往往作为一个相对独立的思维活动出现。这里的推理并非译者主观臆断所做出的任意行为，而是文本结构的内在特征。在进行翻译的过程中，当人们看到需要翻译的文本信息时，常常会根据自身所具备的经验、知识进行一系列推理，这些推理为译者提供了原文以外的信息，之后将推理信息与文化内容结合起来，有利于完整地理解所要翻译的每一个词汇、词组和句子。因此，在高校翻译教学过程中，教师要正视推理的作用，合理地使用推理策略进行教学，并有意识地在翻译课堂教学中将一些常见的推理方法介绍给学生，并对其进行一定的指导，从而有效地培养学生的翻译推理能力。

3. 猜词法

猜词法是高校英语翻译教学的有效方法，猜词法的使用离不开概念能力的提升。所谓概念能力就是指在理解原文过程中对语言文字的零星信息升华为概念的能力，是原文材料的感知输入转化为最佳理解的全部过程。学生在词汇贫乏时，对词句、段落形不成概念，或者对关键词在原文中的含义不甚理解的情况下，如果得不到文字信息的反馈，就会陷入对内容的胡乱猜测，因此教师要指导学生使用猜词方法。

4. 图式法

每个人自出生之日起就开始接触外部世界，在接触的过程中不断地认识周围的人和事物，并且根据不同的认识形成不同的认知模式，这样的认知模式是围绕不同的事物形成的有序的知识系统。而图式就是这些知识的片段，它以相对独立的形式存储于人的大脑中。从这个角度来看，理解言语的过程实际上就是激活大脑中相应的知识片段的过程。图式对于理解信息起着非常重要的作用，当面对新信息时，如果大脑中没有存储与新信息相似的图式，则不利于正确地理解信息。可见，在翻译教学中，引入图式的研究，有利于激发学生大脑中与翻译文本相似的图式，从而在准确理解原文的基础上译出合理、有效的译文。

具体到高校英语翻译教学中，教师首先要给学生提供一些语言材料，而这些语言材料需要激活图式才能被全面、正确地理解；然后在理解这些材料的基础上对其进行翻译。使用图式法进行翻译教学时，有时学生所具备的认知图式并不能正确地反映事物，甚至还会出现错误地应用图式的情况。因此，在高校英语翻译教学中，教师要帮助学生记忆语言的形式和功能，帮助学生调动相关的图式，从而使学生不断地修正和充实对事物的认知图式。

5. 文化法

语言作为文化的重要组成部分，蕴含着某一文化下人们的思维方式与行为模式。英汉两种语言不仅在语言系统本身方面存在诸多差异，其各自所处的深层民族文化内涵及其价值取向方面也有较大差异。在高校英语翻译教学过程中，教师不仅要从语言层面对英汉两种语言进行对比，还要及时融入相关跨文化知识，让学生了解两种语言背后的文化差异，提高学生的跨文化意识与翻译技巧的实际应用能力。

6. 技巧法

翻译教学的重要内容之一就是向学生传授各种翻译技巧，并给予学生相应的指导。下面举例介绍一些翻译过程中的常用方法。

（1）直译

直译就是既保持原文内容又保持原文形式的翻译方法。具体来说，直译要求在符合译文语言规范的基础上，在不引起错误联想和误解的情况下，进行直接翻译。

（2）意译

意译是指当原文的思想内容与译文语言的表达形式存在矛盾而不宜采用直译法处理时，从意义出发，采用不同的语言形式进行翻译，重在保存原文的思想内容。由于中西方存在诸多文化差异，这些差异反映在思维习惯和语言表达上，造成翻译过程中有时很难保留原文的文化特色和具体形象。在这种情况下，译者无法采用直译，那么可借助于意译，以准确表达原文含义。

（3）音译

音译就是在译文中按与原文相同的发音造词组句进行翻译，它是根据原文的读音将其文字符号转换成译语文字符号的结果。

（4）释义

所谓释义法，就是解释词语的意义的方法。释义法和意译法有相通之处，不过释义法更注重对原文意义的传达。具体来说，当原文中某个词语在译入语中无法找到与之对应的词语，这时便可考虑放弃原文的表面形式而尝试释义法，对该词进行适当的阐释。在用释义法进行翻译时，应格外注意两点：一是释义要准确，要有根据，不能胡乱解释；二是应保持译文行文简洁，不能让译文显得拖沓臃肿。

二、高校英语文化教学的改革

（一）高校英语文化教学的内容

语言学习者需要学习六大文化内容：微观的个体及其生活方式；宏观的民族及社会；地理；历史；制度、习俗；艺术、音乐、文学及其他成就。文化教学内容应从学习者自己的文化行为、个人习性、矛盾、偏见等的理解开始，主张文化学习中的多面性和多元化，从而提出文化学习的主要价值之一在于能使学习者加深对母语文化的理解。

归纳起来，我国高校英语文化教学大致包括三方面的内容：言语文化、非言语文化和交际文化。以下就对这三种文化进行具体介绍。

1. 言语文化

言语文化主要包括与语音有关的文化、与语法有关的文化、与词汇有关的文化三部分内容。

（1）与语音有关的文化内容

语音作为语言的三大重要因素之一是语言学习中的重要内容。对语音的学习不仅能促进使用该语言的人之间相互交际，而且能显示出说话人的文化特征。因此，语音所体现的文化也是英语文化教学中的重要组成部分。例如，美国人讲话时多带有明显的鼻音，或多习惯于慢吞吞地拖出声音，而英国人则没有这一特点。说话人的语音不仅能显露其区域特征，而且能够反映其社会地位特征。

（2）与语法相关的文化内容

每一种语言的语法的逻辑形式结构都体现着民族的思维习惯，也决定着语言的表达方式。西方人重理性和逻辑思维，汉民族重悟性和辩证思维，因此英汉语言的逻辑形式结构表现在英语重形合，英语注重句子结构的组合，善于用各种不同的连接手段使句子逻辑清晰、结构完整。

（3）与词汇相关的文化内容

在语言构成的各要素中，词汇与文化的关系最为密切。存在于不同文化环境中的语言中的词汇都承载着丰富的文化内涵。研究这些词汇所蕴含的文化内涵对语言学习具有重要的意义。这些蕴含文化含义的词汇又被称为文化词汇，是外语教学中文化教学的重要内容。

2. 非言语文化

英语文化教学不仅包括言语文化，还应包含非言语文化。因为不仅言语行为传播着文化，有时非言语行为也在传递文化信息、表达思想感情。非言语交际涉及文化、民俗、社会学、人类学等许多领域，运用范围广泛，其语义也很复杂。

（1）副语言

副语言又称辅助语言，是指伴随话语发生或对话语有影响的有声现象，是一些超出语言特征的附加现象，如说话时的音高、语调、音质等。另外，喊、叫、哭、笑、叹气、咳嗽、沉默等也可以看作是副语言现象。副语言在不同文化中的含义可能有所不同。

（2）体态语

体态语包括基本姿势、基本礼节动作以及人体部分动作所提供的交际信息。体态语的熟练掌握能帮助我们成功地进行跨文化交际。由于不同文化中动作的习惯不同，学习者要加以注意并用心领会。在学习的过程中，我们要有针对性地将中西体态语不同的地方加以强调，让学生能更深刻地进行理解。

(3) 环境语

环境语指的是文化本身所造成的生理和心理环境，包括时间、空间、颜色、声音、信号和建筑等。这些环境因素都能为交际提供信息并展现出文化特性。例如，在时间观念上，欧美文化是典型的单元时间文化，他们认为时间是一条单向的线，在单一时间内只能做一件事。

3. 交际文化

在英语文化教学中，教师还应注意教授与交际环境有关的文化内容，因为它与不同交际场合、人际关系、礼仪习俗、价值观念等有着密切的关系，最容易引起跨文化交际的误解。与交际环境有关的文化内容主要包括称谓、问候与告别、道谢与答谢、恭维与赞美、委婉语等几个方面。下面就对其中的两个方面进行简要介绍。

(1) 称谓

称谓在不同的民族中是一种普遍的语言现象，是指人们在交际中用来指称说话对象的称呼语。它是一种社会礼制的表现，受社会制度与理论习俗的制约，但同时也具有重要的交际功能，交际双方遵从一定的社会传统，选用恰当的称谓语来明确双方的身份、地位以及亲疏关系，以保持某种人际关系。由于受到不同社会制度和伦理体系的影响，汉英社交称谓系统也有着显著的差异。相比较而言，汉语的社交称谓要比英语的社交称谓复杂一些。

(2) 问候与告别

告别多发生在社交场合，如拜访、聚会等将要结束时。英语国家的人结束交谈或访问告辞时所提出的理由总是自己因故而不得不告别，终止交谈或访问不是出于本人的意愿，而是因为其他的安排而不得已为之，因此总要提出不得不离开的理由并表示歉意，如"I'm afraid I have to go."

总之，现代英语文化教学的内容是非常广泛的。但我国学生的学习时间和精力是有限的，因此教师应该对文化教学的内容进行取舍，可以将与英美国家相关的文化作为重点，对其他英语国家或者世界范围内的其他国家的文化进行简要概述。简单来说，教师应该选择实用性强并且容易掌握的内容进行教授，如英美国家的历史、地理、习语文化、思维方式等。

(二) 高校英语文化教学的原则

1. 循序渐进原则

同其他学科知识一样，文化知识也有着自己的科学体系，因此教师应遵循循序渐进原则，合理安排不同阶段的学习内容，以使教学内容符合学生的认知特点和发展规律，使学生由简到繁、由浅入深地掌握文化知识。具体来讲，在文化教学的初始阶段，以日常生活的主流文化为主。在中间阶段，可以教授文化差异带来的词语的内涵差异及其运用差异。在最后阶段，就可以渗透一些文化差异导致的思维方式、心理方式以及语言表达差异，使学生深层次地了解英语文化。

2. 认知原则

认知原则强调了解和理解，而不强调行为表现。文化教学中的认知原则，一方面是指关于英语文化和社会的知识，另一方面指可能会进一步涉及诸如观察力、识别力等某些能力的培养。

英语中有很多词汇、语句、典故等来源于神话、圣经、文学作品、文学故事等。如果学生对这些词汇、语句或典故所蕴含的文化不了解、不熟悉，那么就难以理解这些语言所表达的内涵意义。

在英语文化教学中，教师还应该注意培养学生发现、分析、总结目标文化的能力，并据此掌握西方文化在价值观、生活习俗等方面的特点以及中西方文化的区别。为此，教师可以鼓励学生搜集相关资料、撰写相关论文。

3. 对比性原则

对比性原则，是指在英语文化教学中，教师可以引导学生将英语国家的文化和本土的文化进行对比，使学生发现中西方文化存在的差异。

学生通过对比，不仅可以加深对英语国家文化的认识，而且可以了解不同国家在价值观、思维模式、审美情趣等各方面所存在的差异，一方面可以避免形成种族中心主义，另一方面有助于提高学生的文化理解能力。

对比不仅可以让我们更加深入地理解不同的文化概念，而且可以帮助我们避免不同的文化行为，从而避免根据自己的标准来了解/判断别人的文化行为，也可以避免把我们自己的文化带入到其他文化情景中去。通过对比，学生不仅可以学会区分文化差异，还可以提高辨别不可接受文化和可接受文化的能力，从而避免不加辨析、不加批评地接受目标文化，而且可以提高学生的跨文化交际能力。实际上，很多学生经常犯文化类知识的错误，正是因为缺乏对文化差异的了解，只关注文化的相似性，却忽略了文化的差异性。

4. 适度性原则

适度性原则是指教师在文化教学中所采用的教学方法和教学材料都具有适度性。其中，教学方法的适度性是指教师在文化教学中应该创造机会，让学生进行探究式、研究式学习；而材料的适度性则是指所选择的材料要能代表主流文化，代表普遍性文化，而不是个别的、特殊的文化。总体而言，在文化教学中的适度，就是教师要根据教学任务、教学目的的需要，适度地教授学生在学习中所需要的文化内容，而不是无限制或不考虑学生接受能力地进行文化教学。适度应该以能扫除"当前文化障碍"为标准，并适当考虑"尔后文化障碍"为限，也就是说，在教学中遇到文化障碍时，只根据此时此景的文化障碍而进行必要的背景文化介绍，同时，为了便于为今后遇到相同或类似障碍时扫清道路，文化知识所传授的面和度可适当放宽一些。另外，适度性原则也意味着教师应该控制文化教学占用的教学时数，因为如果缺乏针对性，宽泛、深入地介绍文化背景知识，势必占用宝贵的教学时间。因此，点到为止或稍加发挥也是适度的应有之意。

5. 灵活性原则

在文化教学中，文化知识的理解相对容易，但是要让学生学会在跨文化交际中对文化知识运用自如却并非易事。为了取得更好的文化教学效果，为了更有效地培养与提高学生的跨文化交际能力，教师应该对不同的学生，按不同的教学要求，灵活采用不同的教学方法,以激发学生的学习兴趣,调动学生学习文化的积极性。例如,教师可以通过开办文化知识专题讲座、组织小组讨论、进行角色表演等引导学生学习文化知识。

文化内容广泛复杂,而教师的讲解毕竟是有选择的、有限的。因此,在英语教学的过程中,教师应该将文化教学的场所延伸到课外,做到课内外相结合,开展内容丰富、形式多样的课外实践活动,以此加强学生的实际运用能力。例如,教师可以通过开展读书活动、英语角、英语晚会等,帮助学生不断积累文化知识,使学生的语言知识与文化洞察力同步增长,语言技能与文化能力同步增长。通过这些活动,学生不仅可以学会以正确的语法结构、恰当的语义和适合场合要求的外语进行交际,而且可以增大信息获得的准确性,减少交际中的误会,从而增进互相了解。

6. 以学生为中心原则

高校英语文化教学的开展要以学生为中心,教师应以培养学生的自主学习能力为中心,以学生为主体,引导学生感受和领悟语言与文化,进行文化体验,促使学生进行知识与意义的内在建构。具体来讲,在英语文化教学中,教学的设计和活动的安排都要考虑到各种因素对学生的影响,要考虑的不仅仅是英语语言知识学习,还要注重学生对本族语和本族文化的理解和体验、对目的语文化的态度、学生个人的综合素质等。英语文化教学的内容与目标相较于传统的高校英语教学扩大了数倍,但教学时间并没有随之扩大,因此为了实现教学目标,培养学生的文化意识和跨文化交际能力,教师需要在以学生为中心的前提下培养学生的自主学习能力。

7. 交际性原则

文化教学的目的是为了培养与提高学生的跨文化交际能力,因而教师在文化教学中应充分考虑文化内容的"交际性",遵循交际性原则。从语言的交际概念看,在文化教学中,教师需要向学生传授的只是那些容易使学生在理解和使用上产生误解的或者是直接影响学生进行有效交际的文化知识。

8. 因材施教原则

无论在学生的学习还是教师的教学中,学生的思维、价值观、世界观和文化体验等都发挥着重要的作用,它们是语言和文化教学的基础,因为学生跨文化能力的培养需要从学生现有的文化体验出发,通过母语文化与目的语文化进行对比,从而提高学生的文化意识。因此,在高校英语文化教学中,教师应针对学生的特点、个性、学习风格、学习基础等选用合适的教学方法,实施因材施教,并尊重学生的个人体会、价值观念、思想情感。

(三)信息化时代下高校英语文化教学的方法

1. 文化对比法

文化对比法是提高高校英语教学效率的有效方法。所谓对比法,就是通过对不同文化之间的交际行为和决定这些交际行为的交际规则、思维方式与价值观念的对比分析来揭示文化的异同点,尤其是文化差异及造成的文化误解和文化冲突,进而研究和提出排除文化差异干扰的有效方法,以促进交际双方的相互理解。

运用这一方法进行教学时，教师需要有意识地引导学生正确、客观地看待本土文化与外国文化之间的差异。一方面要使学生对外国文化持客观、宽容的态度，避免产生狭隘的民族主义，另一方面也要使学生坚持本国的优秀文化传统，避免盲目崇仰外国文化。

2. 显性文化教学法

显性文化教学法是指相对独立于语言教学的、较为直接系统的、以知识为重心的文化教学方法。这种文化教学方法对于培养学生的跨文化意识十分有利。由于我国学生是在汉语环境下学习英语的，所以比起让学生在课堂学习的过程中自然地获取异文化的知识，显性文化教学法更加省时、高效。而且，显性文化教学法直接明确地介绍外国文化，这有助于减轻学生由于对异文化不熟悉而产生的困惑，而这种知识也是培养跨文化交际能力的基础。此外，文化教学中那些相对独立于语言教学的自成体系的文化知识材料可以很方便地供学生随时自学。

3. 隐性文化教学法

随着教学思路和方法的不断改革，英语教学与英语文化教学逐渐自然地相融合。这样一来，教学不是直接传授文化知识，而是在课堂提供的真实的交际情景中、以交际为目的而使用语言的过程中自然地习得目的语文化，存在一种"通过实践来学习"的理念。而这种融于语言学习之中的、较为间接、相对分散的、以行为为重心的文化教学法就是隐性文化教学法。

隐性文化教学法十分强调语言教学与文化教学真正的有机结合，提倡"通过实践来学习"，以填补如何教授外国文化的隐性内涵这一空白，尤其是隐含在语言使用中的文化知识和话语规则。此外，隐性文化教学法还非常注重学生的个体需求，常根据学生的实际情况进行有针对性的教学。

4. 角色扮演法

角色扮演法也是一种行之有效的文化教学方法。教师可以为学生布置一定的任务，让他们分别扮演不同的角色，然后在全班同学面前表演出来。角色扮演的主题可以是与来自其他文化的人第一次见面、进行国际谈判、在某一个不熟悉的文化场景中拒绝别人等。角色扮演的脚本应该清楚简洁，具有趣味性和戏剧的张力，而且结局应该是开放式的，采用日常生活、工作或社交场景中使用的语言。

5. 多媒体技术辅助法

加强英语文化教学，提升学生的跨文化交际能力，教师不仅要注重对目的语文化知识的讲授，让学生掌握一些现有的文化事实和规约，还要努力搜寻各种有效的教学方法和教学途径，引导学生对现实事物辅以主观感受，培养学生亲身体验目的语文化知识的能力。这就要求将网络多媒体技术融入英语文化教学之中。具体来说，网络多媒体技术辅助下的英语文化教学需要采取如下方法：

（1）务实手段，创设跨文化交际基础

利用网络多媒体技术，以现代媒体作为手段，实现教学资源、教学过程、教学效果的优化。网络多媒体技术是创设真实环境的最佳工具，其可以对声音、动画、图像、色彩等进行组合和运用,增强教学的形象性和直观性,从而有效帮助学生对所学语言国家的社会、经济、文化等有一个真实的了解和感受。另外,在网络多媒体这一环境下,学生愿意进行技能的训练,不仅提升了学生分析问题的能力,培养了自己的判断性思维,还能够提升学生的语言意识和跨文化意识。在英语文化教学中,教师可以采用实时播放式的英语教学形式,即"课堂示教模式",其以教师为主,教师采用计算机软件、各种音频与视频设备等媒体将学生需要的知识传输出来。

(2) 创设情境,营造跨文化氛围

众所周知,语言的使用是在一定的社会环境中进行的。建构主义认为,人是知识的建构者和积极探索者,知识的建构需要人与环境的交互。创设情境是建构意义的必然前提,尤其是真实情境的创建。教师应该创设信息丰富的环境,为学生提供更为真实的语言情境和语言信息输入,使学生能够真实、自然地学习语言。网络多媒体技术的发展为建构主义学习理论的推行和实施创设了良好的环境。

由于网络多媒体技术具有传输量大、信息容量大、效率高等特点,因此在课堂教学中,运用网络多媒体技术能够使信息展示的方式更具多模态化,能在单位的时间内为学生提供更高容量的学习资源。这是目的语文化输入的重要和有效途径。同时,当学生置身于真实的情境中时,能够亲身体验目的语文化的美,体验目的语文化的新奇和快乐,在体验中增强对目的语文化的理解和认知,激发学生学习目的语文化的积极性和主动性。也就是说,在快乐学习目的语文化的同时,还可以提升自己的跨文化交际能力。

另外,教师可以让学生参与一些"暑假英语夏令营""语言学习示范中心"等活动,这是英语学习的第二平台,使他们将课堂上学习的知识运用到具体的实践中,创建丰富的英语体验环境,提升学生的跨文化交际能力和英语应用能力。

(3) 组织协作,倡导交互式合作学习

进行有效的组织和安排也是英语文化教学的关键性因素。建构主义认为,英语学习的关键在于教师如何进行分组,如何组织学生协作完成学习任务。通过协作学习,教师和参与活动的学生能够构筑为一个学习共同体,师生之间、学生之间、学生与媒体之间进行交互,即在交互协作的过程中对学生的旧有图式进行激活,建构更为全面、准确的语言意义。通过协作学习环境,调动了学生的学习兴趣,激发了学生的思维和智慧,从而使整个团队或群体完成对知识和任务的意义建构。在具体的教学中,教师应该从文化主题、交际内容出发,为学生设计和安排一些操作性强、任务性重的教学任务,并对任务的内容给予具体的建议和要求。然后,教师将学生分成几个小组,并确保组内的成员存在某些互补性和差异性,在小组内进行交流,对任务中的文化内容进行归纳和总结,让大家展示自己的长处,相互碰撞和激发,从而最终习得跨文化交际能力。

(4) 组织会话,展示学习成果

在英语文化教学中,会话是不可缺少的,学习小组间需要经过协商和会话来完成既定的任务。在会话过程中,每位学生的思维成果都能够为组内成员共享,最终实现学习任务意义的建构。之后,教师以小组的形式让他们对讨论的结果进行展示,展示的方式有很多种,如角色扮演、演讲、专题汇报、情境模仿、案例分析等。在展示的过程中,学生可以准备一些提纲、PPT 课件、录音材料等。通过展示，教师可以了解学生对文化知识的掌握情况，以便进行下一阶段的任务学习。例如，在做演讲时，教师可以要求小组内所有成员都参加，共同配合，根据教师所提的问题进行汇报。其他小组在听取演讲的过程中，对其中的演讲情况和出现的问题进行记录，在演讲结束后进行讨论和解答。通过这一过程，全班所有成员都扩大了自己的知识面，对于英美礼节、英美习俗、英美文化背景知识有了全面、系统的了解，同时对课文内容也更加了解。

（5）总结归纳，完成意义建构

建构主义认为，学习是一个积极的建构过程，学生不再是被动地接受者，而是根据自己的认知结构有选择地、主动地知觉外在的过程，因此每位学生都在自己固有知识的基础上对新知识进行编码建构和理解。同时，固有的知识又因为新知识的融入而发生改变和调整，因此学习过程不仅仅是信息的输入、提取、存储，而应该是新旧信息之间的交互，其最终目的是实现意义的建构。

第四节　信息化环境下的高校英语专业课程项目化教学的改革

项目课程已成为高等教育课程体系的主体。所谓项目课程，是指学生围绕某一特定的主题项目，在教师指导下，通过该项目的实施自主学习的一种课程形式。项目课程有助于激发学生的学习兴趣，便于学生在较短时间内熟悉工作任务、把握工作过程，从而最大限度地培养学生的职业能力。基于专业岗位的需要，专业英语可以实施项目课程。

一、项目化——学生专业英语应用能力提升的分析

项目化课程设计，对原有英语课程进行了一次改革尝试，使课程的教学内容设计、教学活动、课程评价等方面都发生了很大变化，也使教学初步呈现新面貌，学生的总体英语应用能力有所提高。

（一）教学任务的设计关注真实情境下的工作要求

英语项目课程将英语学习项目分为课堂项目和课后项目，每个项目尽可能模拟真实工作任务要求。同时，项目课程所要求的将工作任务转化为学习任务的设计使教师和学生摆脱了以往停留于专业词汇与句法学习的桎梏，转向共同探讨学习什么、如何学习才能完成模拟真实的工作任务，有助于师生创造力的共同提高，如设计构思能力、资料搜索能力、内容及语言组织能力、有效的沟通与表达能力等。

（二）教学内容的选取注重知识与技巧的实用性

项目课程内容的知识和技能是职业化的，与工作任务密切相关。在师生共同设计完成接近真实工作任务的过程中，必须要学习一定的知识，有助于设计完成任务所需的业务常识、语言知识与技巧。而知识内容体系的开发是项目化进程中最难的，不能仅围绕工作任务重组原有的学科知识，而应开发更为实用的新知识，或把重组的知识形成体系，使知识

的铺陈按照专业工作流程逐步展开。

由于高校学生英语基础薄弱，教师在选取教学内容时，要基本保证材料的可读性，将原先篇幅较长、句式复杂、生僻词较多的材料进行重新整合，删除冗余的内容，简化难度较大的内容，代之以语言简洁通俗、专业词汇集中的材料，使学生能够快速查阅与学习，有效完成工作中的交际任务。

（三）教学活动关注学生的思考和掌握

为了使学生完成每一个主题项目任务，教师应围绕如何让学生普遍掌握所需的专业知识与英语技能，由简到繁地开展多种教学活动。主题项目的综合性要求迫使教师设计一些阶段性、过渡性的实训项目让学生先个别或成对完成，然后再让学生组成小组完成大的主题项目下的交际任务。每一项任务都必须由学生经过设计、思考、组织后才能够完成，有助于提高学生的思辨力。分组成果展示表明了学生对知识与技能的掌握程度和运用能力。

（四）课程评价注重多元与多方评价的合成结果

项目课程在实施过程中，小组内部可以按照每个成员的贡献大小给每个学生打分，小组之间可以通过相互观摩表演，达到相互学习、相互借鉴、相互评价的目的，有利于切实实现师生共同评价、过程评价与终结评价的有机结合，从而使评价更为客观、公正。另一方面，项目课程可以保持多元评价，平时的形成性评价成为学生成绩评定的核心内容，期末笔试成为辅助评价形式。

二、项目课程方案的改进思路

鉴于项目课程对模拟真实工作过程中的项目和任务的要求，教师应根据市场需求，不断完善项目课程教学内容体系，以下是经过修改的课程项目设计简案：

第一，进一步整合了内容体系，删去了原先独立的有关仓储与配送、库存控制、物料处理与包装的业务交流项目，根据企业专家和师生建议，增加了空运物流设计方案交流项目，大项目下的阶段性、过渡性小项目设计依赖于更细致的课堂教学活动设计。

第二，从项目设计上进行了改进，使每一个项目更能模拟真实工作任务的要求。

第三，总结各项目所需的典型句型，供学生重点掌握和熟练运用。

第四，按照师生建议，进一步丰富课堂教学活动。

第八章 信息化环境下专业英语双语教学改革探索

第一节 高校双语教学改革的相关思考

一、关于高校双语教学目标与定位的理解问题

（一）理解的一致与差异

随着教育主管部门大力倡导在本科教育阶段推行双语教学，双语教学被看成是全面提升我国高校品位从而使我国高等教育和国际先进水平接轨的一项重要措施，教育部本科教学质量评估指标体系的主要观测点之一就是双语教学。双语教学示范课程建设的目的是旨在形成与国际先进教学理念与教学方法接轨的、符合我国实际的、具有一定示范性和借鉴意义的双语课程教学模式，为培养学生的国际竞争意识和能力发挥重要作用。可见，教育部对于双语教学寄予的期望体现在教学对象的培养和教育机构的培育两个方面。对于教学对象的培养，不仅要提高学生的专业知识和外语水平，更要注重培养其国际竞争意识即国际视野；而对于教育机构的培育，是指通过双语教学这一手段引入先进的教育理念，使我国的高等教育达到国际先进水平，这也是双语教学的终极目标。正如学者所言，我国教育部推行双语教学的初衷，是通过双语教学加强高等学校本科专业教学水平，和国际先进教育水平接轨，实现我国高等教育的可持续发展。

但是，在实践中，教育主管部门推行双语教学的初衷一定程度上被弱化为人才培养这一基本目标，并表现为对教学对象专业知识和外语能力的培养。有学者以法学双语教学为例，认为双语教学模式围绕掌握法学专业知识和提高外语语言技能两个目标而展开；其最终目标是使学生掌握法学专业学科的知识，其传播途径是外语；对学习者而言是"通过外语学习法学学科知识"，对教师而言是"通过外语教授法学学科知识"。

高校双语教学实践中，教学双方与教育主管部门之间对于双语教学目标定位的理解既有一致之处，也存在着差异。关于双语教学对教学对象培养目标的基本要求，即提高学生的专业能力和外语能力，各方的理解较为一致。但是对于培养具有国际视野的人才这一目标，相当一部分教师和学生认识不足。而关于双语教学对教育机构应有的培育作用，相关研究鲜有提及，双语教学实践中也缺少实效性的有力措施以实现这一目标。

（二）认识差异原因分析

1. 对教学对象培养目标的理解不够准确

双语教学从本质上来说是一种全新的人才培养模式。开拓国际视野，是对人才培养的宏观诉求；而专业知识能力和英语能力，则是对人才培养提出的更为具体的考查标准。所以，二者之间并无本质的差异。但是，对于相当一部分高等教育机构来说，双语教学背负的不仅仅是人才培养这一单一的任务，更重要的是要通过双语教学，通过双语人才的培养，扩大国际交流与合作，提升所在高校和科研院所的学术影响力和创造力，最终在国际舞台上直接和世界其他国家开展平等对话和交流。从这个意义上来讲，双语教学的目标是培养具有国际视野和竞争能力的专业人才，而非局限于掌握具体的专业知识和英语知识的人。

2. 双语教学对教育机构自身的推动作用未得到足够重视

培养具有国际视野的专业人才离不开先进的教育理念，"开拓学生的国际视野"和"学习国外的先进教育理念"二者不能完全割裂开来。但是前者着眼于对教学对象的培养要求，后者则是对教育机构以及教师的要求。双语教学对于教师自身、对于教育机构本身应有的推动作用尚未得到足够的重视。

3. 现有评价体系对双语教学目标定位的指引不够科学

目前，我国高校本科双语教学质量的评价主要体现在双语课程的评价体系中。根据教育部公布的"双语教学示范课程建设项目评审指标体系"，教学理念是否先进、是否注重培养学生的国际视野和竞争能力、与课程目标定位是否合理并列，作为对双语课程教学内容的评价标准之一，在全部评价体系中占有百分之十的权重。教学内容的另一个评价指标是教学内容的选择与安排，也占百分之十的权重。但是，如何从教学内容的角度评判教学理念的先进与否呢？实践中的做法包括，首先应该看是否明确了法学双语教学目的是培养学生用英语从事法律实践或教学工作的能力；其次，从教学大纲、教学日历、教学课件是否用全英语或英汉对照，来评价是否将这一理念适用于教学中。显然，这种对教学理念先进性的解读方式，如前文所述，也属于高校双语教学实践中对双语教学目标和定位理解的差异性的体现。无论是对于学生、教师还是教育机构，先进的教学理念都不能仅仅等同于培养学生的英语能力。这一评价体系将教学理念先进与否的判断局限在双语课程的教学内容这一静态指标之上，其本身也是导致实践中对双语教学目标和定位的理解存在差异的重要原因。

（三）解决问题的建议

高校双语教学的进一步发展应以提升教学理念、优化教学方式、提高教学水平为主旨，以实现培养具有国际视野和竞争力的专业人才和提高高等教育水平两种现实的利益需要。解决目前高校双语教学实践中存在的对双语教学目标与定位理解的偏差问题，有待于教育主管部门对双语教学活动主体的正确引导，而引导的有效手段则是建立高校双语教学质量的科学评测体系。

首先，构建高校双语教学质量的科学评判体系不应忽视双语教学对教育机构影响的考核问题。对双语教学质量的科学评判不仅应当包括对学生进行课程学习情况的考核，还应包括对教育机构的教学理念和教育水平的考核。就前者而言，学生是否获得了预期的专业知识和外语能力是考查的重点。对于后者，教学理念通过双语教学产生了什么样的变化、教育水平是否由此获得提升、反映在教学活动安排上有哪些具体的体现则应当是评判双语教学改革以及教学效果的准绳。双语课程的负责人和主讲人应时刻将这一标准挂怀于心，在双语教学改革的点滴之中推进高等教育的可持续发展。

其次，对高校双语教学质量的评价，不能等同于对双语课程本身的评价。学生国际视野和竞争力的获得、教育机构教育水平的提高是一个动态的发展过程，对外需要依托校际间的合作与交流以搭建获取先进资讯的平台，对内离不开教师和教育机构不断推进双语教学改革和实践以巩固所取得的教学成果。现的有对双语教学的评价体系，主要集中在对双语课程本身的评价上，不可避免的只能局限于对教学队伍、教材、教学内容、教学方法等静态指标的考查。应着眼于双语教学对教学理念和教学水平的影响，结合双语教学在本科教学质量与教学改革工程中的地位和作用，联系教育机构所开展的国际交流合作等辅助教学活动，科学地评判双语教学质量和效果，最终实现双语教学对于人才培养和高等教育可持续发展的目标和定位。

二、影响高校双语教学质量的主要因素

(一) 关于语言对双语教学效果的影响问题

1. 对语言能力要求和授课语言比例的考查

开展双语教学，教师和学生必须达到一定的外语水平，被认为是成功实施全外文教学的必要条件。如果学生在英语四级考试中获得优秀（以上）的成绩或者通过英语六级考试，就可以从双语教学中受益。具体说来，在外籍教师授课的情况下，具有高校英语四级水平以上的学生已经具备了上全英语课程的语言能力，关键是坚持和信心。对于教师（母语非英语）来说，具备什么样的语言条件才能胜任双语课程，尚无科学的界定标准。

在混合使用两种语言进行教学时，学生上课容易忽视他们不懂或者懂得较少的语言；如果用两种语言同时给出相同或类似的信息，学生就不愿听外语传递的信息。因此从长远角度来看，我国的双语教学应当是全英语的教学。双语教师在课堂上进行适当的语码转换可以作为"规避误解和增加更多公平学习机会的一种策略"，有些情况下"还有助于实施课堂管理以及促进课堂和谐"。此外，还应根据师资能力、学生水平、教材难度、培养目标、管理机制等把握两种语言运用的平衡比例。实际上，对于双语之间的转换，在课堂上使用全英语讲授专业知识往往比使用全英语适时地进行课堂管理、调节课堂气氛相对容易得多。从事双语教学实践的专业教师通常需要经历大量的英文文献阅读、英文讲义撰写以及各种观点、信息的整理和重述的锻炼，其专业英语能力在这些锻炼过程中得以不断累积

和提高。在双语教学中，使用英语进行专业知识的讲授，使用汉语完成引导、启发、管理、组织课堂教学等内容，不失为一种科学的语言模式。

2. 今后改革的重点

（1）加强全英语教学的师资培养

双语教学对教学双方的语言能力均提出了较高的要求。实证研究已经指出，在教师的语言不存在障碍的前提下，学生只需要具有大学四级以上的英语水平就可以开展双语教学课程。如果教师的英语能力不足，则相应地要对受众的语言接受能力提出更高的要求。在教师方面，全英语授课的语言环境要求教师的语言能力以外籍教师为参照，且专业能力也必须保持在国内同行中的先进水平。在这一双重要求下，现阶段国内各高校能够胜任全英语教学的教师仍属于稀缺资源。扩充这一资源的途径主要来自两个方面：一是引进海外留学人员，尤其是获得博士以上学位的高层次人才；二是为现有师资提供不间断的英语培训。对于前者，需要假以时日，使其充分了解相关专业领域在国内的发展情况；对于后者，达到近似外籍教师的语言水平显然需要相当漫长的学习过程。此外，各种专业语言本身晦涩难懂，即使能够掌握基本的公共英语，熟练运用诸如法律英语这种专门用途的语言也需要专门的学习和训练。

综上，在全英语授课背景下，影响双语教学质量的最重要因素是教师的语言能力。但在现有条件下，加强师资培养的各种举措，难以在短时间内体现出显著的成效。

（2）选择适宜的语言媒介模式、教学方法和手段

进一步推进双语教学改革不能单纯依靠提高教学双方的语言能力。在目前的本科教育阶段，能够用来提高英语能力的手段和方法都已被广泛认知并付诸实践。在这种情况下，仍旧依靠进一步提高教学双方的英语水平来提高双语教学质量显然是不够的。当提高英语能力的努力遇到一定瓶颈之后，教学改革的重心应当相应地向教学方法和手段转移。更为科学的教学方法和教学手段在一定范围内可以跨越语言带来的障碍，成为连接教与学最为通畅、便捷的桥梁。

提问式教学侧重于引导学生进行课前阅读的基础，在课堂教学过程中，通过给出问题的方式，启发学生思考，帮助学生自我检查学习成果；通过案例教学的方式，帮助学生完成理论的应用，可以在有限的时间内完成教学计划中规定的教学任务，尽可能地减少英文表达在输出和输入两个环节对课堂时间的额外消耗。

除课堂教学外，教师还应当引导学生做好课前预习。只有这样，才能更好地发挥双语教学的优势。

此外，解决语言能力对双语教学效果影响问题的另一途径是适当降低外语语言在教学中的比例。应该根据课程特点，结合教学双方英语水平的实际情况，从课堂教学语言媒介的使用入手，设计出由低到高的多层次双语教学模式，包括汉语铺垫式、英语引入式、英汉融合式和全英语浸泡式等。

（3）完善教材建设

克服双语教学中语言障碍带来的消极影响的另一有效措施是完善双语教学教材建设，使学生能够通过阅读来找回课堂学习中遗漏的信息，通过思考来弥补课堂教学中互动不足

的缺憾。实际上，如果某一专业课程国内外知识体系的差异较为显著（例如法学），选择自编的外文教材和讲义才能够更好地服务于教学计划和教学目标；反之，如果某一领域的知识体系并不存在差异或者差异不明显（例如信息技术），则外文原版教材显然具有更多吸引力。

（二）关于知识结构完整性与双语教学效果问题

1. 双语教学可能影响知识结构完整性

在相同课时内，由于受到来自教师和学生两方面英语能力的限制，双语授课中教师输出的信息量以及学生摄入的信息量远远达不到中文授课时的程度及规模。双语授课中，授课信息量不足将会影响学生对知识的系统掌握。学生知识结构的完整性和系统性随之将会受到影响。

2. 改革建议

（1）妥善处理双语课程与专业英语课程之间的衔接问题

对于专业英语课程的功能定位，一直以来存在着是教英语还是教专业，是由英语教师来教还是由专业教师来教的争议。专业英语课程所应当扮演的角色由这门课程和该专业与整个课程体系中其他课程之间的联系来决定。具体来说，在某一个专业制订的教学计划中，如果已经有其他语言类课程（包括公共英语课程）能够帮助学生完成对英语这一语言的系统学习，能够给学生提供提高听说读写技能、掌握语法、语言规律甚至包括特殊类别的专业性语言的锻炼，则专业英语课程教学目标中的语言这一功能应当弱化，专业这一功能应当给予彰显。任课教师在授课中，应当着重讲授专业知识。相反，如果在教学计划中，语言类课程缺失或不足，学生需要通过专业英语课程来汲取语言类的知识，则专业英语课程的教学目标和功能必须向语言倾斜，任课教师只需要基于所选择的阅读材料，给予学生语言层面的知识，由英语教师讲授也无不妥。

如果专业英语课程完成的是语言类的教学任务，则双语课程毫无疑问是完完全全的专业课程，教师在授课时只需要专注于专业知识，不需要占用课堂时间进行翻译以及语言转换，不能把专业课上成英语课。即使专业英语课程部分地完成了专业知识的传递，有学者指出，其与双语课程的功能也存在差异。以法学专业为例，法律英语课程传递的是西方的法律知识和信息，而法学双语课程讲授的主要应当是我国的法律知识。从这个意义上来说，对双语课程教学目标、教学功能的界定，也取决于教学对象所在的课程体系的科学规划。课程体系的规划不同，教学对象的知识结构和背景不同，同一门双语课程的教学功能和任务也应作出不同的安排。

（2）科学制定双语课程的教学计划和教学任务

同样的课程如果用英语讲授，单位时间内传递的信息量往往小于用中文讲授所能够传递的信息量。如果执行相同的教学计划，英语授课的课堂难免沦为另一种填鸭式教学的试验田，用英语来填鸭的结果只能是比用中文填鸭更为枯燥、乏味。因此，英语授课情况下的课堂教学任务量，应区别于中文授课。应尽可能地将学科体系中有代表性的各个部分的内容编入教学计划，考虑知识点之间的逻辑关联，并根据各部分知识在实践中应用的程度和比例确定其相应的课时量。

三、高校双语教学的未来发展及模式选择问题

（一）双语教学仍将长期存在

在教学改革实践中，双语教学经常被视为一种应用外语教学，在本质上归属于外语教学的范畴。有学者结合对外语在我国社会发展中的地位变动情况的追踪，分析双语教学的发展趋势并指出，自改革开放以后，成为一种社会心理的达数十年之久的"外语崇拜"才是教育部推出双语教学的社会基础。

（二）双语教学的模式选择应当"以学生为本"

随着教育部新本科教学评估方案取消了对于双语教学的特殊要求，双语教学摆脱了指令性计划的影响，全国高校一哄而上推行运动式双语教学的局面将不复存在，高校双语教学得以在真正意义上回归其对于人才培养和教育可持续发展的本初。人才培养模式的选择应当由社会发展的需求、个人的职业规划两方面因素共同决定。双语教学作为一种先进的人才培养手段，在模式选择、内容安排上也应当结合培养对象的自我发展需要，做出分类设计。具体说来，对于英语基础好、未来职业涉外性强、需要较高的英语能力做支撑的学生，高校可以在教学计划中选择适宜的专业课程进行双语教学，以满足他们的职业发展需要。当然，人才培养目标中对国际视野和竞争力的要求的体现只能依靠专业英语课程提供支撑。

总之，未来高校在双语教学活动开展过程中，除了要考虑学科、课程、师资、教材、教学计划、教学方法等传统意义上影响双语教学质量的因素外，更需恪守"以学生为本"的理念对双语教学活动进行科学的规划。

第二节　专业英语双语教学的改革与探讨

一、基于双语教学视角的英语教学新思考

（一）双语教学概述

双语教学在字面上的意思就是以两种以上语言作为教学媒介的教学，即学校运用外语或者是母语外的第二语言进行课堂授课。顾名思义，在教学过程中采用第二语言是为了营造一个更好的语言学习环境，让外语或者除母语外的第二语言能够在教学过程中被熟练应用，以此提高大学生的语言应用能力。放眼国际，双语教学已被众多的移民国家广泛应用，如美国、加拿大等，双语教学已在移民高校或者少数民族高校开展，既保证了当地的

本土文化得到传承和发扬，也能够更快地让移民和少数民族融进本国。一方面对于移民和少数民族而言母语得到了保护，另一方面其自身的发展也能够得到第二语言的助力。

双语教学分为三种模式，分别是过渡型双语教学、侵入式双语教学和保持型双语教学。过渡型双语教学是在教学先后上有一个过渡时间，先给予一个学期或一个学年作为适应阶段，在学生相对熟悉和掌握了第二语言之后用第二语言替代母语进行教学。这种模式比较人性化，更注重学生对于母语的感情。第二种是侵入式双语教学，是直接在教学过程中用第二语言替代学生的母语进行教学，也就是学校会使用一种不是学生在家经常使用的语言进行教学，这对于学生快速掌握第二语言有促进作用。第三种是保持型双语教学，是在课程设置上进行合理分配，部分课程采用学生的母语教学，部分课程采用第二语言进行教学。在该种模式下，既能够保留学生对于母语的感情，也能够提高学生对第二语言的掌握。这三种模式在我国高校中都有存在，但是部分高校对于双语教学的认识仅是局限于高校用两种语言进行教学，甚至还认为双语教学就是用英语上课，这种简单的理解让双语教学在我国高校教学中的推广举步维艰。

（二）高校英语教学与双语教学

1. 高校英语教学现状

高校英语是高等教育阶段学生的公共必修课，指的是非英语专业基础阶段的普通英语，也叫公共英语。高校英语是高校为培养具有一定英语听、说、读、写能力的综合型人才而开设的基础课程，教学目标注重学生的自主学习能力和英语综合应用能力。高校英语的教学性质决定了它是以外语教学理论为指导，以英语语言知识和应用技能、跨文化交际和学习策略为主要内容，并且以多种教学模式和教学手段为一体的教学。大学阶段的英语教学要求根据各地区、各高校的情况进行，注意因地制宜、因材施教，以适应个性化教学的需要。高校英语在教学内容上更注重英语母语国家文化的介绍，包括人文、地理、风俗、习性等文化类知识。

需要注意的是，高校英语教学内容与专业英语教学内容之间存在较大的差异，基础性的高校英语教学内容在专业性上远不及专业英语，两者之间的侧重点不同，所涉及的英语词汇之间不存在交集。

2. 双语教学背景下我国高校英语教学存在的问题

双语教学背景指的是在高校专业课程教学过程中使用非母语（或英语）来进行语言媒介的教学模式。在此背景下，教学中使用的英语词汇表达较为专业，对不同专业学生的英语教学内容和层次要求也不同。因此，在双语教学背景下，要进行双语教学与高校英语教学之间的顺利衔接还存在以下问题：

（1）现阶段的高校英语教学无法满足开展双语教学的基本要求

目前，各高校开展的高校英语课程与专业课程之间并没有共通点。高校英语的基础性决定了教学过程中的语言能力培养注重日常交流的英语训练，且在授课过程中运用更多的是传统讲授式教学。高校英语的授课现状不仅在教学内容上无法满足双语教学的开展，在教学方式上也无法满足将双语教学用于专业课程中。因学生并不具备专业性英语知识，在整个高校英语教学过程中很少有涉及各专业的专业性词汇，而开展双语教学的基础之一就是学生能够听懂专业课上的英语词汇。其次，在教学方式上，专业课程的开展一般注重实践性，授课过程中经常涉及案例教学、体验式教学等，所采用的教学方法与高校英语的授课方式大相径庭，这对学生双语教学课程的接受度和参与度是一大挑战，也就是说学生必须具备一定的专业英语能力，才能更好地参与到专业课的双语教学中。

（2）专业课程教学无法与专业英语教学的进度保持一致

双语教学的开展是以专业课程为载体的，双语教学的授课内容是专业性知识，在专业课程的授课过程会出现高校英语教学中从未涉及的专业词汇或表达，这样在双语教学的专业课程中会出现教学进度不同步的问题。专业英语的教学进度与各专业的专业课程进度不能一致，各学院的专业英语课程与专业课上的双语应用内容不一致，这些都是在双语教学过程中可能出现的问题。教学进度不一致对于学生学习的影响是负面的，学生在专业课程上没有专业性英语知识作基础，会使其对于双语教学的参与度和学习积极性都会减弱，在学习过程中无法较好地掌握专业知识；而将专业英语的学习提到了专业课之母的崇高地位上来，这对于部分英语基础差而专业基础好的学生而言是极难适应的。要实现专业课程教学与专业英语教学进度同步，就必须设计相对应的专业教材和专业英语教材，这对于高校而言工作量巨大，且挑战性也大。

（3）缺乏开展双语教学的师资

师资是影响高校教学效果的最重要因素，开展双语教学意味着师资队伍建设应进行双向发展，一方面教师需要具备过硬的英语听、说、读、写能力，能够应对专业授课过程中的表达；另一方面教师还要有本专业的专业知识基础，能够胜任本专业的教学任务。双语教学在专业课程中的应用对于师资水平的要求是极高的，既要有丰富的专业基础知识，还要深谙专业术语的英语表达，这些要求在很大程度上缩减了高校师资的人才来源。有几年海外留学经历的专业人才才能担此重任，本土培养的高学历专业人才都会被专业英语的表达拒之门外。因此，开展双语教学的优秀师资极度匮乏，如果双语教学的师资不够优秀，就无法有教学质量高的授课，就无法完成双语教学专业课所提出的教学目标。

（4）双语教学要求学生有较高的英语基础和专业基础

双语教学的高要求不仅是对师资的单方面要求，对于学生而言，也有一定的要求。专业课程的设置一般遵循循序渐进的原则，从基础课到专业性强的核心课。而作为专业基础为零的学生而言，用母语授课和学习是可以逐渐掌握的，但是若换成英语或除母语外的第二语言，这就对学生的外语专业基础有了很高的要求。一方面我国的大学生在高等教育之前所接受的教育绝大部分是采用母语授课的，双语教学仅限于英语课程，所以自学习之始就缺乏双语教学的语言基础；另一方面，高考制度下的英语水平对于大学生而言更多的是体现在试卷上的分数，学生的听、说、读、写能力较弱，要在大学接受专业性较强的双语教学需要一定的适应时间，也需要有较好的英语基础和专业基础。因此，双语教学的专业课程开展受到学生能力的制约，要想取得良好的教学效果，就必须夯实学生的英语基础，提高学生的学习积极性和参与度。

（三）基于双语教学视角对我国高校英语教学的思考及建议

1. 加强师资培训，提高英语教学师资专业化水平

师资力量是影响教学效果的直接因素，教师在英语教学中占有重要地位。基于双语教学的考量，我国高校应该加强对教师专业知识和英语基础的培训，集英语与专业能力于一身的高校师资还十分缺乏。开展各种师资培训计划是提升师资能力的最直接方式，如可以开展各类专业英语的知识讲座、国际研讨会等。另外，定期或不定期地组织本校教师参加国外高校的进修和专业交流也是提升教学师资水平的有效手段。教学师资水平的提升不仅是指教师本身的学识和专业能力水平，还包括教师的教学水平、教学经验丰富度、教学素养等多方面，尤其是在双语教学视角下要思考英语授课教师的教学方式，提高高校英语教师在教学方法上的运用能力，在掌握课堂主导性的同时不断丰富教学方法，使高校英语课堂更多元化。

2. 调整课程设置，增加英语课程的专业知识比例

高校英语课程设置是根据专业化人才培养方案来制定的，包括课程内容的选定、课时的安排等多个环节。在课程内容的选定上，基于双语教学的视角，现阶段的高校英语教学存在内容基础性过强、专业性薄弱等问题。因此，应调整现有高校英语课程内容设置，增加专业知识的比重，提高英语课程的专业性，选用专业性更强的高校英语授课教材或者增加基本辅助性的专业英语授课教材，这些都是很好的解决方法。增加英语课程的专业知识比重是双语教学思考下的高校英语教学改革方向，也是提升学生专业能力和英语英语能力的有效途径。

3. 统一班级水平，针对学生水平因材施教

分班授课是部分高校采用的高校英语教学方式之一，在大学生进校分班前对其进行英语水平等级测试，根据水平差异进行同一级别的排班。然而，这种做法却忽视了学生的专业背景，采用的是公共课程的英语基础教学法。分班授课保证了学生的英语水平的高低，但是却完全忽视了学生今后的专业发展。因此，各高校在采用分班授课前应将学生的专业背景考虑进来，也就是在专业背景下进行分等级分班授课，这样，才能保证学生专业性英语知识的开展。针对学生英语水平和专业情况进行因材施教，让学生在自有英语应用能力基础上更好地发展专业能力，达到专业和英语双向发展的教学目标。

4. 注重专业教材，选用合适的英语教材

教材的选用对于教学过程的实施和教学目标的达成有直接影响。基于双语教学的思考，英语教学的专业性程度应是教材选用的标准之一。因此，高校各学院各专业的英语教材应区别订购，不同专业的英语教材需包含一定比重的专业性知识。另外，也可以通过组织本校师资力量进行符合本校特色专业的高校英语校本教材的开发，结合专业优势进行专业性强的英语教材开发，为进行专业课程的双语教学打下基础。

二、专业英语和双语课程教学融合与教法改进

当前，随着教育国际化程度的加深，全国高校各类专业培养方案中普遍增设专业课程的英语和双语教学内容，这有助于提高学生在相应专业领域的英语运用能力。但是，受到教师知识结构、专业的原版教材和学生外语水平的限制，这两种形式的教学效果难以达到预期目标。

（一）专业英语与双语课程的关系

专业英语教学隶属于高校英语教学的范畴，该课程的教学内容以专业知识为基础，教学目的为提高专业英语应用技能，培养专业领域的语言交际能力。双语课程的教学内容属于本学科的专业知识，因此从本质上讲隶属于专业课程教学。该类课程的显著特点是采用母语与英语相结合的教学方式，教学目标是以英语为工具掌握某专业学科的知识。

鉴于专业英语与双语教学过程中都涉及某领域专业知识和英语语言，二者之间又存在着密不可分的联系，甚至人们会将二者混淆。具体而讲，专业英语教学中英语是教学工具和方法的体现，它是双语教学的基础。专业课双语教学专业的实施需要扎实的英语语言水平，需要专业英语教学为其创造前期准备，双语教学是专业英语的具体应用体现。因此，专业英语教学与专业课双语教学存在先后顺序，专业课程双语教学是专业英语教学的进一步延伸。

（二）专业英语课程与双语教学中存在的主要问题

1. 学生专业英语能力与双语教学不相适应

非英语类学生都能够认识到英语的重要性和必要性，认为双语教学能够对英语学习和专业课学习起到双重提高的效果，有助于提高学生的综合素质。在专业课双语教学中，只有少数学生能完全达到双语教学的预期教学目标，大部分同学对于双语教学专业课的学习仍然是通过母语学习，双语教学甚至阻碍了专业课的学习。导致这种结果的主要原因是学生的英语水平偏低，专业英语交流能力差，专业词汇和专门用语应用不熟练，专业英语的能力不能够支撑双语课程的进行，无法达到双语教学的条件。

2. 专业英语与双语教学定位存在问题

专业英语定位为高校公共英语课的继续，缺乏专业英语为双语课程的前续课的认知。专业英语课程以语言的讲解为主线，授课内容为简单的专业领域科研文献对高校公共英语课内容的替换，专业英语与双语课程专业课之间的衔接存在脱节现象。而不同的高等教育单位对双语教学的定位存在差异，教学过程中的教学模式等方面没有明确的认定，选用不同的教学材料和具体操作方式，教学目标为该专业课程的英文翻译。

3. 课程安排不尽合理

专业英语往往没有统一的教材，部分自编教材甚至类似于一份阅读材料，侧重于扩展学生专业词汇、熟悉科技文学，没有注重专业英语的视、听、写等的全面发展，不注重培

养学生的专业英语应用能力。部分学校专业英语师资配备不合理,专业英语由基础英语教师来讲授,双语课程由专业教师来讲授,二者教师安排分离。另外,专业英语课程设置在学生的第三或者第四学年开设,而双语课程在第二学年已经开设,这样就不能利用专业英语课程对双语课程的引领效果。

(三) 专业英语与双语课程融合和改进方法

1. 将专业英语课的功能进行分类合并

根据专业英语课教学目标,将语言训练功能和专业知识功能进行区分,分别划归到高校英语课和双语教学课中。也就是说,将专业英语课的课时补充到进行双语教学的专业课程中,专业英语课中的写作等内容,通过双语课程的课后作业和课程设计等进行体现。

2. 改善教学方式方法

摒弃传统的一刀切直接上马双语的教学方式,根据专业课程中的难易程度,按照课程中的基本概念到基础理论到工程应用的先后顺序,采用从母语教学到英语教学演变的教学方法。首先在板书和课件等方面采用英语,目的是为学生创造专业英语氛围,在应用阶段,为了配合同学们的英语水平和英语表达,采用母语表达。在学生们课堂提问和作业等环节,从少量专业英语单词开始,经过一定课堂量的练习以后,逐渐增加英语在专业课程表达中的比例,最后达到全部英语表达的英语教学。

3. 丰富教学手段

双语教学工程是一个结合英语、母语和专业知识的系统工程,只有采用多样化的教学手段,才能激发学生们的学习兴趣。在教学过程中尽量选择难易程度适中、处于学科发展前沿的教材。为了加强师生之间的沟通和交流,激发学生的学习主动性,需要让同学们更多地参与到英语环境中。首先安排课前预习,将一节课中的专业词汇攻克,避免教学中专业知识和英语的双重学习使同学们产生畏难思想。在课堂教学过程中,专业课程关键词、专业术语等通过板书的形式展示,为学生们学习专业知识提供方便,并且通过课堂表现加分的形式,鼓励学生课堂上用英文回答问题。课后,通过全外文工程实例,布置课后问题,巩固所学英语和专业课知识。

三、专业英语双语教学的改革与探讨

在科学技术飞速发展的当今社会,新型材料的研究和应用受到越来越多的关注,国际之间的交流与合作日益增加,专业英语的重要性十分的明显。因此,在高等学校研究生教学领域,专业英语课程也成为继研究生公共英语学习之后,结合专业课程给学生开设的必修课程。对于工科研究生而言,专业类的英语学习对其更为重要。在今后学习、工作中能够找到研究所需的国际相关资料;并且在英文写作、学术论文发表等方面,好的专业英语水平能够具有更大的优势。

为了满足新材料产业结构转型所引起的人才结构变化的需求,有必要培养具有丰富材料专业知识,同时又具有很好英语运用能力的应用型高水平科技人才。双语教学是如今高校之中教育改革的重要方向之一,对专业英语课程实施双语教学,作者结合实践过程,思考了教学过程中存在的影响教学效果的各种问题,并提出了相应的改革方式。

(一) 专业英语双语教学中存在的问题

双语教学指的是借助中文和英语两种语言,通过学习一些基础专业知识,达到掌握课程内容以及提高英语能力的双重教学目的。双语教学的重点是学生与老师之间使用外语进行课堂学习的交流与互动,因此,教材、老师、学生成为教学过程中的三要素;而教学的方式和方法、实际的教学过程等同样会影响整个专业英语的教授。在专业英语课程双语教学的实践中,教材的选用、高校的师资力量、学生的外语素质以及教学方式等四方面是如今在专业英语教学中需要解决的一些问题。

1. 教材的选用

教材是授课基本要素之一,不同于基础外语,专业英语教材的选用尤为关键。起初,这类教材通常是由专业教师进行自由选择,书籍来源广泛,这样的教授过程通常过于片面、简单,并且容易出现与专业课脱节的现象。因此,在这之后高校专业教师慢慢开始自己编写相关类的外语教科书。但这类书籍作为专业英语的教学用书,很大程度上失去了原版外语教材的感觉,行文之中长难句少、句型简单等,并不能很好地提高学生的外语能力。高校在选择专业英语的教材时,一方面应该尽可能与学生所在的专业息息相关;另一方面需要尽量采用原版教材,避免我国式的外语课本。因此,大多数高校选择的专业英语教材是收集相关专业原版材料,根据教学需求进行删减整合,这类教材更符合实际情况以及本校材料类研究生的特性,选择适当的教材显得非常重要,更有利于提高学生的能力。

2. 师资力量

目前,专业英语课程主要是单一教师授课,而研究生各自所研究的方向不一样,这样很难照顾到所有学生对专业外语的需求,碰到专业性问题时容易出现力不从心。其次,双语授课的老师必须是"双语人才",不但要求专业水平高,还需要英语基础好。这就需要汇集专业能力和英语水平都出色的青年教师,尤其是有海外从事相关研究经历的专业人才。这类人员专业知识功底深厚,还具有常年阅读外文文献经历,外语素质高、能力强,这对于专业英语课程的双语教学十分有利。

3. 学生素质

学生的主要精力都放在了专业课程的学习上,主观地认为专业英语考试能够及格就行,这样就造成了学习的主动性较差。并且双语教学本身对学生的英语水平就有一定的要求。对于基础较差的学生而言,他们对于课程的学习感到困难,从而也影响到了学习的积极性。专业英语是课堂教学,其效果好坏的关键在于师生能否形成良好的互动。在教学实践过程中,基础较好的学生,能够及时把握课堂要点,学习专业外语的积极性高;而英语基础差的学生,往往很难听懂授课内容,长此以往会对双语教学产生厌烦,学习主动性不高。因此,营造一个好的外语学习氛围,提升学生口语和听力的素质显得十分重要。

4. 教学方式与方法

专业英语课程的设置是为了在学生有一定英语基础能力的前提下，提升其对专业类外语资料的阅读、翻译和写作能力。但很多情况下，专业英语的教学方式还停留在传统教育方法上，例如老师一直在讲台上讲解课文内容，学生一直看教材。这类方式效果不佳，授课的重点也会偏向于内容的翻译，而不是学生的专业英语能力和学习热情的提升。这就说明教学课堂气氛非常重要，需要改变方式方法，教师需要对课程的教学进行一定的钻研。

（二）专业英语课程的改革与探索

1. 提高教师素质

专业英语的教师不但需要拥有出色的外语能力，还一定要是一位专业能力同样扎实的全方面人才。高校同时也应当对专业课程老师进行双语教学能力培训，提高授课老师的专业素质。并且，高校也应该重视课程团队的培养建设，建立定期的国际合作与学术交流机制，邀请海外教授做专题学术报告，聘请外籍教授参与教学等。这样对授课团队有着极大的补充与提高，能够使得专业外语的教学更好、更优质地进行。

2. 提高学生的学习兴趣

对于任何的学习和工作来说，兴趣都有着极大的促进作用。对学生而言，感兴趣更是学好一门课程的关键因素。在目前的专业英语双语教学中，大部分的学生都是十分的被动，通常都不是自愿配合老师课堂上的教学活动。在学习中，学生是主体，在专业英语的双语教学中，要充分发挥老师的作用，给予学生好的引导，出色地调动学生的兴趣，从而达到优化教学的目标。

3. 综合运用多种教学方式

在专业英语的教学实践中，要求老师必须能够运用多种教学方式方法，达到出色的教学效果。在教学过程中一定要遵守循序渐进的原则。其次，基于现代多媒体技术，设计好双语课程教学模式，用各种方法调动研究生的积极性，增加师生在教学中的互动环节，可以使得专业英语的学习愈发的有趣。在教学过程中让学生带着问题听课，启发、鼓励学生思考和讨论等，这些方式都能够充分发挥学生的主观能动性，显著地提升双语教学的实践效果。

第三节 基于信息化体验与协作思维的专业英语教学改革

互联网体验和协作的思维模式主要是来源于建构主义，从目前职业教育角度来看，专业英语教育应当有意识地强化学生实践性应用能力，借助体验和协作思维的培养促使学生可以更好地掌握与应用所学的英语知识，促使学生更好地适应社会岗位对于人才的要求，提高专业英语教育中的育人教育价值水平。对此，探讨基于互联网体验与协作思维的专业英语教学改革与实践具备显著实践性价值。

一、基于互联网体验与协作思维的理论基础

互联网体验和协作的思维主要是来源于构建主义理论，其非常注重学生在学习期间的知识发现、探究、挖掘、创新的能力，同时也是一种以主动理解、体验过程中发现与积累知识的重要方式。目前来看，关于基于互联网体验与协作思维的高校英语教学方式，其理论基础主要在于下面几点：第一，体验和协作的理念体现在师生互动方面，在互联网环境之下，教师相对而言更加注重智慧教学平台的应用，创建更为丰富的教学素材，并强化学生的体验和团队协作机会的创造，促使学生可以维持一个相对积极向上的学习状态。在开放和互动的教学平台上，学生的学习主动性、创造性以及协作能力可以得到有效的激发。师生的有效交流属于强化教学质量水平的有效方式，在体验和协作教学期间，可以更好地实现知识的高效率传递，在相应理想的教学情境当中，可以更好地保持相对独立和相互理解、相互支持的关系，强化教学质量水平；第二，体验和协作理念在教学中的体验具备整体性特征。在获得互联网技术支持的基础上，教学过程的整体性优势尤为明显，课堂之前的导入、课堂过程中的翻转以及课堂后的延伸等不同环节，可以构建一个相对动态化、持续性的教学过程。在课堂之前的自主学习环节，教师可以将教学内容与目标进行分解，此时可以将音视频、PPT以及文本等作为任务驱动的资料上传到网络上，促使学生可以自由选择时间下载并学习。在课堂中可以借助信息化技术实现师生互动的改善，从而达到教学互动、协同化的教学效果。在课堂教学后可以借助信息化资料实现课堂的延伸，学生的学习平台以及移动终端可以实现对教学效果的评价，同时还可以适当地延伸与拓展教学过程，促使学生维持一个相对积极的学习状态，强化整体教学效果。

二、基于互联网体验与协作思维的专业英语教学改革与实践

（一）互联网体验与协作思维教学模式的改革策略

互联网课堂的教学首要工作便是制作并上传高质量教学视频，在制作视频的同时需要注重下面几点。

1. 高吸引性与引导性

因为互联网课堂的首要教学环节属于学生自学，所以视频本身是否带有吸引力会直接决定互联网课堂的整个教学质量也。假设视频可以保持高吸引性，便可以更好地吸引学生注意力，促使学生保持高精力状态进行学习，从而保障整体教学效果。

2. 有效监督

学生在借助视频自主学习之后如果不进行监督，此时部分学生可能会因为缺少自主性、自觉性而放弃学习，从而导致后续系列性问题的发生，最终形成低效率教学。对此，采用行之有效的监督方式属于互联网课堂的教学重点。教学方式主要是借助网络技术构建网络课程教学平台，学生在输入相关号码与密码之后便可以登陆到学习系统中，此时在课堂之后系统凭条可以自动记录学生的学习时间与进度。系统当中的课程播放会定时停止，

只有在点击继续才会继续播放,这也是预防学生偷懒、"挂机"等现象的有效方式。但是,如果不具备这样的教学监督条件,也可以应用一些简单的监督方式,例如在视频当中设置一些关键知识点,在课堂教学当中进行知识抽查,以抽查的结果作为学生成绩的评价考虑因素,同时也可以让学生归纳学习纲要并进行批改评价。

3. 复习检测

在视频中可以采取复习检测的方式判断学生的学习效果。教师可以设置各种问题,促使学生针对问题用自己所学的知识进行梳理并解释。问题的设置应当保持难度的恰当,不能因为难度过高而导致学生学习兴趣的下降,也不能因为过于简单而导致学生学习倦怠。和理工类课程不同,英语课程的问题应当保持主观与客观两种类型的题目,其不仅需要带有定式问题以及定式回答,还需要带有感悟与情怀的内容,以主观性无标准答案的方式进行提问,这样的提问方式可以更好地激发学生对于问题的多角度思考,教师可以提前提出要求,假设回答不出客观题便需要借助反复观看视频解决问题,假设回答不出主观题或者是怀疑自己的答案是否正确也可以及时在线上提问,由同学或教师提供帮助,并实现在线辅导。在提问后教师也可以根据提问的情况作为课堂讨论的重点。

(二) 互联网体验与协作思维教学质量提升实践

在课堂教学开始之前,学生可以应用自己的电脑、手机在学校或家庭中借助登陆网络平台或者是直接采用微信等聊天工具构建微课教学平台,明确自主学习任务要求之后,教师可以在课堂开始之前录制微课,并在平台上开展一些听力或词汇的练习,在完成后开展在线测试,总结课堂中的问题,同时基于后台管理系统实现对学生学习动态的监督。但是,为了进一步提升课堂教学综合质量水平,以下是基于互联网课堂教学基础的教学质量提升策略。

1. 结合考纲落实重点

职业教育的时间毕竟有限,在教学中教师需要有着重点地进行教学,将重点的词汇、常用的词汇以及基础性词汇、容易错误的词汇进行总结归纳,并将这一些词汇当做是职业词汇复习教学的重点内容。同时针对高考当中的常见内容,做好相关词汇表的汇总,按照词汇表落实到教材当中的所有单元。在词汇表制作与整理过程中教师不应当独立进行,可以尽可能多地提高学生参与性,促使学生自己做,教师再进行调整补充或修改。在具体教学中,可以按照考试内容做好词汇表的制作,并从其中所有单元着手,将考纲当中提到的词汇挑选出来作为教学的重点,并针对考纲当中没有提到的其他词汇,当做是拓展延伸使用方式进行教学。其次,在重点性的词汇教学中,可以按照词义、词性等因素进行分类,例如可以划分为动词、名词,借助不同分类方式提高学生对于词汇的记忆与引用能力,这样的教学方式不仅可以提高词汇复习的针对性与重要性,还可以更好地提高学生的参与性,学生参与词汇表制作过程也是复习词汇的一个有效过程。

2. 充分情感元素

在专业英语教育期间,教师需要充分挖掘专业英语当中的情感元素内容,并从某一个角度上在教学中突出情感因素,并实现对学生的情感引导。在专业英语教育中,其中涉及到许多与情感相关的内容,例如优美的诗歌、带有文学色彩的长文等,教师需要在教学之前对这一些文章形成全面的认知与理解,根据学生的情操和学生自身的知识储备进行引导。在平常的英语教学中,可以应用语感实现部分英语句子的错误判断,借助听英语歌曲的方式促使接受方式从被动转变为主动,更好地掌握相应的英语知识。

3. 借助情感激发情感

在专业英语教材当中无论是哪一种载体的文章基本都来源于生活,其中也涉及到了大量情感文化丰富的文章。但是,如何合理地应用这一些情感便显得非常重要。对此,在教学中教师可以尝试借助情感作为基础实现对学生情感的激发。应用情感教育的方式可以更好地激发学生对于英语的学习态度,教师无论是在任何时候,都应当保持自身的情感态度,和蔼可亲、落落大方面对学生,并以严谨的态度开展英语教学。教师在教学期间可以掌握学生的英语学习现状,并耐心解答学生存在的各种问题,鼓励学生学习英语并尝试弥补自己以往的英语知识漏洞。

4. 通过生活经验激发情感

在高等教育写作教学当中,为了更好地突出学生的读写能力,教师可以借助生活元素的引入实现自主学习能力的体现,从而达到提高整体教学质量以及激发学生学习、应用意识的目的。在教学期间需要高度重视写作教学。借助生活元素的引入,激发学生对实际生活感受、生活体验以及学校学习感受,促使学生可以刻意将生活和英语教学结合起来进行。在课堂教学中,教师在教学中要注重学生的主体地位,增进学生的情感体验。可采用文本表演的方法,让学生们以课文内容或文中的人物对话为表演内容,根据自己的理解,活灵活现地将书中的内容表演出来。通过文本表演,不仅可以帮助学生更好掌握教材中的知识,也能增进学生的情感体验,激发学生情感,提升审美与创造能力。在英语教学中可以结合学生的接受和学习能力明确材料的难易程度,以提升学生情感体验和感化为基础,英语阅读课堂也可以将情感因素融入到阅读材料当中,采用人文故事的方式激发学生的情感共鸣,从而提高学生的参与积极性,从而推动教学质量持续提升。

5. 突出教育方式的情感特征

伴随着信息化时代的到来,网络化教育技术已经充斥着高等教育阶段,在教育方面信息化技术的应用已经比较成熟。专业英语教师可以灵活地应用各种全新的教育技术实现课堂知识的教学,并针对所制定的教学目标以及课堂教学内容,做好相应的课堂教学方式的优化,应用云课堂以及多媒体等资源的应用,促使教学内容可以更好地获得学生关注。在教学期间,可以借助教育方式的转变满足学生的心理发展需求。对于高校学生而言,在课堂教学中可以应用视频资料、图片资源等让学生将注意力放在课堂教学中,不仅突出课堂教学方式与学生心理特征的结合,还需要兴趣爱好的结合,可以借助游戏的方式进行教学,使学生在课堂学习中感受英语学习的乐趣,从而形成情感式的体验。

综上所述,在互联网时代背景之下,英语教育必须高度适应高校的办学特征以及教育目标,提高教学内容的实用性以及学生的专业化水平,基于传统单一性知识传授的教学模式，结合社会的发展以及学生的具体需求，不断创新与优化教学模式，促使学生可以形成扎实的英语基础，针对性地提升学生的英语交际能力以及应用能力，为学生今后的就业以及个体化的发展奠定基础，强化英语基础水平，促使学生长远化发展。

第四节 "双元"新形态教材开发路径探析

教材改革是教学改革的重要组成部分，校企合作共同开发教材是高等教育教学改革的必然要求。开发"双元"新形态教材对于促进高等教育内涵式发展，提高人才培养质量具有重要意义。"双元"新形态教材的开发契合高等教育发展趋势，是高等院校教材建设一个努力方向。分析"双元"新形态教材的内涵特征，探索新教材开发路径，对于有效推进高等教育创新，深化高等教育改革具有重要意义。

一、"双元"新形态教材解读

"双元"新形态教材可以提取"双元"和"新形态"两个属性词汇。"双元"指由企业和学校双主体合作，"新形态"指教材在内在结构和载体上融入现代信息技术，并在内容和形式上有一定程度创新，如新型活页式、工作手册式教材等。

"双元"新形态教材的设计与开发方式有多种：有的是与专业教学资源库和精品在线开放课程建设同向同行，配套开发，将微课、视频、图像和仿真等植入教材，便于学生自主学习；有的基于职业岗位或企业产品、业务流程，将知识、能力和素质融为一体，同时融入职业道德、职业素养等，既能发挥校企协同育人的作用，又能发挥教材立德树人的功能；还有的是以学习成果为导向进行教材内容结构设计，对教材采用模块化、任务化系统设计，遵循学生的技能学习和职业成长规律，从简单到复杂，从单一到综合，同时可规定每一部分的学分，为学分银行积分转换和"1+X 书证融通"奠定基础。

二、"双元"新形态教材开发的必要性

（一）"双元"新形态教材建设是贯彻时代要求的重要举措

飞速发展的社会经济持续对高等教育提出新的要求。一是新技术、新工艺、新流程不断涌现，面对产业转型升级的新要求，职业院校要持续优化教材建设思路，探索适应产业、行业、企业岗位需求的新型教材；二是现代信息技术深度介入教育教学，"互联网+教育"已经成为教育发展和改革的背景，信息化手段越来越多地融入课堂教学环节，教材作为课堂教学的重要载体，亟需进行改革与创新。高等教育要进一步深化教材与教法改革，推动教学改革逐步深入。在此背景下，职业院校要严格落实教材改革相关要求，加快"双元"新形态教材建设，强化教材改革顶层设计，建立"双元"新形态教材开发制度，促进教育链、人才链与产业链、创新链的有效衔接，推动人才培养质量提升。

(二)"双元"新形态教材建设是教学改革的重要组成部分

教材是开展专业教学工作的工具,是学生学习专业知识、提升专业技能的载体。教材改革与教法改革相互促进,可以以新形态教材建设为教法改革的有力抓手,以助推课堂教学质量提升。职业院校教师要进一步提升"双师"素质,提高专业技能,具备理论教学和实践教学能力,探索教师分工协作的模块化教学模式。"双元"新形态教材建设正是基于企业真实生产过程设计和内容模块化、任务式呈现,能有效促进教师实践能力的提升,推进模块化教学改革。为适应"互联网+高等教育"需求,广泛应用线上线下混合教学,促进自主、泛在、个性化学习,也需要进一步深化教材与教法改革。"双元"新形态教材立体呈现,将授课计划、教学难点和重点等通过二维码以微课、视频形式立体呈现,基于学习者的角度进行设计,便于学生自主学习,能促进线上线下混合教学改革,进一步优化课堂教学环境,提高教育教学效果。

三、"双元"新形态教材的开发路径

(一)坚持校企合作,双元共同开发

"双元"育人是产教融合的重要表现形式,高等教育教材的编写要遵从"从企业中来,再回到企业当中去"的原则,紧跟行业产业发展变化,坚持"产教融合、校企合作"的理念,充分发挥企业在教材设计与开发过程中的作用,充分体现职业院校与企业在人才培养过程中的深度融合,切实提高教材的实用性。

1. 多形式开展校企合作

校企合作可以通过到企业挂职、对企业进行调研、聘用企业兼职教师等方式进行。要全方位推进高等教育教学改革,在校企合作方面努力构建校企命运共同体,学院的专业设置随着集团业务发展持续更新、调整,各系均建有业务部和研究中心,与企业的事业部门相对应。教师可以利用课余时间对企业进行深度调研,通过长期合作,与企业建立紧密的联系,在编写教材时能与企业技术人员和业务骨干进行沟通与合作,及时了解企业生产实际,运用企业真实案例,让教材设计与建构始终不脱离企业的生产实际。

2. 多维度进行行业调研

立足岗位能力需求,深入行业企业一线开展调研,企业调研涵盖企业业务流程、操作规范及服务标准,在调研中,教师设计调研方式,划定调研对象,确定调研内容,了解一线业务人员、管理人员及毕业生对教材的意见和建议。之后对调研内容和所收集建议进行分类整理,将行动领域内容转换成学习领域的知识体系。"双元"新形态教材内容开发源于企业生产实际和岗位需求,适应专业课"教、学、做一体化"要求,尤其是校本"双元"新形态教材的调研与开发体现了职业院校人才培养特色及对应职业岗位特有的思维方式和工作能力要求,逐步将实践性教学内容提高到政策规定比例。

3. 全流程强化企业参与

"双元"新形态教材的编写涉及教材架构设计、业务流程（或任务）梳理、考核要求确定、教材初稿审核等环节，各环节均在加强与企业的共同研究。一般情况下，参与新教材编写的企业人员以技术能手、能工巧匠为主。教材的编写审核充分考虑企业人员的意见和建议，做好全程企业人员参与的记录，以确保教材编写的科学性与合理性。

有企业的密切配合和积极参与，学院及时将行业企业及相关产业发展的新业务（新技术、新工艺、新规范）纳入教材内容，反映典型岗位（群）职业能力要求，体现最新业务（工艺、技术）与最新的应用，实现理论与实践的无缝对接，助推"1+X证书"制度改革，为行业企业培养出高素质技术技能型人才。

（二）坚持成果导向，丰富教材设计

"双元"新形态教材设计坚持以学生为中心，以学习成果为导向的设计思路，分析"专业人才培养目标—毕业要求—课程体系"之间的内在联系，尤其注意强化"学习资料"中"学"的功能属性，以教材为载体，构建体系化学习内容。教材设计要符合技术技能人才成长规律，将企业岗位（群）要求、职业标准及工作业务流程等作为教材主体内容。

（三）构筑"四位一体"立体呈现效果

近年来，信息化教学资源在教育教学中的作用日益凸显，"互联网+教育"的环境下，高等教育借助信息化教学手段开展教学活动已经成为教学常态。需要充分运用现代信息技术，开发活页教材、活页笔记、功能插页等新形态立体一体化教材。学校新形态教材主要采用"活页教材+活页笔记+实践训练+功能插页"的"四位一体"模式构建，新形态教材组成要素主要包括教材部分、自主学习手册（或实战任务单）、实践训练页、学习成果评价单等。其中，工程类、管理类专业课程和通识类课程教材的实践训练分别是工作训练、应用训练、专业应用，实践训练页分别是工作页或工作过程卡、应用训练页或设计页、专业（群）应用训练页或设计页等。

新形态教材主要针对重点和难点内容采用二维码方式，在纸介质教材中融入数字化教学资源，使教材兼具生活化、情景化、动态化等特点，体现实用性和丰富性；此外，还要积极开发与教材相互补充的延伸性教辅资料，借助网络课程、虚拟仿真实训平台、工作过程模拟软件、通用主题素材库等多种形式的数字化教学资源，开发共享型、动态化课程教材资源库。

（四）坚持多维审核，严把教材质量

进一步完善新教材编写的审核制度和措施，确保教材编写质量。"双元"新形态教材建设要坚持编审分离。审核人员一般要包括相关领域校内外专家、企业专业人员和学生代表等。校内外专家可从教材政策合规性、设计理念先进性、内容新颖性、特色创新等方面进行审查，同时审查教材是否体现了专业课程改革和人才培养目标要求，专业核心课程的

教材是否体现理实一体，实训课程教材任务、项目设计是否科学合理，是否体现了"课程思政""劳动教育"等精神的培养，推动岗课赛证融合，提高学生职业能力等；企业专业人员从与企业生产实际契合度方面给出评审意见，主要审核教材内容是否反映企业真实生产工艺、业务流程、企业真实岗位标准要求，是否体现企业新产品、新工艺、新技术和新规范等；学生代表从可读性的角度给出意见，主要从教材是否以学生为中心进行设计，是否从学生的视角分析问题和解决问题，是否能激发学生学习兴趣、培养学生的学习能力、实践能力和创新创业能力等。通过多维审核，使"双元"新形态教材更好地承担起育人功能，从而使得"双元"新形态教材建设更好地为专业"知识目标""能力目标""素质目标"服务。

"双元"新形态教材建设是一个系统工程，要与专业课程改革同向同行，契合专业课程改革要求，打造优秀"双元"新形态教材。学校层面要做好顶层设计，搭建具有前瞻性的高水平校企合作平台，努力构建校企命运共同体，制定相关制度措施，激发教师教学改革的积极性和主动性，激励教师努力投入"双元"新形态教材改革，同时做好信息化环境和硬件支撑；教师要潜心进行教学改革，深入企业一线了解企业生产实际，与企业人员联手打造高质量教材。校企共同开发"双元"新形态教材，为提高人才培养质量，提高企业技术技能人才培养的适应性提供重要保证。

第九章 信息化环境下的高校英语课程思政在线课程建设的实践

第一节 基于在线混合式教学的高校英语课程思政探讨

一、课程思政与高校英语混合式教学的研究情况

混合式教学有利于学生自由选择学习时间，有利于老师利用动态的数据掌握学生的学习状态，能够取得更好的学习效果。疫情防控期间，高校英语教学几乎都采用在线教学模式，面对网上海内外纷繁复杂的新闻报道，高校英语教师更有必要通过精心设计在线教学内容，在提高学生英语综合技能的同时潜移默化地引导学生理性思考，树立正确的观念，保持身心健康，做有家国情怀、有学识、有责任担当的当代大学生。

二、疫情背景下高校英语在线混合式教学中课程思政的模式建构

（一）深挖教材中的思政元素

完全依赖或脱离教材都不利于高校英语教学的顺利开展。由于现有教材的编写没有考虑到思政元素的系统融入，高校英语教师要合理利用教材，从纵向方面挖掘现有教材所蕴含的深层思政元素，横向上要把各个单元零散的思政内容有机联系起来，形成系统的高校英语课程思政教学体系。在此基础上，确立每个单元的具体教学目标以及思政元素的融合贯通，反复研磨教学内容。由于疫情期间教学的特殊性，有必要在原有教材和教学资料的基础上进行适当调整，将国内外新闻时事、抗疫英雄故事等资源适当融入课堂，让学生进行思考，以满足高校英语在线混合式教学中课程思政渗透化的要求。

（二）高校英语课程思政的课堂实施

混合式教学主要由线上学习和课堂面授两部分构成。由于疫情防控的特殊性，所有的任务只能通过在线完成，因此课堂面授教学的顺利实施受到学生各自网络条件的限制。疫情时期的教学环境，在对学生电脑的持有状况、是否有宽带和 WIFI、手机月流量和移动网络信号等方面进行问卷调查的基础上，确立以"腾讯会议"直播为主、微信语音与文字为辅的远程课堂面授教学方式，将思政元素融入课堂演讲、小组讨论、课堂讲授等每一个环节。

(三) 高校英语课程思政的评价方式

疫情背景下高校英语实行纯在线教学，学校规定形成性考核的比重占60%，因此评价标准必须要做到细化并且公平公正，不但要考查学生的在线资源学习情况、出勤情况、课堂问答情况、作业提交次数与质量、在线测试成绩等，而且要对学生的团队精神、文化自信、爱国情怀、民族自豪感等方面做出客观评价，对部分有认识偏差的学生要帮助他们树立社会主义核心价值观，引导其加强学习，做有社会责任感的当代青年。

第二节 基于SPOC（Small Private Online Course，规模限制性在线课程）混合式教学的高校英语课程思政在线平台建设

一、SPOC模式的特点及高校英语课程思政融入的重要性

（一）SPOC模式的特点

SPOC模式主要是小规模的在线课堂学习模式，学习内容包含线上视频以及线上练习，能够将线上、线下授课答疑有机结合。这一教学模式是对慕课的延伸补充，能对慕课课堂教学中的不足之处进行弥补，从而能从整体上提升教学的质量。该模式有着鲜明的特征，主要有：

1. 自由性特点

SPOC混合模式的应用有着自由的特点，学生在线上线下都能同时实施，线上进行讨论，线下课堂进行讲授，教师能够把更多的时间放在课堂上，学生学习的自由度也大大提高了。

2. 高效化特点

SPOC混合模式的应用由于在规模上相对比较小，学生学习的效率也比较高，在有限人数下，学生能和教师互动以及讨论等，能有效提升学生在英语课程知识的学习效率。教师全程参与学生的学习，及时解答学生学习时遇到的问题，这对提升学生的英语知识学习质量有保障。

（二）SPOC模式下高校英语课程思政融入的重要性

SPOC混合模式基础上的英语课程教学思政的融入很重要，对学生全面素质的培养有着促进作用，能为学生可持续学习发展起到促进意义。英语课程教学工作的实施过程中，涉及面广，教师在新课改教学要求下，要注重从创新的角度出发，进行积极优化教学的方案。英语课程教学活动的开展当中，结合SPOC混合模式的教学优势，将思政融入其中，促进学生在英语知识学习的同时，能对思政的知识内容学习加强重视，提高学生思政的知识素养，帮助学生坚定理想信念，促进学生文化素养认知能力的有效提升，这对学生英语

知识学习能力水平提升有着积极意义。另外，SPOC混合模式的英语课程教学在思政融入下，能为大思政课程体系的构建起到促进作用，这对实现教育改革发展的目标有着积极促进作用。丰富的教学素材以及课堂组织模式，能够为学生英语知识学习的能力水平提升起到积极作用，潜移默化影响学生，为学生综合学习能力提升打下基础。

二、SPOC混合模式高校英语课程思政现状及在线平台构建

（一）SPOC混合模式高校英语课程思政现状

在SPOC混合模式应用下，英语课程思政教学中存在的问题依然很多，为了有效提升学生素养，需要明确教学的问题，针对性进行处理，从而保障课堂教学目标的实现，从以下几点就教学的现状进行阐述：

1. 思政元素融入度低

高校英语课程教学中，面对多样化的教学要求，教师在实际课堂教学活动的开展过程中，要采用创新的教学方法，才能真正实现高质量的教学目标。英语教学中思政元素的融入是创新教学活动的方式，而在实际教学中，教师并没有认识到英语课程教学思政融入的重要性，对思政元素的挖掘融入的重视度不足，没有和学生职业素养的培养需要进行有机结合，这就必然会影响整体课堂教学的质量效果。

2. 课程改革力度不足

SPOC混合模式的应用，是改善传统英语课程教学不足的重要方式，英语课程教学中思政课程改革发展，要以学生的素质培养为目标进行积极优化设计，对学生学习质量的提升起到促进作用。而从实际的课程改革发展的现状可以发现，改革的力度不足，缺乏对新的教学方式加以应用，课程建设存在滞后的现状，这对处理教学低效的问题显然是不利的。

（二）SPOC混合模式高校英语课程思政在线平台构建

SPOC混合模式应用下英语课程思政在线平台的构建，主要以学生的学习素养培养为目标，通过线上线下混合教学的方式来提高学生英语学习综合素质，从以下在线平台的构建方面要加强重视：

1. 构建在线平台丰富教学素材

SPOC混合模式的应用是在因材施教的理念下开展的，针对不同的学生采用不同的教学方式，线上线下相结合掌握学生知识学习的进度，让学生能够及时跟上教学的进度，促进学生在学习当中能及时地调整学习计划，这对促进学生英语知识学习的能力提升有着积极作用。SPOC混合模式基础上的高校英语课程思政在线平台构建，需要教师从创新的角度出发，激发学生对英语课程知识的学习动力。SPOC混合模式的应用优势比较明显，教师通过SPOC混合模式为学生学习英语知识提供丰富的素材，将思政的元素融入其中，创新学生学习的过程，这对学生自我主动学习能力的提升有着积极意义，有助于为学生高质

量学习发展打下坚实基础。课程教学前教师要对学生就视频观看的学习问题进行了解,因材施教,采用教学的举措,针对性解决学生学习过程中的问题,让学生能够在实际的探究学习过程中有更大的进步,从整体上提高学生英语课程思政知识综合学习能力。教师在课堂教学中通过情景仿真模拟以及项目操作等方式,帮助学生巩固知识点,在英语知识的学习深度以及广度层面对学生进行有效拓宽,为学生线上线下学习进行补充,从而有效提升学生英语知识学习的效能,促进学生在英语课堂学习思政的知识内容。

2. 在线平台应用深度挖掘思政元素

高校英语课程教学中融入思政,要能和SPOC混合模式教学需要相结合,发挥线上线下相结合的教学优势,将课程思政的价值观培养以及塑造的作用发挥出来,提高学生专业知识学习的能力素质。英语课程教学中教师要注重将教材当中的思政元素进行挖掘,通过在线教学平台的应用,引导学生提前进行预习,了解相关的知识点;让学生能够在学习英语知识的时候树立思政的思维,从中能够发现有利于自身发展的动力要素,如通过思政元素的挖掘利用,帮助学生树立坚定的理想信念,帮助学生树立正确的人生观以及价值观,有助于促进学生树立热情豁达的生活观以及职业观。通过多样化的思政元素的融入,为学生未来的发展产生推动的作用,让学生能够更加明确学习目标,促进学生在明确的目标引导下进行专业知识学习,这对实现高质量的教学目标有着积极意义。

例如,英语课程教学中有涉及网络社交的知识点,教师就可以对这一思政的元素进行深入挖掘利用,让学生能够对不同性格的人的网络交际方式以及社交媒体和网络让人们盲目自信等话题进行探讨,让学生在讨论中学会树立正确的网络观,促使学生能够客观认知自我,形成自我约束的意识,这对学生思想素质的提升有着积极作用。通过SPOC混合模式的应用,教师可以在课前为学生设计任务,让学生做好准备工作,在正式的课堂中进行深度的思考探讨问题,这对活跃英语课堂也能发挥积极作用。

3. 发挥在线平台优势、明确目标

在英语课程教学活动的开展过程中,为了有效提高学生英语知识学习的质量,教师在课堂中要从不同的角度出发进行思考探究。在SPOC混合模式的应用下,教师通过结合课程教学的要求,为学生树立针对性的学习目标,让学生能够在英语课程的学习过程中有明确的学习方向,在这一基础上才能对学生学习素养的提升起到促进作用。明确教学目标,也能促进教学活动的顺利开展,教师在英语课堂中不只是对学生的知识技能素养进行培养,也要对学生的情感素养进行培养,如学生学习的兴趣以及自信和意志,以及学习中的合作精神等,对这些和学生学习效果相关联的因素进行分析,制订科学的情感目标。通过和思政元素进行结合,科学选择思政元素,转化成英语基因,通过对SPOC混合模式的应用,将网络技术的优势发挥出来,为学生搜集丰富的学习资源;通过在线平台的科学应用,教师引导学生在平台上探讨相应的知识点,为学生筛选合适的思政教育的资源,从整体上提高思政教育的亲和力以及针对性,让学生在实际思政知识的学习过程中能够有更大的进步,这对实现高质量教学目标有着促进作用。

总之,教师在英语课程教学中思政元素的融入下发挥SPOC混合模式的应用作用,通

过在线平台的科学应用，为学生开设创新性的学习活动，这对实现高质量的教学目标有着推动作用，能有效提高学生综合学习素养，让学生通过在线平台的应用，促进其更大的进步。

第三节　基于传承我国精神与文化的高校英语线上课程思政建设

一、建设"传承我国精神与文化的课程思政线上金课"的意义

全球化时代，世界各国在文化与思想方面交流频繁，构建人类命运共同体是世界历史发展的必然要求，联合国多次将其写入联合国文件。我国高等教育"课程思政"所建构的精神是社会主义核心价值观倡导的精神，是国家意志在高等教育领域中的精神呈现。因而，高校英语"课程思政"建设对帮助新时代大学生展现当代我国精神风貌、促进他们与外国人自信交流我国文化、提升有效互动能力有着非常重要的意义。

首先，建设"课程思政线上金课"有利于在线教学背景下实现课程育人目标。教师通过深入挖掘高校英语教材中蕴含的思想政治资源，有机融合知识传授与能力素养培养，课程内容反映前沿性和时代性，线上开展有"挑战度"教学任务来发挥课程主渠道作用，使其既符合英语语言教学目标，又能实现思政育人的目标。在知识传授中强调"德育"主流价值引领，开辟"智能+教育"课程思政线上金课新途径，让学生在线上课程中传承我国精神和提升文化自信心。

其次，建设"课程思政线上金课"是大学生传承与弘扬我国精神与文化的基础。高校英语作为面向全校学生的公共基础课，肩负着新时代语言教学的新使命，即培养学生用英语讲好我国文化故事，向世界展示我国精神，促进与外国人针对不同文化的有效交流。融入"我国元素"的高校英语课程思政对大学生未来做好"企业与外商交流大使"、传播与弘扬我国精神与文化有着深远意义。

最后，建设"课程思政线上金课"将提升高校英语教师的课程思政意识，有助于教师在授课中自觉弘扬主旋律和积极传递我国文化正能量。这对外语教师提出了新要求，既要讲授教材内容，又要创造性地将"我国精神""我国文化""我国前沿性与时代性话题"自然融入到高校英语课堂教学中，更要求教师课余时间带头参加并指导学生用英语线上语言服务文化外宣。

二、高校英语"课程思政线上金课"建设的探索与实践

（一）"我国精神"案例融入在线课程思政教学设计

富媒体时代下网络资源获取便利，教师应当怀着"常教常新"的备课态度，密切关注前沿性与时代性话题，可以从China Daily、People Daily、CGTN等多家英文媒体多渠道搜集课外思政素材。在教学活动中应当挖掘知识所凝结的思想要素与德行涵养，通过转化促

进学习者个体的精神发育。教师需要挖掘新闻背后传递的我国精神自然融入教材的学习，并指导学生开展指向深度学习的课程思政教学设计。

1. 互助与感恩精神

线上教学融合网络热门视频，助力学生视觉思维模式形成与在线深度学习的内在统一。在"停课不停学"号召下的宅家线上第一次课，教师引导学生仔细观看 We are all fighters 视频，针对视频中呈现的"战士"内涵开展深入探讨，以此来引导学生关注突发公共卫生事件，正确认识每位公民所应当承担的责任。除了讲授视频中出现的英语词汇和相关表达应用外，教师借助云班课上发起在线头脑风暴"What do you want to say to encourage people of Wuhan"来唤起学生对武汉人民的同理心，培养学生"一方有难，八方支援"的互助精神。

2. 英雄与斗争精神

教师以《21世纪英文报》Heroic efforts：people pow-ered 一文报道最美逆行者医护工作者为民族最闪亮的坐标为课程思政素材，引导学生学习医务工作者的英雄事迹，向同学们发起"Who is the hero you admire most and what do you learn from your hero?"的情感参与探讨，以此来教育大学生要凝聚奋斗力量，弘扬英雄精神，要向英雄学习，将英雄精神内化于心，外化于行。

3. 公益与志愿精神

金课的"两性一度"标准中提出教学形式要体现先进性和互动性，学习结果应具有探究性和个性化。结合广告单元主题，教师创新作业形式，要求班级同学以小组为单位，通过 QQ 或微信小群在线会议模式共同探究来完成设计小组个性化的公共卫生公益广告。此项作业的评价方式为作品上传云班课后以结合教师评分与组间互评的方式最终完成评价。活动设计的初衷是结合单元广告主题，培养大学生心系突发公共卫生事件，勇担公益使命。该活动受到了同学们的喜爱，大家在反馈中也提到小组线上广告设计不仅将突发公共卫生事件与教材主题紧密结合，更是提升了他们视频制作等信息技术能力。

（二）"优化使用慕课＋自建地方特色文化 SPOC"教学资源库建设

大学通识课程需按照"不忘本来、吸收外来、面向未来"的我国特色社会主义文化建设原则，将课程扎根于自身历史传统，传承中华优秀文化。除了挖掘教材中的课程思政元素外，教师充分利用我国慕课平台资源，在课堂上融入苏州大学《我国地方特色文化英语》和河南理工大学《我国节日文化》的慕课。

对慕课使用方法上，教师没有照搬照抄，而是结合本院学生的学情，在引导学生观看慕课前学习教师准备的文化话题，互动导入并设计相关练习，要求学生带着问题观看慕课，以便更好地掌握知识点。

总之，高校英语线上课程思政要挖掘和突出富媒体时代下课程的育人功能，促进大学生通过对富媒体资源案例融入课程思政教学的深度学习而产生精神和文化意义，即知识的学习达成个人传承我国精神与文化的意识。其次，教师要结合学情，按照金课"两性一度"标准进行教学设计,建立"优化使用慕课+自建地方特色文化 SPOC"的资源库。最后,课程思政教师需要模范带头参与线上线下服务地方经济文化建设,实现社会服务实践经验反哺教学,最终打造好符合所在高校特色的高校英语课程思政金课。

第四节 后疫情时代"课程思政"在线英语教学改革

思想政治教育是我国高等学校教育教学工作的中心环节,它不仅是高校思想政治工作者及思想政治课程的职责和任务,同时也是高校全体教师和课程的责任和使命。"课程思政"的核心是"思政",意指将思想政治教育融入通识课和专业课的教育实践活动,或者依托通识课和专业课开展思想政治教育实践活动。在坚定不移深化落实党的十九大、全国高校思想政治工作会议以及全国教育大会相关精神的过程中,我国高等教育无论在思想政治理论还是教育实践等方面都得到了新发展,达到了新高度。

作为我国高校受众范围最广的主干通识课程之一,大学英语课程是"课程思政"的重要阵地,高校英语教师是实践"课程思政"理念的中坚力量,如何将全程育人、全方位育人始终贯穿于大学英语教学实践也是其面临的新的重任和挑战。针对新冠肺炎后疫情时代对教学带来的影响,本研究基于"互联网+教育"背景,运用新媒体信息技术,将"课程思政"理念与网络在线教学深度融合,进一步提升价值引领和意识形态教育成效,让大学英语课程的"思政"作用更加明显。

一、"课程思政"在线教学改革背景和必要性

(一)国家教育方针及国内外形势发展的要求

我国的教育有着优良的传统,在"传道、授业、解惑"的同时,坚持育人育才的相辅相成。"课程思政"注重以德立学、以德修身、以德施教,继承中华民族的优秀传统文化,帮助和引导学生树立正确的世界观、历史观、价值观和人生观,为国家和社会培养更多优秀的人才,为新时代我国特色社会主义建设事业储备和输送更多忠诚、可靠的接班人。

随着我国改革开放的不断推进,社会价值观愈加多元化,面对复杂的国际形势以及部分反华势力在我国意识形态领域不断侵蚀和渗透的境况,当代大学生易受到各种不良思潮的干扰,造成思想道德的迷茫和理想信念的动摇,着眼于中华民族伟大复兴的战略层面,迫切需要加强对大学生的思想政治教育工作。

(二)新时期社会主义人才培养工作的需要

思想政治素质过硬、道德品格高尚是新时期社会主义合格人才的基本要求,只有具备这些基本的素养,他们才能依靠自身的专业知识和技能更好地报效祖国、服务人民。课堂是人才培养的主阵地,而且人才培养目标的实现并不完全单纯依靠"思政"理论类课程,除此之外还要积极有效地将"思政"融入各种学科教学中,发挥多学科优势,抓住课程改革核心环节,全课程、全方位培养人才。"课程思政"把思想政治工作同教书育人、学

成长等各个环节紧密结合起来,依托思想政治教育体系建设,推进一流人才培养体系建设和发展,让教师的每一节课、学生的每一步成长都充盈着思想政治教育的精神力量,使学生成长为国家栋梁之才。

(三) 后疫情时代高校英语课程教学的内生驱动

作为高等学校人文教育的一部分,高校英语具有人文性和工具性的双重特性。针对人文性来说,高校英语课程的重要任务之一就是跨文化教育。众所周知,语言不仅是文化的载体,还是文化的重要组成部分,学生在学习和掌握英语这一交流工具来进行交流、学习先进的科学技术和专业知识之外,还需要了解国外的社会和历史文化,增强对世界各国文化的理解、对中外文化差异的认识,培养跨文化交流能力,提升交际水平。人文性的核心是以人为本,注重人的综合素质培养和全面发展,弘扬人的价值意义。高校英语教学的重要任务之一就是将社会主义核心价值观融入课堂,同时充分挖掘高校英语课程丰富的人文内涵,实现高校英语人文性和工具性的有机统一。高校英语课程有其自己的独特性,课程学习的时间长、跨度大、受众范围广,是当代大学生直接面对国外思想文化冲击、最容易遭受外来思潮影响的课程之一,因此,课程中思想政治教育的意义格外重要。高校英语教师应该信念坚定、敢于担当、勇挑重任,将思想政治工作密切融入高校英语教学中,时刻坚守社会主义意识形态主阵地。

发生在2020年初的新冠肺炎疫情给国家和社会带来了较大的影响。为确保全国各高校教育教学工作在疫情防控期间不受影响,教育部明确要求:"各高校必须根据自身情况,积极开展线上教学,实现'停课不停教、停课不停学'。"线上教学是对传统课堂教学的一种延伸和补充,同时也是一种挑战,尤其在疫情防控特殊时期,线上教学亦成为一种主要的教学方式和选择。进入后疫情时代,疫情依旧会零星存在,并且随时可能都会小规模暴发。尤其受全球疫情变化和季节性气候等客观因素影响,这种状况仍会持续一段时间,进而对社会生活各方面都会产生深远的影响。对高校英语教学而言,随着学生逐渐大规模返校,也将面临许多新的问题和挑战,面授课堂教学逐步恢复,在线教学作为这一时段的辅助和储备手段仍然发挥着重要作用,而对"课程思政"在线教学进行阶段性经验总结和改革创新,是高校英语教师今后一个时期值得思考和探索的事情。

二、"课程思政"在线教学改革与探索

(一) 提升教师思政素养和能力

高校英语教师在教育教学过程中应时刻保持政治定力,坚持社会主义核心价值观,旗帜鲜明地宣传党的理论、路线、方针和政策,成为社会主义核心价值观的践行者和先进文化的传播者。高校英语教师在在线教学中面对西方文化思潮和价值观的时候,应具有一定的政治敏锐性,以理性的视角对待中西方文化的这种差异化,牢牢坚守社会主义意识形态的主阵营。与此同时,高校英语教师还需要具备坚定的理想信念、扎实的专业知识、高尚的情操素养,兢兢业业,言传身教,用自己的品质风范和人格魅力感染、感动学生,触及

学生的灵魂，引起学生的思想共鸣，激发他们的理想信念和爱国情感，在思想政治引领下努力学习知识，在掌握知识技能的同时升华自己的思想境界。我们将持续探索大学英语教学"课程思政"教育的路径和方法，使思想政治教育与知识教育相辅相成、相得益彰。

（二）融合现代信息技术，优化教学内容和方法

大学英语在线教学要以培养德才兼备的人才为目标，修改和完善教学方案，优化和设计教学内容，因地制宜采用合适的教学方法，把我国共产党的重要思想理论、中华民族的优秀传统文化、社会主义核心价值观等"思政"元素融汇到教学全过程，实现英语语言文化知识传授与正确价值引领的有机统一，满足学生健康成长、发展的需求和期盼。

具体实践中，首先要创新高校英语在线教学手段，从而使"课程思政"教学方式更加多样化，教学力度更强、效果更佳。将每节课的思想政治教育目标设定好，围绕这个目标，教师在课前要认真思考和准备恰当的切入议题，找到英语学习和思想政治教育的最佳平衡点，在课堂讲解、课堂提问、课堂讨论、课堂总结等各个环节穿插设计相关的内容和问题，为学生创造主动学习、积极探索、认真思考和实践的交流互动平台，提高应用所学知识解决实际问题的能力。在课程细分方面，可以把各个单元、每篇文章、每个主题等作为教学单位，科学利用网络信息技术优势，充分挖掘其中同"思政"教育直接相关的素材，同时再通过查阅外文资料、调研、访谈等方式选取包含社会主义核心价值观的英文材料作为辅助素材。结合当前实际，尤其在疫情防控期间，我国国际广播电台、中央电视台国际频道、人民日报海外版等国家主流媒体，以及BBC、法国新闻社、路透社等国际媒体报道中，真实讲述和评价在抗击疫情斗争中体现出来的我国特色社会主义制度优势。我国共产党集中领导、统一指挥、凝心聚力的政治优势，是战胜一切困难和风险的"定海神针"，是打赢疫情防控阻击战的根本保证。这些报道素材从不同角度彰显了我国特色社会主义制度集中力量办大事的国家体制和治理体系显著优势，以及在全球抗击疫情斗争中彰显人类命运共同体意识和大国担当精神。其次，在教学过程中以甄选的新闻素材为依托，站在语用学的角度对语篇和文体等进行分析，深挖其内涵和思想，在进行语言技能训练的同时，辅以批判性思维，传授给学生正确的世界价值观和人生观。最后，增强在线教学课堂互动性，采取云圆桌会、云沙龙、云辩论会等方式，达到思想的碰撞和交流。在这个过程中，逐步培养学生政治敏锐性和理性思维能力，使他们能够拥有正确的观点、立场和方法，分析和思考面对的各种问题和疑惑，将理想信念、情操梦想自觉融入日常学习中去，进一步增强民族自信心和自豪感，坚定以实际行动践行爱党爱国的决心。

（三）依托在线教学平台，将疫情防控知识融入课堂

在线教学是一种以平台和资源为中心的半开放式的教育教学活动，教师通过高质量的教学设计，充分调动学生的学习动机和学习积极性，考查对书本知识的掌握以及网络检索、信息的快速获取、甄别、选择、加工、整合、重组、传播、在线交流、合作、创新、创造等多种能力，这些能力也是信息时代的核心素养和能力。

大学英语在线教学既要服务于国家和社会层面的需求，还要着眼于学生自身的需求。

将疫情防控知识融入课堂也是大学英语在线教学的一项重要任务，大学英语教师有责任在对学生传授书本知识、进行思想政治教育的同时，在学生中间做好疫情防控知识的宣传。后疫情时代，依然要把疫情防控知识的宣传放到德育渗透目标中去，课堂上教师采用英语教授英语语言知识，而在渗透疫情防控知识时可以切换到汉语，以便更好地达到疫情防控知识宣传的效果，通过在线宣传，使学生能够掌握基本的疫情防控知识。在线教学过程中，高校英语教师要自觉承担起疫情防控知识宣传员的角色，并且亲身力行，影响和带领学生，并通过学生进一步带动其家人、朋友和周围的人一起按照疫情防控相关要求去执行。这样可以在不影响正常教学和不占用学生课余时间的情况下，将高校英语语言知识和疫情防控知识有机融合，让学生自觉、系统、完整地学习疫情防控知识，更好地做好疫情防控，为国家疫情防控做出应有的贡献。

（四）开展多元化教学评价体系，评估"课程思政"成效

传统的高校英语教学过程中，虽然也融入了思想政治教育内容，但无论是学校对教师教学的评价还是高校英语教师对学生学习效果的评价，往往忽视了"思政"元素。当前的高校英语教学评价体系还沿袭传统的以"考试"定结果的方式，学生思想政治和意识形态等方面的内容尚未纳入考核评价体系。如何对高校英语在线教学中的"思政"教育成效进行评价是摆在大家面前的一个关键问题。高校英语在线教学无论在理念和模式上都与传统的课堂面授教学有着一定的区别，因此传统的教学考核评价方式已经不适应在线教学的改革、创新和发展，改革先前的考核评价制度，制订与之相适应的考核评价方法和标准体系是高校英语在线教学改革的重要组成部分。

首先，教师要引导和教育学生树立正确的世界观和人生观，准确理解我国特色社会主义的思想内涵，正确认识新时代青年学生肩负的使命和重任，促使学生自觉地将人生梦想的实现融进报效祖国的实际行动中去。从单一考核评价到"德、能、勤、绩"四个方面的综合考核评价，从学生学习效果单一考核评价维度，向社会责任感、集体主义精神等多维度延伸，建立能体现学生专业水平和思政素养的评价体系。其次，对英语知识的考核上增加日常考查内容和比重，具体包含学生的学习态度、生活情感、思想道德以及参加社会公益情况等方面的评价。另外在平时的课堂作业、单元测评以及期中、期末考试中增加"思政"方面的考试内容，例如阅读理解和作文可以围绕"思政"主题设计题目和考查内容，形成有效的"课程思政化"评价体系。最后，可以在平时的在线教学课堂上增加学生个人展示和群体互动环节，比如"思政"主题演讲、交流讨论、剧情表演等口语能力展示，培养和考核学生的自我突破、探索创新和团结协作精神。评价方式上可以采取更加开放的途径，先在学生之间开展自我评价和互相评价，然后教师再进行点评和总结。教师的点评应不再局限于英语语言知识自身，还应涉及思想道德内容的评价，真正做到"知行合一"。

建立健全高校英语"课程思政"在线教学评价机制是后疫情时代检验高校英语在线教学改革成效的根本要求。避免传统的唯分数、唯"考级"通过率等考核偏向，戒除将高校英语课程知识化与思想政治理论、价值体系等割裂开来，综合运用主观评价和客观评价、过程评价和结果评价、个人评价和社会评价等相结合的多样化评价方式。

从语言知识、价值观念、精神素养、思想道德、公共参与等多个维度进行在线教学效果评价，并进一步把相关评价结果与教师的职业管理和发展通道结合起来，切实提升高校英语教师课程思政建设的积极性和实效性。

总之，"课程思政"是一项持续、长期的系统工程，高校教师应以此为契机，将思想政治教育融入教学中来，充分发挥教学的立德育人价值。高校英语"课程思政"在线教学改革致力于将思想政治教育同英语听、说、读、写、译等有机融合，使学生在学习英语语言文化知识的同时，发挥自身主观能动性，提升创新思维能力。通过"课程思政"在线教学，青年学生掌握了习近平新时代我国特色社会主义思想等一系列党的重要思想理论、社会主义核心价值观、国家重大方针政策、中华民族文化瑰宝等知识，更加坚定了他们的国家和民族信仰，增强了社会身份认同感和强烈的爱国情感，促进了自身道德修养和语言素养的共同提高，提升了服务国家、参与全球竞争的能力，未来为实现中华民族伟大复兴的中国梦做出新的、更大的贡献。

第十章 信息化环境下的高校英语教学多元多向化评价体系

第一节 教学评价概述

在现代英语教学中,教学评价能适时地了解学生在学习过程中技能的发展水平和发展潜力等信息,并为英语教学提供及时、客观、有效的反馈。本节就教学评价的基础知识进行论述。

一、教学评价的概念

要想了解教学评价,首先需要对评价有一个基本的了解。评价通常是指对事物的价值高低的判断,包括对事物的质与量做的描述和在此基础上做出的价值判断。评价是一种对客体满足主体需要程度的价值判断活动。

教育评价是对教育活动满足社会与个体需要的程度做出判断的活动,是对教育活动现实的或潜在的价值做出判断,以期达到教育价值增值的过程。这一评价活动具体包括学生、教师、课程、教学、教育内容、教育目标、教育制度、教育方法以及教育管理等方面的评价。

教学评价是指针对教学目标及原则的要求,对教学中的各种教学活动以及最终的教学成果进行价值判断的过程。

二、教学评价的功能

在教学过程中,教学评价发挥着重要功能,具体体现在以下几个方面:

(一) 检查诊断功能

教学评价能够对教学过程进行有效的诊断,确定教师教学和学生学习中的问题,明确教学工作的进展和不足,检查学生的学习情况。根据检查诊断的结果,教师能够对教学工作进行有针对性的调整和改进,学生也能及时发现自己的问题和不足,进而积极改正。总之,教学评价对提高教师的教学质量和学生的学习质量都有着重要意义。

(二) 展示激励功能

教学评价的过程为评价者提供了一个自我展示的平台和机会,而且所采用的有效的、积极的评价与反馈方式会成为有效的激励手段。通过教学评价,教师和学生都能从中获得大量有用的信息,进而更加积极地进行教学和学习。

(三) 反思总结功能

教学评价注重师生的参与以及自我评价,在评价过程中,无论是教师还是学生都会产生一定程度的压力,这有助于教师和学生将压力变为动力,自觉内省和反思自己的教学和学习行为,分析得失,提高自我监控能力。可以说,教学评价的反思功能是促进教师和学生成长的重要手段,师生可以在自我评价、他人评价中不断反思和成长。

三、教学评价的特点

由于教学涉及多种因素,各种变量及相互关系使得教学变得更加复杂,因此为了认识其规律,在了解内涵、内容等方面的基础上,还需要了解其自身的特点。作为一种特殊的教学现象,教学评价也不例外。

具体而言,教学评价的特点主要有:连续性、特定性、选择性、统一性、以学生为中心以及以教师为主导。

(一) 连续性

教学评价并不是一次性的、间断的,它具有连续性。这是因为,为了检测教学内容、方法等是否有效,教师往往进行一次评价之后还会重复进行评价,有时候甚至是三四次评价,形成一个"反馈链"。通过对多次评价的结果进行总结,进而调整教学,必然会提升教师的教学水平与学生的学习效率。

(二) 特定性

教学评价针对的是具体的教师、学生与教学内容,对一个班级适用的教学评价并不一定适用于其他班级,对一种课程适用的教学评价并不一定适用于其他课程。这也就体现了教学评价具有特定性。因此,在进行教学评价时,应该根据课堂内容、学生特点、学生参与等客观条件进行设定。

(三) 选择性

教学评价实际上是一个选择的过程,在评价的过程中要对优劣进行区分,优秀的层面要鼓励,劣势的层面要研究并进行改进。这样的优劣评定就是一种选择。此外,在评价方式上,教学评价也具有选择性,要根据具体的情况、具体的学生特点进行选择,避免导致评价失误。

(四) 统一性

在教学评价活动中,评价者与被评价者之间是统一的关系。首先,评价者与被评价者在目标上是统一的;其次,他们在教学活动过程中也是统一的。也就是说,不能将二者对立与区分开来，二者应该协同工作。

（五）以学生为中心

教学评价是通过教师和学生提供的反馈信息来观察学生的学习情况，了解学生某段时间或者某一学期的学习水平，从而在下一阶段的教学和学习中进行改进，不断促进学生的进步。从教学评价的目的上来看，整个评价都是围绕学生来进行的，体现了以学生为中心。因此，以学生为中心也是教学评价的特点之一。

（六）以教师为主导

众所周知，教学评价是围绕学生进行的，评价的目的也是为了能够提高学生的学习效果，但是教学评价也离不开教师这一因素。这是因为，在教学评价中，教师具有很高的自主权，如确定评价内容、选择评价方式、处理反馈信息等，这些情况教师都可以自主决定。从很大程度上来讲，教学评价是在教师的指导和监督下进行的。

四、教学评价的分类

根据不同的分类标准，教学评价可分为不同类型。

（一）按照评价标准分类

按照评价标准，可以将教学评价分为相对性评价和绝对性评价。

1. 相对性评价

相对性评价指在被评价对象的集合中选取一个或若干个个体为标准，然后把各个评价对象与标准进行比较，确定每个评价对象在集合中所处的相对位置。

利用相对性评价可以了解学生的总体表现和学生之间的差异，具有便于操作、便于比较和便于分析的特点。然而，相对性评价也有一定的不足：标准会随着群体的不同而发生变化，容易使评价标准偏离教学目标，使得相对性评价较难体现被评价者的进步和努力状况，从而易于刺激不正当的竞争和过分地重视分数的现象发生，不能充分反映教学上的优缺点，不能为改进教学提供相关依据。

2. 绝对性评价

绝对性评价是在被评价对象的集合之外确定一个标准，这个标准被称为"客观标准"。评价时把评价对象与客观标准进行比较，从而判断其优劣。评价标准一般是教学大纲以及由此确定的评判细则。

绝对性评价的标准比较客观。如果评价是准确的，那么评价之后每个被评价者都可以明确自己与客观标准的差距，从而可以激励被评价者积极上进。

然而，绝对性评价也有一定的不足。客观标准容易受评价者的原有经验和主观意愿的影响，很难做到客观。因此，在评价过程中，要尽量减少评价者的主观性对评价活动的控制，最大限度地保证评价的结果公正、客观。

（二）按照评价功能分类

按照教学评价在教育活动中的功能作用，可以将教学评价分为诊断性评价、形成性评价和总结性评价。

1. 诊断性评价

诊断性评价也称"教学前评价"，是指在某项活动开始之前，为使计划更有效地实施而进行的评价。

诊断性评价用于确定学生的入学准备程度，主要是确定学生的家庭背景情况、学生所掌握的知识和技能情况、学生的心理发展状况等方面的情况；用于辨识造成学生困难的原因，并对症下药；用于决定对学生的适当安排，根据学生在知识、技能、性格等方面的差异对学生划分层次，进行分班分组，并且为学生提供合适的学习和生活环境。

2. 形成性评价

形成性评价是指在教学过程中，为了使教学更为完善或者引导教学前进而进行的对学生学习结果的确定。形成性评价能够及时地了解阶段教学的成果和学生学习的进展情况、存在的问题等，频繁地为教学提供反馈，及时调整和改进教学工作，帮助学生改进学习。

3. 总结性评价

总结性评价指在教学活动告一段落的时候为把握最终的活动成果而进行的评价。也就是说，总结性评价是在学完某门课程或某个重要部分后进行的旨在评价学生是否已经达到教学目标要求的概括水平较高的测试和成绩评定。总结性评价的首要目标是给学生评定成绩，为学生做证明或提供关于某个教学方案是否有效的证据。

（三）按照评价表达分类

按照评价表达，可以将教学评价分为定性评价和定量评价。

1. 定性评价

定性评价是对评价资料做"质"的分析，是运用分析和综合、比较和分类、归纳和演绎等逻辑分析的方法，对评价所获得的数据资料进行加工。分析的结果是一种描述性材料，数量水平较低甚至没有数量化。一般情况下，定性评价不仅用于对成果或产品的检验分析，更重视对过程和要素相互关系的动态分析。

2. 定量评价

定量评价则是从"量"的角度，运用统计分析、多元分析等数学方法，从复杂的评价数据中总结出规律性的结论。由于教学涉及人的因素、变量及其关系，一般比较复杂，因此为了提示数据的特征和规律性，定量评价的方向、范围必须由定性评价来规定。

定性评价和定量评价密不可分，二者互为补充、相得益彰，进行评价的时候，需要从二者的角度进行全面的评价，不可片面强调一方面而忽视了另一方面。

五、教学评价的基本步骤

教学评价一般可以按照以下步骤展开：确立评价的指导思想、制定评价的指标体系、选择合适的评价技术和方法、实施评价。

（一）确立评价的指导思想

追求价值是人类活动的内在动力。教学评价是以事实判断为基础的价值判断，评价的价值定位决定了评价的方向。有效教学实际上是一种教学合理性的诉求，这种合理性就其内在结构来说是价值理性与工具理性的统一。

综观国内外已有的关于有效教学评价的研究，在评价的导向上也存在着一定的问题，主要表现为三个方面：

第一，以经济学中"投入产出"的观点简单类比教学活动。其典型的表述为"教学效率＝教学产出（效果）÷教学投入"。

第二，强调量化和可测性，忽略了质性评价。

第三，注重结果的有效性而忽略过程的有效性。

上述问题反映了以往有效教学评价系统的失衡，重视了工具理性，而忽略了价值理性。

因此，教学的终极价值应该是学生的全面发展，是人的生命的提升。终极价值是以过程价值为基础的。过程价值是学生素质的累积和沉淀。具体来说，教学的过程价值体现在知识与技能、过程与方法、情感态度与价值观三个维度上。学生的最终发展程度取决于学生在这三个维度上的发展水平。

（二）制定评价的指标体系

教学评价指标体系是评价课堂教学的依据和尺度。建立科学可行的课堂教学评价指标体系，是提高课堂教学评价质量、增强评价有效性和可靠性的重要保证。

在制定教学评价标准和指标时，不仅要依据国家的教育方针、教学大纲的要求以及学生自身的特点，将教学评价的内容以不同的指标和评价标准体现出来，并根据各指标的重要性程度赋予一定的权重，形成评价的指标体系；而且还应考虑评价指标的灵活性，教师应能根据具体的教学内容和情境调整和修改评价标准，才能确保评价指标和标准的可行性和操作性。

（三）选择合适的评价技术和方法

在进行教学评价时，必须采用多样的评价方法，除考试或测试外，还要研究制定便于评价者普遍使用的科学而简便易行的评价办法。

评价方法要科学简便、灵活多样和富有实效。在选择评价的方法和技术上，既要看到定量分析的科学性和合理性，如运用教育测量和统计以及模糊数学的方法，可以对评价对象的特性用数值进行科学合理的描述和判断；又要看到定量评价的缺陷和不足。过于量化的评价会忽视隐藏于教育内部的教育规律性,如教育活动是十分复杂的、具有模糊性、存在许多难以量化的因素。

随着教育研究的深入,人们认识到对复杂的教育现象进行适当的定性分析比单纯的定量描述更能准确、恰当地反映实际情况。因此,评价不应是单纯的定量分析,应是定性分析和定量分析相结合。同时,还应将过程性评价与总结性评价相结合,全面地反映教学情况和教学效果。

(四)实施评价

评价的实施一般可从以下几个方面入手:

第一,根据评价方案中的指标体系和方法来制订评价计划。

第二,运用一定的方法搜集评价所需要的相关信息。

第三,对搜集到的相关信息进行技术层次的处理,通过筛选和分析,与评价标准和指标体系做比较,从而得出评价结论。

第四,反馈评价结论,让被评价者对自己目前的行为和效果有比较清醒的认识,了解影响自身行为和效果的各种有利和不利因素,根据评价者和相关专家提出的改进意见,使被评价者的后续行为发生特定的变化。

需要指出的一点是,为了提高反馈的有效性,评价者注意采用一些操作技巧,要根据被评价者的具体行为,明确指出他们"好"在哪里、"错"在哪里;在反馈评价结论时,使用描述性的语言,而不是判断性和评价性的语言;要使用合适的反馈途径,如面谈、书信、电话等,加强与被评价者之间的了解和信任,使评价结论能够为被评价者接受。

第二节 教学评价体系改革的必要性与原则

一、教学评价体系改革的必要性

信息化时代高校英语教学评价的改革体现出以下两种必要性:

(一)传统教学评价落后于前沿理论

传统教学评价落后于前沿理论,具体体现有:重结果、轻过程;重定量、轻定性;重教师、轻学生。

1. 重结果、轻过程

传统英语教学评价多以总结性评价为主,形成性评价则较少。因此只注重教学结果和学生学习结果评价,缺乏对学生学习过程和教师教学过程的评价。也就是说,只是采用单元、期中、期末等考试来了解学生在完成部分学习内容后达到学习目标的情况,这样既不能了解学习过程中的情况,也因不能将所有的学习内容作为评价内容而出现测试和评价的片面性和偶然性。

2. 重定量、轻定性

英语教学评价往往重视定量评价，忽视了定性评价。虽然定量评价可以较准确地反映评价对象，并且有利于评价结果的统计与分析，但是不适合量化且没有必要进行量化的评价内容，就需要使用定性评价，否则会对评价的信度和效度产生影响。

3. 重教师、轻学生

传统英语教学评价通常注重对教师的评价，将教师作为评价主体，教师居高临下，学生则处于被动的甚至是被忽略的地位，这对于学生学习的主动性和积极性十分不利。

（二）传统教学评价难以适应时代发展

我国英语教学长期以来遵循的是应试教育方式，英语教学评价的目的是选拔人才，将考试作为评价教师教学效果和学生学习成绩的最主要手段。然而，全球化带来了各国文化之间的碰撞与交流，世界变成了一个多元化的格局。

在这种背景下，我国的应试教育越来越显现了自身不合时代潮流的劣性。这种不合理的评价目的进而导致英语教学评价的内容不全面，注重学生认知的发展而忽视非智力因素，实际上，诸如兴趣、学习态度和学习习惯等非智力因素则对英语学习的效果有着很大的影响；注重语言知识的学习而轻视语言能力的培养，这会造成学生只是记忆了英语知识而无法将英语知识运用在实践中，如写作和口语交际等。由此可以看出，对传统英语教学评价进行改革十分必要。

二、教学评价体系改革的原则

在信息化时代背景下，高校英语教学评价体系改革应在以下原则的指导下进行：

（一）分析学生需求原则

将互联网信息技术引入教师评价中，使得高校英语教学中的师生互动不再流于形式，学生可利用互联网，随心所欲地与学习伙伴、授课教师进行沟通，实现学生主体地位的最大化。教师可通过学生在云端反映的问题与内容，深入挖掘学生对哪门课、哪个章节、哪个知识点还没掌握或想要更深入了解哪个知识点。

通过数据的计算和系统的分析，教师可以有效地激发学生的学习动机与求知欲，为满足不同类型学生的学习需求，设计不同程度、不同种类的学习内容，促进学生学习效果的提升。

（二）发展性原则

发展性教学评价原则是根据发展性理念，提出一定的发展性目标和发展性的评价方法和技术，对教学过程中的教与学的状态进行价值评判。与传统教学评价指标不同，发展性教学评价不仅注重教师的主导地位，还注重学生的主体地位。对学生进行学习评价是发展性教学评价的核心。

在信息化时代高校英语教学中，教师应构建创造性、教育性、操作性、实践性的以学生为主体的教学形式，让学生主动参与思考且主动实践，从而促进学生的综合能力发展。过程与方式、知识与技能、情感与价值观是发展性教学评价原则的重要内容。

（三）导向性原则

教学评价是根据一定的教学目标制定的，通过对比现状与目标间的距离，促进被评对象不断接近既定的目标。

信息化时代高校英语教学评价并不是单一的评价问题，其评价目标也不仅仅是评优与鉴定，而是在此基础上引导教师更新观念，在实际的教学中体现新的教学观念，激励教师产生研究的兴趣与动机。

在对教学活动的评价上，教师自身要积极、主动，同时注意调动学生的积极性和主动性，力求为教学双方在教学活动中展现自身的潜质，构建出恰当的评价方法与体系。需要注意的一点是，在构建评价体系标准的过程中，发挥评价的导向原则是必然的，并将这一原则贯穿于始终。

（四）过程性原则

任何事物的发展都有一个过程。教学实际上是一种师生共同参与其中的生命活动形式，不仅包括教师教的活动，也包括学生学的体验。

在教学活动过程中，学生不仅要获取知识技能，掌握基本的学习方法，还要发展自己的思维能力、与他人合作和交往的能力等。教学评价也是一个过程，所以在对教学进行评价时，不能仅以测验和考试的方式对教学活动结束后学生的知识掌握情况进行评价，教学评价应该既注重结果的考查，也关注对学生学习过程的考查，从中了解学生学习过程中的具体表现、思维的特点、情感特性以及方法上存在的问题和个性上存在的缺陷等。这样得出的结论更有助于教师有针对性地改进教学。

（五）主体性原则

课堂教学是一种师生双方交互作用的过程，既包括教师有效地教，又包括学生有意义地学，这两方面是相辅相成的。要使学生的学习有意义，必须在确保教师主体地位的同时，使学生成为学习和评价的主人。

在教学与评价过程中，让学生主动参与，这是有效教学的关键。在教学活动中，让学生参与评价过程，成为评价的主体，是对学生"事前预见"和"事后认识"能力的一种实践性的锻炼和提高，有助于学生思维能力的发展，也有利于自我认识、自我评价以及自我掌控能力的提高。同时，让学生成为评价的主体，赋予其一定的自主权，也有利于锻炼与培养学生的责任感。

（六）客观性原则

信息化时代高校英语教学评价需要坚持客观性原则。教学评价的客观性原则是指评价应实事求是，不能主观臆断，不能掺杂个人的感情。

信息化时代高校英语教学工作中，教学评价具有很强的科学性。教学评价是否具有客观性通常会直接影响教学效果。如果教学评价是客观的，就有助于促进教学目标的实现；如果教学评价是不客观的，教学则难以达到预定的目标。

因此，教学评价必须坚持客观性原则，根据一定的教学目标来确定评价的标准，同时综合多重因素，考虑这一标准是否能够得到人们的认可。教学评价的标准确定之后，不得随意更改，这体现了客观性原则。

第三节 多元多向化评价体系的构建

网络外语教学评价是以网络和计算机技术为支撑，对与网络外语教学相关的要素进行信息收集和处理，依据一定的教育目标和评价标准，对处理的结果进行科学判断的研究活动。在信息化时代，构建多元多向化评价体系对于高校英语教学十分必要且具有重要的意义。下面就对多元多向化评价体系的构建进行研究。

一、信息化时代高校英语教学评价的优势

在信息化时代，网络外语教学评价的发展对外语教学具有重要的意义。网络外语教学平台对学生语言学习客观、全面、动态的记录，可以帮助学生从自己学习成长的轨迹中找出自己的不足。这些记录对于中介语的研究也是重要的宝贵资源，因为技术的便捷性使得大量的数据分析成为可能。

具体而言，信息化时代高校英语教学评价表现出以下几个优势：

（一）便捷性

在信息化时代，网络外语教学评价充分利用技术优势，极大地节省了评价所需要的人力、物力，提高了评价的效率，缩短了评价的周期，降低了评价费用，方便了日常外语教学的进行。

（二）动态性

信息化时代下的网络外语教学平台的教学活动记录功能，可以实时地对网络外语教学进行连续、动态的评价，并根据评价结果对网络外语教学本身进行动态调整。

（三）及时性

对网络外语教学过程的有效监控为评价的真实性提供了保障。在网络外语教学评价中，教师可以对学生的学习做出即时反馈，便于学生及时调整学习进度，也便于教师及时调整教学。

（四）过程性

信息化时代下的网络教学注重过程性评价，网络外语教学作为网络教学的一个具体应用领域，也承袭了网络教学的这一特点。计算机和网络手段的介入，使得人们可以对网络外语教学的过程进行有效的监控。

（五）全面性

信息化时代下的网络外语教学平台可以对学生平时的学习进行记录和监控，既能对学生的学习效果进行评价，还能通过学习记录对学生的学习态度、学习自主性、学习的自控性等进行判断。

二、信息化时代高校英语教学评价的内容

信息化时代高校英语教学评价的内容主要包括学习者评价、教师评价、课程评价和教学过程评价。这四个方面既相对独立又相互作用，对其中任何一个方面的评价都可以从侧面反映出其他三个方面的情况。

（一）信息化时代高校英语教学的教师评价

教师不仅是知识的传授者，更是教学的组织者，学生学习的引导者、合作者。教师不仅要具备一般意义上的教学技能，更要熟悉网络教学的环境，有驾驭网络教学环境的能力。信息化时代给教师的教学带来了诸多挑战，教师的角色也发生了相应改变。教师评价是网络外语教学评价研究的另一个重要内容。因此，对教师的评价，还应该包括计算机操作能力、对网络课程的整体组织能力、对网络外语教学方法的把握和应用、教学效果等。

（二）信息化时代高校英语教学的学生评价

对学生的评价也是高校英语教学评价的重要内容。学生评价的主要内容包括学生网络学习综合素质、学生的学习过程和学生的学习结果。

此外，对学生网络学习综合素质的评价也是学生评价的重要内容，包括计算机操作能力、网络应用能力、信息素养等。对学习过程的评价又包括学习策略、学习风格、学习动机、学习态度和学习效果等。

（三）信息化时代高校英语教学的课程评价

1. 教学设计

对课程教学设计的评价是信息化时代高校英语教学评价的一个重要方面，评价的内容主要包括课程说明、教学目标、教学目标与教学内容的一致性、教学反馈的设计等。

2. 网络外语教学系统

依据美国培训与发展协会（American Society for Training and Development，简称ASTD）

的 e-Learning 课件认证标准，对信息化时代高校英语教学系统的评价主要从以下三个方面进行：

（1）课程的兼容性

主要对网络课程运行所需要的条件和环境进行评价。

（2）课程的产品质量

主要从文本、图形、格式以及内部的一致性角度进行评价。

（3）课程的界面

主要对网络课程的导航功能、导航设置以及易操作性进行评价。信息化时代下的网络高校英语教学系统评价包括对教学管理系统的评价、对教学系统的评价、对资源库系统的评价和对支持与维护系统的评价。

（四）信息化时代高校英语教学的过程评价

除了教师、学生、课程评价之外，信息化时代高校英语教学还包括对教学过程的评价，具体是对教学方法以及开展的相关教学活动的评价。

为了保证教学评价更加科学与有效，除了需要对上述教学评价的内容进行研究外，还要重视对信息化时代高校英语教学评价标准、评价方法以及元评价的研究。

第一，任何评价都需要一个科学的尺度作为判断的标准，信息化时代高校英语教学评价标准设置得是否科学，对评价的结果有着直接的影响作用。

第二，信息化时代下的高校英语教学评价与传统的大学英语教学评价有所区别，这种区别在评价方法上有着显著的体现。信息化时代下的高校英语教学评价有哪些方法呢？这也是高校英语教学评价值得研究的方面。

第三，元评价就是对评价本身的再评价。其评价结果可靠与否，直接受评价方法的恰当性和科学性的影响。元评价可对以上四种评价本身进行判断，对保障评价结果的真实性具有重要意义。

三、信息化时代高校英语教学评价的实施系统

在信息化时代，高校英语教学评价实施系统大致有以下几种：

（一）网络实时评价系统

网络实时评价系统主要利用网络的公共通信手段，学生可以不受时间、空间的限制，及时获得有效的反馈。该系统可以有效地监控、管理学习过程，提高学习效率，增强对学习者的控制。

（二）网络考试系统

网络考试系统主要包括学生考试系统、自动批阅系统和题库管理系统等。学生可以不受时间、地点的控制，自主登录考试系统，从试题库中随机抽取试卷，进行阶段测试或者综合测试，学生可以自由控制试卷的题型、题量、时间、难度等。网络考试系统可自动评

阅试卷并自动生成一系列评估报告,对学生的学习效果、学习风格、学习倾向等进行评估。

(三) 网络答疑系统

目前,在线讨论和互动交流是网络答疑系统的两种主要形式。

现在的很多外语教学网站都设有在线互动讨论区,学生以发帖的方式对自己的学习成果进行汇报,与其他学生互动交流。

网络答疑系统可以对学生的疑问和相关解答进行记录,教师可以对这些信息进行分析与总结,从中发现教学的问题,并及时调整教学方法和策略,改进教学效果。通过网络答疑系统的搜索引擎功能,学生可以通过关键字搜索等技术快速得到问题的答案。

(四) 网络多媒体考试系统

网络多媒体考试系统是对网络在线考试系统的改进,在传统文本试卷的基础上,增加了音频、视频、图形等多媒体数据,运用虚拟现实技术组建虚拟考试环境,特别适合于网络外语教学评价。网络多媒体考试系统使得全面、多元的评价成为可能。

四、信息化时代高校英语教学评价方法

(一) 信息化时代高校英语教学评价方法类型

信息化时代高校英语教学评价方法分为三类:诊断性评价、形成性评价和总结性评价。

1. **诊断性评价**

信息化时代高校英语教学中的诊断性评价通常只针对学生进行,主要是对学生的现有水平进行测量,也就是了解学生的知识背景、学习态度、学习要求等,以便根据评价结果对学生进行分组,给学生提供适合的学习资源。

2. **形成性评价**

信息化时代高校英语教学中的形成性评价注重对教学和学习过程的监控,通过网络教学系统进行跟踪与反馈。例如,一些网络课程对学生的作业进行即时批改,学生通过点击提交作业就能得到反馈和建议。另外,形成性评价在跟踪检测学生学习过程的同时,还注重对学生学习态度的调查,并给出描述和建议。

3. **总结性评价**

信息化时代高校英语教学中的总结性评价就是根据教学系统收集的数据,通过对数据进行分析并结合总结性评价手段,对学生最终的学习效果做出评价与总结,并以此作为教师教学状况的重要依据。

(二) 信息化时代高校英语教学评价的常用方法

信息化时代高校英语教学评价常用的方法有作品集评价法、模糊评价法等。

1. 作品集评价法

作品集评价法是信息化时代高校英语教学评价的一个重要方法。

作品集是指长期、有目的、有计划地对学习者学习过程和成果的有关信息、资料进行收集而形成的类似于档案的文件集。作品集的建立过程是收集、选择和反思的过程。

电子作品集是以数字化形式记录的学习档案。计算机与网络技术以其强大的交互性、广泛的传播性、数据收集整理的即时性以及便捷的数据统计分析功能，为电子作品集的构建及使用提供了强劲的技术支持。电子作品集的设计主要包括目的、体现能力的证据和测评标准。其中，目的可以作为确定作品集内容构成的依据，是在电子作品集实施前，主要依据课程的总体规划和具体的教学目标来制定的。

作品集评价法又称"档案袋评价法"，是一种以计算机和网络技术为基础，遵循形成性评价、发展性评价和真实性评价的理念，对学习过程进行评价的具体方法和手段。作品集评价法既能够帮助学生和教师对学习过程做出更综合、更全面的评价，适时地给学生以方向性的引导，也能够在学习过程中推动形成性评价的进行。

作品集评价法的实施可以从三个方面进行：学期开始、学期中间、学期结束。

学期开始，确定作品集内容—确定作品形式—确定评价的标准—确定时间计划；学期中间，学生按照计划完成学习任务—教师对学生予以指导—教师与学生进行面谈；学期结束，教师将电子评价表发给学生，让学生进行自评—交换作品集，学生间进行互评—教师对作品集进行终评。

下面对这些步骤进行详细说明。

（1）确定作品集的内容

在信息化时代下的高校英语教学中，教学目的包含语言知识、语言技能、文化知识等层面，因此评价所用的作品集应该能够反映出学生为了实现这些目的而付出的努力、增长的知识、增长的能力、完成的任务情况等内容。因此，作品集的内容主要取决于教学目的、教师、学生等因素。

（2）确定作品的形式

证明学生学习过程、学习效果的形式有很多，除了传统的标准化测试之外，调研报告、学习日记、学习档案袋、学习成果展示、团队合作项目等也是比较好的形式。这些形式可以是口头的，也可以是书面的；可以是实物的，也可以是声像的；可以是历时的，也可以是现时的；可以是探索性的、实验性的，也可以是描述性的等。评价内容不同，其采用的评价形式也不一样。例如，要想评价学生的跨文化交际能力，观察描写法、角色扮演法就是最好的方法。

另外，作品的形式还取决于教师与学生对不同评价形式的熟悉程度。当然，教师应该对学生进行指导和培训，尽可能地使用更多不同的形式。

（3）确定评价的标准

传统的标准化测试的优点在于：有明确的标准，易于评价，而其他非定量的测试往往具有较强的主观性，很难保证可靠性。虽然有这些问题，但近年来随着口语测试、写作测试研究的深入，针对非标准化测试、非客观测试的可靠性已经开发出了一些好的评价标准。这些评价标准往往是针对知识、态度、能力等评价项目而言的，根据不同学生不同等级的表现来描述，可能是优秀，可能是很好，可能是一般，也可能是差。

（4）确定时间计划

与传统英语评价方式不同，作品集学习评价法是从学期开始延续到学期结束，其包括很多内容与形式，因此在学期开始之前，教师应该让学生确定整个计划。学生在与教师确定各个项目的标准、形式、时间的过程中，学生自然而然地就成了学习评价的参与者，他们不仅清楚自己的学习任务，而且由于自己之前已经参与到制订标准与计划中，因此在执行的时候也比较轻松和主动，积极性较高。

（5）学生按照计划完成学习任务

评价活动不仅是在课内进行，也有很多是在课外进行的。诸如介绍、演讲等往往是在课内进行的，而课外阅读、课外听力、学习日记和写作练习等往往是在课外进行的。但是，无论是在课内进行的评价还是在课外进行的评价，学生都需要按照一定的时间计划来逐一进行。

（6）教师对学生进行指导

虽然评价内容、评价形式、评价标准、时间计划等都已经得到了确定，但是教师不能完全撒手不管，任由学生独立完成。由于每一个评价项目都包含英语知识与技能的评价要点，因此教师需要教授和引导学生弄清楚每项学习任务的目的与意义，并且对评价标准予以重申。只有这样，学生才能把握住信息化时代背景下英语学习的要点，掌握英语学习的技巧和方法，按时完成学习任务，更好地实现英语教学的目标。

（7）教师与学生进行面谈

在学生完成任务的过程中，教师还可以和学生进行面谈，了解学生任务的进展情况，并回答学生在执行任务时所遇到的问题，这样才能与因材施教原则相符合。当学生与教师进行单独交谈时，可以畅所欲言，向教师表达自己的学习困难和学习体会。同时，通过这样的交流，教师也可以了解学生的学习境况，指出学生学习中的不足，并帮助学生解决学习任务中的问题。

另外，这样的交流也可以拉近教师与学生间的关系。使用作品集学习评价法，学生的最终成绩是根据整个学期学生完成的各项学习任务来评定的，如果教师能够与学生多进行几次面谈并给予学生足够的鼓励和建议，则会有利于促进学生学习效果的提升。

（8）根据评价表，学生进行自评

学期结束后，所有学习任务的作品集已经完成，这时教师需要将评价表发给学生，让学生根据自己的学习情况、任务完成情况及完成任务过程中的表现进行评价。通过学生的自评，不仅有利于让学生回顾自己的学习过程和所取得的成绩，并进行反思，还有利于学生发现自身的不足，明确自身以后努力的方向。

（9）交换作品集，学生间互评

信息化时代下的高校英语教学更加推崇学生与学生间的相互学习。借助网络手段，通过阅读和学习其他同学的作品集，学生不仅可以了解他人的学习情况以及取得的成就，也可以反思自己的不足，从而做到取长补短。

另外，在对他人的作品集进行评价时，学生必然会对评价标准进行斟酌，力求给出一个公正、客观的成绩，这也就构成了学生再学习的机会。

（10）教师对作品集进行终评

在整个学期中，教师都在对学生的英语学习进行评价。而学期结束之后的评价，是教师对学生之前的情况的综合评价，是在参考学生自评、同学评价的基础上进行的最终评价。

作品集评价法对于信息化时代高校英语教学也适用。目前，国外已经有多所高校开始进行电子档案袋评价系统的实施，并已经出现不少电子档案袋评价系统软件平台。国内在这方面的研究也有探索和初步应用，但是还没有形成规模化和做研究。近年来，有关作品集评价法，特别是电子作品集评价法的介绍、开发、设计和应用的研究不断涌现。

2. 模糊评价法

模糊评价法主要用于对收集的信息进行分析。由于网络环境中存在一些不可控制的模糊因素，评价的实施变得较为困难，而模糊综合评价致力于解决这一问题。

模糊综合评价法的步骤包括：建立因素集、建立权重集、建立评语集和模糊综合评判。

模糊综合评价法在网络外语教学评价中的应用不多，但是已经开始受到关注。英语课堂教学评价的核心内容在于教师是否关注学生主体性的发挥，是否能够调动学生学习语言的积极性，是否善于激发学生的思维和学习兴趣。

五、多模态视角下高校英语课程思政建设未来研究方向

（一）跨学科合作的教学模式

目前，高校英语课程思政教学中的思政要素大多被视为一个单一的知识体系，硬性地灌输到高校英语的教学实践中，进而导致英语教师在挖掘思政要素的过程中，仍面临诸多问题和不足。

一方面，高校英语教师对思政要素的理解不够透彻，浮于表面；另一方面，高校英语教师围绕思政要素组织教学的方法和手段过于单一，缺乏专业性和创新性。因此，跨学科的合作教学模式就显得尤为重要。大量的研究和实践证明：跨学科合作教学有助于提高课堂教学质量和学生学习成绩，更有助于提高学生学习的主观能动性，发挥学生主体的作用，从而使高校英语思政得到有效的落实和开展。因此，高校英语教师需与思政教师从学科合作的视角，沟通教学经验和教学方法，共同服务于高校英语课程思政教学。具体说来，就是组建一支由高校英语教师和思政教师组成的跨学科教学团队，开展定期召开教学经验交谈会、集体备课、互听互评等一系列教研活动。总之，要使思政教育高效地渗透在学生专业教育过程中，跨学科合作的教学模式必不可少。正确开启思政学习的大门，才能确保高校英语课程思政建设的顺利进行。

(二) 思政要素的规范性和系统性

在高校英语课程思政的教学实践中，高校英语教材与思政内容仍旧缺乏有效的衔接与融合。现有的英语教材内容大多侧重于英语专业知识的系统性，如英美文化、语言学知识、翻译理论知识等，思政要素没有得到规范和系统地呈现，因此，教师在思政知识的讲授上较为随意灵活，在课堂导入环节，不规范地提出一些思政要素，没有系统地构成思政教学体系，从而导致学生在思政学习上的习得显得杂乱无章，成效甚微。因此，在高校英语教材的编写中，思政要素应与高校英语专业知识有机地结合，在挖掘思政要素的同时，注重思政内容和英语知识的有效衔接，遵循学生的认知规律；在英语知识体系背景下，形成规范的思想政治教育教学体系。这不仅有助于学生全面深入地接受思想政治教育，也有助于教师科学系统地按照教学大纲开展高校英语课程思政教学。

(三) 教学评价指标的修订与完善

目前，高校英语课程思政建设中的评价指标仍沿用过去的指标进行评价，其评价内容以高校英语的专业知识与技能为主，并未体现对思政要素的评价。因而，传统的高校英语教学评价指标并不能达到高校英语课程思政建设的本质要求，对专业知识与思政要素的评价应有机结合，使教学评价真正做到科学有效。

一方面，在现有的高校英语考试大纲中增加对思政要素的考核内容，在要求学生达到一定的英语听、说、读、写能力的基础上，对学生思想政治教育进行一定的考核。例如，在高校英语的阅读试题中，可基于当前的时政热点为背景进行考核，对学生的学习成果进行有效的考查和验收。

另一方面，对于日常教学工作中取得的大量评价数据，也应该作为参考的依据，改正教学评价中的问题，以此完善教学评价体系。

总之，多模态视角下的高校英语课程思政建设仍面临诸多挑战，在师资队伍建设、教学模式改革、教学内容选择、教材编写以及教学评价等方面亟需进一步改善。高校英语课程思政建设如何能在提升学生语言实际应用能力的同时，强化学生的思想政治教育，仍需探讨和深思。

第四节 教学做测评一体化动态综合测评模式的实践

动态评价理论（Dynamic Assessment，简称 DA）是一种集评价与教学为一体并融入心理测量与评估的交互式评价法。该理论从社会文化层面探讨了学习与发展的相互关系，提出了中介干预（Mediation）、内化（Internalization）、最近发展区（Zone of Proximal Development，简称 ZPD）等概念。"最近发展区"概念和"指导促成发展"的理念是动态评价理论的核心思想，为动态评价理论的形成、发展与实践奠定了坚实的基础。动态评价分为互动式和干预式两类。

职业教育领域"教学做一体化教学"的提法，将学生的实践行为（即"做"）从

"学"中分离出来,赋予其独立的核心地位,强调教学的中心环节是学生实践,而教学的真正目的是使学生具备独立实践的能力。然而,新型教学模式只有辅之以匹配的评价模式,才能取得最佳效果。立足于动态评价理论的核心思想,将"测"与"评"的环节从"教"中分离出来,认为"测"与"评"分别是最重要的干预式和互动式动态评价方式,据此构建干预与互动混合、线上与线下评价混合、学生多种学习潜能评价混合的"教学做测评"一体化混合动态综合测评模式,突出微课、网络学习平台等现代信息技术干预手段在动态评价中的地位和作用,为丰富动态评价理论和改进教学做出新的尝试。

一、"教学做测评"一体化混合动态综合测评模式的构建

(一) 对"教""测""评"等概念的重新界定

以往的教学理念将教学与测评看成一个整体环节进行研究。然而,综合长期的教学实践不难发现,狭义的"教""测""评"其实是三种不同的教学行为。对"教"的研究已不胜枚举,且理论成果已多运用于教学实践,但对"测"的研究尚待深入,对"评"的研究尚未引起足够重视。在高等教育"以质量为核心,实现内涵式发展"理念的引领下,对"教""测""评"等概念重新界定显得尤为重要。

1. 对"教"与"测"的重新界定

广义的"教"是指有目的、有计划、有组织地引导学生学习掌握文化知识和技能。这里将"教"狭义地定义为"把知识或技能传给人"的行为,如提问、引导、传授、示范、答疑等,但不包括"测"与"评"的行为。教师"教"的过程就是学生"学"的过程。而"测"的内涵在此得以扩展,指所有用来检查、测试、验证学生知识学习和操作实践具体情况的教学行为,教师向学生布置的一切形式的问题、练习、任务、考试等全部属于"测"的范畴。以外语专业课程为例,常见的"测"的行为包括选择、判断、搭配、问题、演讲、对话、讨论、写作、翻译等。教师"测"的过程就是学生"做"的过程。

2. 对"评"相关概念的解析

评分:通过评定分数判定好坏优劣的程度。评析:行家里手对其所擅长的领域涉及之事物进行分析和评判,并给予明确的个人意见,有较强的专业性和权威性。评点:对作品的创作技巧和思想内容进行画龙点睛式的评论、指点,要求评论中肯、言简意赅、一语破的、发人深省,能培养学生的鉴赏能力和创作能力。评判:依据资格标准作出中立、不带个人感情色彩、评论性的评价/判断或判定胜负/优劣的定论、意见。评估:评价估量,对方案进行评估和论证。

3. 对"评"的内涵和外延的重新界定

评价是外延最大的一个中性词,评分是最为常见的评价行为,而评析、评点、评判、评估均有依据专业标准履行"评"的义务的含义。这里仍沿用"评价"指代广义的"评",即通常意义上的教学评价。"评"不仅包括传统的评分,更包含评析、评点、评判、评估等客观、专业、权威的"评"的行为。评分以基于事实的评析、评点、评判、评

估等行为为依据和基础。"评"的外延在此得以拓展,"评"是指教师和学生共同拥有的行为,共同评价教师"教"与"测"的过程和学生"学"与"做"的表现,只不过因为"评"的视角相互对立,师生双主体"评"的内容不尽相同。

通过对"教""测""评"等概念的重新界定,"测"与"评"的环节从"教"中得以分离出来,得到充分重视,为形成强化"测"与"评"的"教学做测评"一体化教学模式奠定了坚实的理论基础。

(二)"教学做测评"一体化教学模式及其运作特点

强化"测"与"评"的"教学做测评"一体化教学模式,是一个以"教"与"学"为先导、"测"与"做"为主体、"评"为枢纽,动态、多走向、各环节相互贯通的过程(见图10-1),目的在于使学生更好地完成"学"与"做"的任务,拓展学生的知识面,提升学生的实践能力。其运作特点有以下几个方面:

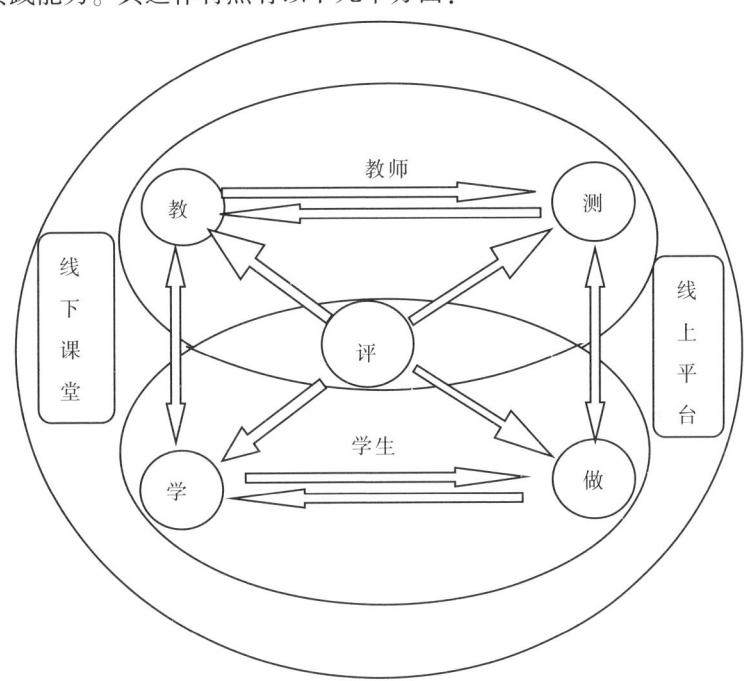

注:双向单箭头表示同步过程,双向双箭头表示先后过程

图10-1 强化"测"与"评"的高职外语专业课程"教学做测评"一体化教学模式

1. "教"与"学"及"测"与"做"是两对对立统一的关系

二者是因主体对立而表现为不同的行为。"教"与"测"是教师的行为;"学"与"做"是学生的行为。教师的"教"同步对应学生的"学",教师"教"的过程就是学生"学"的过程,是教学过程的先导部分;教师的"测"同步对应学生的"做",教师"测"的过程就是学生"做"的过程,是教学中的核心主体部分。

2. "教"与"测"的行为是多走向、先后发生的

以正向、逆向或交替进行,用以跟踪了解学生"学"与"做"的体会与收获。教师

的行为模式由"教—测—再教—再测"重复进行；相应地，学生的行为模式由"学—做—再学—再做"重复进行。这个过程的主导权在教师手中。

3. "评"的行为贯穿于"教"与"学"及"测"与"做"过程的始终

其强烈的瞬时性和对话性使教学评价成为一个间歇性出现、动态的过程。在实际教学中，由于教师"教"与"测"的行为穿插交替进行，学生"学"与"做"的行为与之几近同步，因而教师对学生"学"与"做"的情况进行评析、评分的行为也应伴随"教"与"测"过程的始终。可见，"测"与"评"的行为，尤其"评"的行为，与"教"一样，在教学过程中发挥着至关重要的作用，值得予以高度关注和深入探究。

（三）"教学做测评"一体化混合动态综合测评

强化测评环节，变教学、实践、测评各自分离的"三足鼎立"模式为"教学做测评"一体化，构建起"教中学、学中测、测中做、做后评、评后辩"混合动态综合测评模式。"混合"是指线上线下测评方式的混合、干预与互动手段的混合、学生多种学习潜能评价与教学过程评价的混合；"动态"是指利用"网络+视频"等手段实时记录、测试、评价学生表现和教师的测评表现；"综合"是指学习材料是多学科知识融合的，知识输入的方式是"视、听+"的综合模式。"教"的设计随时融入"测"的手段，"测"的构思考虑"评"的便利，"评"的行为体现"测"的要求。

二、"教学做测评"一体化混合动态综合测评模式的应用

（一）多学科知识混合动态综合教学，以"教"带"测"

1. 重组知识架构

变单科知识为融合多学科知识的综合知识，"教学做测评"一体化模式致力于系统梳理课程目标及内容要点，精心设计情境沟通任务，寻找和编排与学习项目任务关联度较高的理论知识和案例材料，合理设计案例学习所需的语言注释、案例分析所需的引导性问题及开放性答案，并以案例情节的演绎作为学生的沟通任务，形成以案例为主线的系列单元学习内容和实践任务。这成为化抽象为具体、实现理实一体化学习成败的关键所在。"商务英语沟通与谈判"课程将学习任务整合为简历与求职信的撰写、求职面试、与老板/同事的沟通、与客户的沟通、商务演讲、商务会议、外贸谈判七个实践项目，并根据项目要求有针对性地安排学习所需的沟通与谈判技巧。如在项目一下安排学习沟通对象与沟通者的分析技巧的理论知识，以及如何运用这一技巧展开招聘广告和自身求职条件的案例分析；在项目二下设计语言组织与架构、回答问题相关性原则、身体语言等沟通技巧的学习，并将其运用于求职面试实践的案例分析和沟通实践。

2. 改革教学模式

变"课堂讲授、课后实践"传统模式为分段式案例微课引领、强化"测"与"评"的"线上线下教测（学做）交替"混合动态综合测评模式。动态评价理论认为，教学干

预与互动是课程评价（"测"与"评"）的两种手段，而干预与互动中的"测"与"评"必然是动态的。"学做测评"一体化要求将"课堂讲授、课后实践"传统教学模式转换为强化"测"与"评"的线上线下干预与互动随时交替混合动态综合测评模式。"教"随时需要"测"来检验，"测"随时推动"教"的策略的调整；"教"的改变带动"测"的强化，"测"的强化促进"评"的延伸。可将一些重要知识点的学习、典型案例分析及学生的沟通实践分段制作成带字幕的英文微课，课上课下随时分段呈现；将案例内容、语言学习和理论学习制作成讲授式微课，将案例分析等互动内容制作成访谈式微课，将学生的沟通实践制作成情景式微课，形成系统单元微课程系列，为课堂教学提供铺垫或补充，使移动学习更为有趣、高效。

（二）设计创新、多样的"测"的活动，以"测"助"评"

1. 设计简洁、渐进的测试任务，为深入的"评"留出足够的时间

通过课前预先设计、网络平台定时发布文字简洁、内容渐进的作业和测试题目，如问题选择、问题回答等，提升"测"的即时性、简洁性与动态性，用于随时检验学生的学习实践成果与困难，并将节省下来的时间留给"评"。以"商务英语沟通与谈判"课程为例，课后设计布置复合型的局部连环实践任务，形式不再局限于传统的书面作业，而是呈现为多样化的填表、格式写作、语音、视频、案例分析、材料实践等。如要求学生将关于身体语言、倾听、赞美等局部沟通技巧实践乃至求职面试等项目实践任务自创剧情表演出来，并拍成视频上传课程平台，生动展示学生运用沟通技巧的实践过程，为深入评析所学技能提供持久依据。

2. 利用现代信息技术，提升学生参与"测"、接收"评"的效率

借助移动网络学习平台，通过手机移动终端发布限时作业、测试任务，使学生"学"与"做"的行为在课堂和课后以最省时高效的方式得以完成。同时通过录制发布微课、视频等干预手段，记录教师"教"与"测"和学生"学"与"做"的行为，作为"评"的素材。这样不仅有利于提升"测"的即时性与动态性，以便学生随时参与"测"，快速接收教师"评"，进而有助于教师及时调整"教""测""评"的策略。

（三）跟进拓展"评"的常态化，以"评"促"测"

1. 创新"评"的准备，设计任务达标情况表

"评"的主体组织方式包括学生自评与教师终评。教师设计列有每个项目不同要求的学生项目任务自评表，要求学生将实践中运用到的所学沟通技巧打勾，用于提醒学生完成的任务是否符合要求，便于评析学生"学"与"做"的行为表现，为客观评价提供实据。

2. 拓展"评"的内容

教师要做到以"评"促"测"，就要拓展"评"的工作内容。以一个教学单元为例，一是教师应客观专业地评价学生"学"与"做"的内容是否正确、方法是否得当、哪些方面存在优缺点，同时评估自身"教""测""评"（学生）的行为存在哪些优势与不足；

二是学生通过"评"自身和同伴的"学"与"做"学到了什么,具备了什么能力,还没学会什么,原因是什么,学到的知识技能是否或在多大程度上已运用于"做"的实践中;三是学生要评估"教"与"测"的内容是否实用,方式的可接受性如何,并给教师提供建议。

3. 增设"评"的环节

在评析、评点、评判、评估的基础上评分。网络作业平台为师生交互性评价提供了固定平台。"评"要坚持"对事不对人"的原则,尽量评述事实和表现,不评判人的优劣与好坏。以往的教学评价以评分为主,其优势是快速、直观,但缺乏教师指导,学生只能获得评价结果,而无法得知评价依据和改进建议。评析、评点、评判、评估均有依据专业标准履行"评"的义务的含义。因此,应拓展与改进"评"的方式,即在有层次、有逻辑地"评析、评点、评判、评估"的基础上评分,力求多评点少评价、多评析少评论。

4. 升华"评"后互动

"评"是一种具有交互性的行为。基于事实的、富有层次性的"评"的行为会激发学生产生新的思路、想法、意见、观点,继而借助网络平台或面对面交流,加深与拓宽学生对某一问题的理解与分析,这才是教学真正希望达到的效果。

(四) 应用成效

采用强化"测"与"评"的"教学做测评"一体化混合动态综合测评模式,不仅大大提升了"测"的频率和效率,优化了"评"的过程和质量,而且增进了师生感情,有利于提升学生的满意度。

强化"测"提升了理实教学环节的契合度和连贯性,促进了学生对知识的掌握和实践能力的逐步提升。突破以往单学科内容的组织与教学,强调重组知识架构和拓宽专业技能,变从零散的教材中被动获取专业知识为主动依据专业项目实践的需要,选取学科知识和语言知识的融合输入与检测,提升了理实教学环节的契合度和连贯性,对培养学生渐进式地获得复合性知识、更好地应对工作与生活的挑战与机遇有着创新性的实践意义。

分段式多样化案例微课拓展了"测"与"评"的机会,提升了学生学习的趣味性和主动性。分段式多样化案例微课,辅以合理的线上线下检测环节,弥补了现有微课在教学风格、趣味性、学习时间与空间等方面的设计缺陷,创设令人身临其境的语音化学习环境,激发学生的学习兴趣和主动参与的热情,使移动学习更为普遍和高效。

强化"自评"环节,为评价学生实践过程提供实据,拓展了学生的思维深度,提高了学生学习的自信心。实践证明,拓展"评"的环节,通过学生的"自评"实践,加强对学生实践过程的控制,使其更深切地体会自身的优缺点和潜能,继而在口头互动或网络平台书面评语的基础上评分,提升了学生自身的思考力、鉴赏力和自信心。"评"后网络互动,进一步提升了学生的逻辑分析能力。在这种双主体共评的螺旋式循环中,教学效果不断得以改进。

"教学做测评"一体化混合动态综合测评模式,以"教"为主轴,引导学生在思考中

"学";以"测"为手段,跟踪学生"做"的体会与收获;以"评"为枢纽,对话学生"学"与"做"的瞬间,反馈教师"教"与"测"的得失。然而,要使其真正落到实处,除需要敢于创新实践的教师、高速稳定的网络环境和持续更新的平台设计等硬件条件外,还需要教育机构和高校的政策支持,如对教师工作量的重新界定、对创新精神的肯定与鼓励、将"评"作为教学考核工作的重要指标等。强化"测"与"评"的混合动态综合测评模式,是一种值得尝试与推广应用的测评模式。

　　信息化教育是伴随着信息技术发展和教育发展进程而产生的一种符合现代化潮流的新型教育发展趋势。本书从信息技术及教育的发展开始论述，然后介绍了信息技术与高校英语课程的整合、高校英语教学中的要素、高校学英语教学方法创新与智慧教学、英语双语教学改革及高校英语教学多元多向化评价等内容。英语教学与信息化技术的融合，可以有效提升英语教学质量和学生的学习效果，这体现了当前英语教学目标的要求。需要注意的是，信息化的运用在实际的英语教学实践活动中还存在一些问题，如软硬件平台的普及、专业人员的配置，等等，这些问题需要长期的实践和探索才能得到有效的解决。

　　笔者深感当前高校英语教育对高等教育的重要影响，以及语言教育对人的发展的作用和高校英语教育对国际化人才培养的意义，希望通过本书明晰信息化英语教学的意义，探究实现教学目标的具体方案，使高校英语教育发挥其应有的功能。

参考文献

[1] 吴文亮. 信息化时代高校英语教学理论的解构与重塑［M］. 长春：吉林大学出版社. 2019.

[2] 吕文丽，庞志芬，赵欣敏. 信息化时代下的大学英语教学改革探索［M］. 长春：吉林大学出版社. 2019.

[3] 邓金娥，吴菲，熊华霞. 高校商务英语信息化教学改革研究［M］. 延吉：延边大学出版社. 2019.

[4] 刘翊，许清然，嵩贺. 英语口语教学理论与实践［M］. 延吉：延边大学出版社. 2019.

[5] 丁睿. 大学英语教学发展研究［M］. 长春：吉林人民出版社. 2019.

[6] 程亚品. "互联网＋"时代下信息技术与英语教学的深度融合［M］. 天津：天津科学技术出版社. 2019.

[7] 张铭. 当代大学英语教学理论与研究［M］. 北京：九州出版社. 2019.

[8] 杨海霞，田志雄，王慧. 现代高校英语教学研究与实践探索［M］. 长春：吉林人民出版社. 2019.

[9] 杨洋，倪兆学，徐岩. 英语课堂设计与微课教学模式［M］. 长春：吉林人民出版社. 2019.

[10] 宁云中. 生态. 空间与英语教育教学研究［M］. 北京：中国戏剧出版社. 2019.

[11] 曾大立. 信息化教育与英语教学［M］. 北京：九州出版社. 2018.

[12] 唐君. 高校英语信息化教学研究［M］. 北京：中国国际广播出版社. 2018.

[13] 汤海丽. 高校英语信息化教学改革与微课教学模式探究［M］. 北京：冶金工业出版社. 2018.

[14] 张冰，蒯莉萍，成敏. 学术文库"互联网＋"时代大学英语信息化教学研究［M］. 世界图书出版公司. 2018.

[15] 武琳. 信息化教学中英语翻转课堂教学模式的建构与教学实践［M］. 北京：九州出版社. 2018.

[16] 梁思华. 英语教学与信息技术深度融合［M］. 北京：科学技术文献出版社. 2018.

[17] 于辉. 当代大学英语教学改革多元化趋势研究［M］. 长春：吉林大学出版社. 2018.

[18] 刘然. 英语词汇教学方法与策略［M］. 北京：九州出版社. 2018.

[19] 史习明. 教学形态信息化创新应用探索与实践［M］. 杭州：浙江大学出版社. 2018.

[20] 李静纯. 英语教学的艺术探究［M］. 南宁：广西教育出版社. 2018.

[21] 张喜华，郭平建. 信息化背景下大学英语教学改革研究［M］. 北京：北京交通大学出版社. 2017.

[22] 程彩兰，韩彦林. 基于"产出导向法"的大学英语信息化教学效能研究［M］. 长春：东北师范大学出版社. 2017.

[23] 邹倩，张鲲，席玉虎. 基础英语教学研究［M］. 北京：中国原子能出版社. 2017.

[24] 杨朝娟. 英语网络课堂教学模式与方法研究［M］. 西安：西安交通大学出版社. 2017.

[25] 冯改. 大学英语教学模式问题与对策研究［M］. 北京：中国商务出版社. 2017.

[26] 王亚非. 现代大学英语教学改革的多元视角探索［M］. 北京：九州出版社. 2017.

[27] 杜艳霞，贡灵敏. 信息技术语境下大学英语教学环境生态探究［M］. 北京：九州出版社. 2017.

[28] 王淙，张国建，马青. 商务英语谈判［M］. 北京：对外经济贸易大学出版社. 2017.

[29] 陈雪松，李艳梅，刘清明. 英语文学翻译教学与文化差异处理研究［M］. 西安：西安交通大学出版社. 2017.

[30] 李迎新. 批判性思维培养与大学英语教育［M］. 西安：西安交通大学出版社. 2017.

[31] 高芳. 手机案例微课的多层面设计与互补照应——以商务英语沟通与谈判课程为例［J］. 河北软件职业技术学院学报，2017，19（02）：26-30.

[32] 高芳. "教学做测评"一体化混合动态综合测评模式的构建与实践——以高职外语专业课程为例［J］. 温州职业技术学院学报，2019，19（01）：83-87.